中华文化的核心要义

张立文　张瑞涛　著

江西人民出版社
Jiangxi People's Publishing House
全国百佳出版社

图书在版编目（CIP）数据

中华文化的核心要义 / 张立文，张瑞涛著．-- 南昌：江西人民出版社，2024.11

ISBN 978-7-210-15082-4

Ⅰ．①中… Ⅱ．①张… ②张… Ⅲ．①中华文化—研究 Ⅳ．① K203

中国国家版本馆 CIP 数据核字 (2023) 第 237251 号

中华文化的核心要义
ZHONGHUA WENHUA DE HEXIN YAOYI

张立文　张瑞涛　著

策划编辑：梁　菁　王一木
责任编辑：章　虹　饶　芬
责任校对：王园园
封面设计：马淑玲　尚睿一品 QQ:306130041

江西人民出版社 Jiangxi People's Publishing House 全国百佳出版社　出版发行

地　　址：江西省南昌市三经路 47 号附 1 号（邮编：330006）
网　　址：www.jxpph.com
电子信箱：jxpph@tom.com
编辑部电话：0791-86898683
发行部电话：0791-86898815
承　印　厂：长沙超峰印刷有限公司
经　　销：各地新华书店

开　　本：787 毫米 × 1092 毫米　1/16
印　　张：19.75
字　　数：265 千字
版　　次：2024 年 11 月第 1 版
印　　次：2024 年 11 月第 1 次印刷
书　　号：ISBN 978-7-210-15082-4
定　　价：68.00 元
赣版权登字 -01-2024-400

自　序

《中华文化的核心要义》参党的二十大报告提炼的天下为公、民为邦本、为政以德、革故鼎新、任人唯贤、天人合一、自强不息、厚德载物、讲信修睦、亲仁善邻之天，落实于中华民族五千多年丰厚优秀文化创造性转化和创新性发展基础上的中国道路、中国方案、中国实践及其天下观、价值观、道德观、包容观、和合观、审美观之地。文以理为主，事为识者贵。本书对中华优秀传统文化十大核心要义明出处、释意蕴、思展开、诠价值。

一、明出处

中华民族是有珍贵传统文化的民族，是有珍贵传统文化典籍的民族，而中国传统文化典籍浩如烟海，为世界所仅有。十大核心文化就在浩如烟海的文化典籍之中，知其出处，才能明其初义。这就需要致广大而尽精微地探赜索隐，艰难刻苦地积勤而成。

“天下为公”源自儒家经典《礼记·礼运》“大道之行也，天下为公”，是中国广大民众向往的美好政治愿景和崇高的治国理政的理念和理想。

“民为邦本”源自《尚书·夏书·五子之歌》“民惟邦本，本固邦宁”，后逐渐演变为“民为邦本，本固邦宁”。大禹的孙子夏王太康无德而失国之后，其五个弟弟被放逐途中，以大禹的教诲，作歌讽喻不理政事、纵情声色、游猎荒淫、丧失君德的太康。“民为邦本”意谓人民是国家的根本，人民安定了，君位就巩固，天下就太平了。

“为政以德”语出《论语·为政》：“为政以德，譬如北辰，居其所而众星共之。”先秦儒家认为“德政”就是“仁政”。以德性治理国家，它就像北极星一样，其他星辰都环绕着它。何晏集解曰：“北辰镇居一地而不移动，故众星共宗之以为主也。”[①] 以道德的力量来治理国家，人民自然尊奉它，犹如众星尊奉北极星一样而不违背它。

“革故鼎新”始见于《故开府仪同三司上柱国赠扬州刺史大都督梁国公姚文贞公神道碑》：“夫以革故鼎新，大来小往，得丧而不形于色，进退而不失其正者，鲜矣。”革故鼎新意为革除旧事物，推崇新事物。《周易·杂卦》曰：“革，去故也；鼎，取新也。”革即革除故旧。鼎蕴含着鼎新、取新的意思。

“任人唯贤”语出《尚书·咸有一德》：“任官惟贤材，左右惟其人。”《礼记·礼运》曰“选贤与能”，应选用有贤德和能力的人做官吏。孟子认为贤是德才兼备的人。荀子认为，治国理政要选贤任能，做到“论德而定次，量能而授官”，“尚贤使能”。

“天人合一”最早由子思、孟子提出，他们认为人与天相通，人的善性天赋，尽心知性便能知天，达到“上下与天地同流”。董仲舒强调天与人以类相符，“天人之际，合而为一”（《春秋繁露·深察名号》）。但完整提出“天人合一”命题的是北宋的张载。《正蒙·乾称篇》说：“儒者则因明致诚，因诚致明，故天人合一，致学而可以成圣，得天而未始遗人。”张载从本体、始源意义上探讨“天人合一”为天地万物与人类追寻存在的根本。

“自强不息”语出《易经·乾》：“天行健，君子以自强不息。”《周易·说

---

① ［梁］皇侃撰，高尚榘校点：《论语义疏》，北京：中华书局，2013年，第23页。

卦》曰“乾，健也”，描述天道刚健地运行不止。

“厚德载物”语出《周易·坤》：“地势坤，君子以厚德载物。”《象传》曰：“坤厚载物，德合无疆。含弘光大，品物咸亨。”君子当以宽厚为德，包载万物。

“讲信修睦”语出《礼记·礼运》：“大道之行也，天下为公，选贤与能，讲信修睦。”许慎《说文解字》曰“信，诚也，从人从言。”《论语·颜渊》曰：“民无信不立。”人若没有信用、信誉，就无法立足于社会。

“亲仁善邻”语出《左传·隐公六年》：“五月庚申，郑伯侵陈，大获。往岁，郑伯请成于陈，陈侯不许。五父谏曰：‘亲仁善邻，国之宝也。君其许郑！’”当时郑国的国君郑庄公请求与陈国和好，陈桓公不答应。陈桓公的弟弟公子佗劝谏道：“亲仁善邻。”这就是说要亲近仁德的人，与邻国和睦。

针对中华优秀传统文化的核心内涵，探索其出处为“四书五经”，以及历代的“子书”与“史书”以至碑铭，博学而致广大，明辨而尽精微，使人能体认其原初的含义与语境，对深刻理解其意义和价值有很大的帮助。

二、释意蕴

笼天地于意内，释意蕴于笔端。中华优秀传统文化的核心内涵，笼罩于天地万物的意思、意气、意识、意趣、意想、意象、意愿之中，诠释其从笔端表现出来即从十大核心命题中体现出来的意蕴。“天下为公”是中国人民对大同美好社会治理方略及其形态的构想，它基于“天下非一人之天下，乃天下人之天下”的政治价值和理想，体现了中华民族伟大的胸襟和宏大的政治愿景，铸就了中华民族胸怀天下、勇于担当的崇高民族情操和品格。

“天下为公”蕴含着治国理政主体对治国方略、制度实践、社会共同体的选择与判断，体现了天与人、自然与人、国家与人、社会与人的联通关系，表现为“天人合一”关系。《朱子语类》曰：“也有说苍苍者，也有说主宰者，也有单训理时。”这是朱熹对经传中天的内容概括。苍苍即指自然之天，主宰指人格神之天，理是指义理之天。自然、造物主、伦常义理三位一体，是具有自然性、社会性的主体人的客观对象。“天人合一”度越了“天人相分”“天人相胜”，强调天人和谐、和合，交感交通、互补互济。

“民为邦本”。中国的智者，在历史的改朝换代中，深刻体认到“得民心者得天下，失民心者失天下”的政治现实，因此孟子认识到“民为贵，社稷次之，君为轻”的道理。黎民百姓是国家、社会、家庭建设的根本、根基。民与国家、君主相比较，是最珍贵、最具价值的，是国家、社会、家庭存亡和兴衰的决定因素。

因为人民是国家、社会存亡的决定因素，所以必须“革故鼎新”，以革命精神改革旧思想、旧教条、旧习惯、旧制度、旧作风，不断创新，创造新思想观念、新制度作风、新伦理价值，这样才能使国家、社会繁荣发展。它是主体人自我修养的过程和境界，是国家变革、社会进步的举措，以及文化传承与创新的必然出路。

“为政以德”。治理革故鼎新的新社会，需要治理国家、社会的“政治主体”，即君臣共治的主体本身具有道德品质，并在其政治实践中加以贯彻；作为政治实践的治国方略和举措，要体现出合理性和道德性，能为民众所接受和遵守。

政治实践主体的道德修养和其政治道德要得以传承，就必须“任人唯贤”，重视选拔德才兼备的贤良官员。他们在进入政府治理体制后，能够勤勉奉公，忠君爱国，体恤民众，惩恶扬善。选人用人以贤为根本，这是“为政以德”的先决条件。中国历代政治主题都以“亲贤臣，远小人”为指导思想，所以国家兴隆。反之，国家就会倾颓、灭亡。任人唯贤关系着国之安邦、民之安居、家之兴盛。“君明、吏贤、民治”三位一体，是保障国家、民族兴旺的根本。

"自强不息"是中华文明的精神标识和文化精髓，是中华文明成为世界四大文明之一，并且五千多年不断裂、不断强盛壮大的根源所在，是中华民族取得丰功伟绩的强大精神动力。"自强不息"是要像天一样刚健，昼夜运行不息，不会被任何艰难险阻阻挡，踔厉奋发，刚毅前行。

"厚德载物"意味着人要像大地一样心胸博大坦荡、开放包容，像大海一样容纳百川、包载万物。就实践主体而言，要厚积顺德、政德，容载万物，广纳不同意见主张；就实践客体而言，要成物，万物并育，负载万物，促使万物在鸢飞鱼跃的宏大天地间繁荣发展。

自强不息、厚德载物使天地万物、天下苍生在天地间美好幸福地安居、发展，体现了一种仁爱精神，它是中华文明的核心价值，不仅讲信修睦，而且亲仁善邻。"讲信修睦"是说人与人、国家与国家、民族与民族之间应讲究信用，言而有信，讲到做到，和谐、和睦、和好、和合，构建诚信友善的社会秩序。这反映了中华民族从古至今对和谐的人际关系和社会秩序的向往。"亲仁善邻"是追求文明互学互鉴，力求形成稳定和谐的人际、族群、国际关系，道并行而不相悖，相亲相爱，与邻居、邻国友善，以求凝聚。团结不同力量，构建和平、合作、发展、共赢且亲切友好、命运与共的和合天下。

中华优秀传统文化的核心内涵，其意蕴是人类智慧的硕果，是人类体认史的结晶，它是建立在通晓理论思维历史与传统文化浩如烟海的典籍成就基础上的理论思维，是对时代精神的实践把握，是时代实践精神的体现，因而具有现实意蕴。

三、思展开

积聚丰厚之知，熔铸经典之范；展开前人未言，创造古今新说。"民为邦本"的逻辑展开，体现在治国理念上为亲民爱民，"古之为政，爱人为大”。“国以民为本，故爱养之”“其养民也惠，其使民也义”，就是节用而爱人，使民以时。这就是说亲民爱民、重民贵民、富民教民、利民养民为治国理政的根本。

这样必须做到“为政以德”，即参与“政治实践”的“政治主体”修德施政，德政圆融，实践展开为“君臣共治，上下交通”的治理形式。君主治理天下非君主一人之事，君主治国理政需要有德臣子的帮助，这犹如航海之舟必假桡楫，凌云鸿鹤必因羽翮，君不离臣，臣辅佐君。君使臣以礼，臣事君以忠。“主之任臣，既如身之信手，臣之事主，亦如手之系身。上下协心，以理国事。”君臣关系犹如身体与手的关系，根本不可分离。

君臣共治，若要使国家富强，就要像天行健那样自强不息。秦始皇统一六国，国务繁重。据《史记·秦始皇本纪》记载：“天下之事无小大皆决于上，上至以衡石量书，日夜有呈，不中呈不得休息。”他每日批阅大量公文，这是其“自强不息”精神的体现。

汉代“自强不息”与“天人感应”相结合，东汉黄琼以人事要顺应天时劝顺帝行籍田礼以化解时令的错逆，消除气候异常造成的不好影响。东晋易学家干宝认为，自强不息犹如圣贤的勤政好学。唐代儒释道兼容并蓄，以“自强不息”为进德修业的分内事。佛家智脱说：“见身有疾，自强不息，犹事法筵。”宋代新儒家程颐说：“至健固足以见天道也。君子以自强不息，法天行之健也。”王安石、司马光、苏轼等尽管政见不同，但都把自强不息作为君子人格的内在表现。王安石说：“君子之道，始于自强不息。”司马光讲：“故君子进德修业，自强不息也。”朱熹以天道运行不息为“天德之刚”的天理。近代谭嗣同认为，中国欲自强，国民当先自强，人人自强则中国自强，“合并其心力，专求自强于一己”。梁启超把自强不息与厚德载物作为衡量君子的首要标准。

从秦至近现代，自强不息精神为中国人所普遍认同，鼓励中国人为中华民族伟大复兴而奋勇拼搏。

四、诠价值

“阴云夜合乾坤失，万象不能分别得。苍凉海底浴重光，却与行人指南北。”天地间错综复杂的事物，其价值不能分辨，却与人指出价值评价的标准。

“天下为公”在自强不息、厚德载物的情境下展开，则体现为“讲仁爱”。仁不仅以爱人为宗旨，亦是人之为人的本质体现，它蕴含着度越血缘关系的人类的爱，即泛爱众，辨公私。公私之间即善恶之源。人有公义，仁人之所以能爱能恕，公而无私，便是因为仁。天下为公，便蕴含着对民众的关心和爱护。民不仅是社会财富的创造者，而且是社会变革的主要力量,所以中华文明历来崇尚“和为贵”,坚持“和而不同”。和合、和睦、和谐、和平早已融入中华民族血液之中，成为中国人的文化基因和天下为公的价值原则。

“天下为公”应以民为本，贾谊发挥晏婴“以民为本”的思想说:“闻之于政也，民无不为本也”，“民无不为命也”，“民无不为力也”，“民无不为功也”。这是“民为邦本”政治思想价值的诠释，凸显了人民在国家政治生活中的地位和决定力量。若要实现“民为邦本”,必须“为政以德”。政德是整个社会道德建设的风向标。构建廉洁政府，培育诚信的廉风，就要不欺骗、不虚伪、不作假、不假冒、不坑人，讲诚实、诚意、真心、真实、真行；就要坚守贫贱不能移的廉志、清白高洁的廉洁、廉明公正的廉正、洁身谨慎的廉谨、廉逊知礼的廉让、清廉知耻的廉耻，此乃立身之本、立国之本、立世之本，也是为政以德的价值。

保持“为政以德”,需要“革故鼎新”,才能唯变所适地实施政德。“与时偕行”“与时偕极”“顺天应人”是日新盛德的内外根据,是“革故鼎新”具有导向力、号召力的依据，是价值理想能改换新天的根脉。

勇于“革故鼎新”者，一般都是从政廉洁、勤勉奉公且有崇高道德的“贤者”。“任人唯贤”是中国历来选拔官吏的基本原则和标准，国家兴亡、盛衰与官吏的贤佞紧密相关。贤者能“先天下之忧而忧，后天下之乐而乐”，能持己之廉，秉公殚力；忠恕待人，不媚不傲；悉心治道，毋干己私；重民厚生，以民之苦为己之苦，而使国泰民安。

“天人合一”的价值理想体现了中华民族传统文化中有机的宇宙观、价值观、生态观，彰显了人与自然和谐共生的生态文明理念。以敬畏生命的智慧，营造百花齐放、百鸟争鸣的美好家园；以中和位育的智慧，使生态文明与人类文明跃上新台阶；坚持绿色、低碳、可持续的生产生活方式。

“自强不息”的精神是中国社会、中华民族发展的巨大动力，培育了一代又一代忧国忧民、为民族鞠躬尽瘁的英杰。“厚德载物”的终极目标在于平治天下，在于为天下苍生的生存、发展和美好愿景的实现而奋斗，这一胸怀天下的道德精神是仁爱精神的体现，是儒家的核心思想和首要价值。

“讲信修睦”是推进人与人、国与国、民族与民族之间诚信、和睦、和谐、和合，从而推动人类命运共同体和平发展、合作共赢的实践。千百年来，各民族之间和睦相处，互学互鉴，睦邻友好，共同创造了中华民族辉煌灿烂的历史和文明。“讲信修睦”是与“亲仁善邻”的文明智慧、“天地万物与吾一体”的精神相依相关的。“亲仁善邻”是从个体生存意义上的睦邻友好到国际上的交往，文明互鉴意义上的“命运共同体”蕴含着“和合天下”的大同世界的价值理想。

《中华文化的核心要义》探究十大核心命题的出处，以鲜明、生动的历史演变看四书五经、经史子集的记载以及英雄豪杰的功绩，深入系统地解释十大核心命题的意蕴，并按其意蕴层层展开，环环深入，而愈显丰厚。其诠价值，以深厚的历史感诠释中华文明的包容性，以鲜明的现实感诠释中华民族的开放性，以强烈的逻辑感诠释中华文明的革新性，以敏锐的实践感诠释中华文明的文化自信，以期为新时代文化建设作出自己的努力。

张立文

2024 年 7 月

目录

第四章　革故鼎新

第五章　任人唯贤

第六章　天人合一

第七章　自强不息

导 言

“文化”是人的智慧精神的结晶，体现为器物文化、制度文化和思想观念文化。民族共同体形塑的特定文化模式和文化系统，有特定的文化规律，凝聚出特殊的文化精髓和精神标识。中华文化是中华民族经历五千余年的生产生活而构筑的观念体系、价值体系和道德体系的总和，充分彰显了中华民族的民族精神和观念智慧。中华文化中有哪些文化精粹，如何形成、如何传承、为何传承，是值得思考的问题。

一、中华文化的核心要义是中华文化主体性的内在表现

中华文化积淀出中华优秀文化传统。“传统”是伴随时代变迁而传延的精神观念、价值理念和人文精神，是由文化要素构成的有机系统，并非游离于文化系统之外的其他文化创造物。一般而言，“传统文化”是指在“传统”作用下，特定民族及其共同体形成的文化系统及其历史演进轨迹;“文化传统”是指“传统”因子和要素的构筑与凝聚。前者是“形”，后者是“神”，形以见神、神寓形中，即形即神、形神圆融。中华文化中有历经时代变迁而依然优秀的“传统文化”,更开显出优秀的“文化传统”。

中华优秀传统文化是中华各民族人民在长期的生产生活实践中创造的优秀文化因素与要素的统合。中华民族自古以来就是多元一体、多民族共存的民族共同体，都为国家统一、生产发展、生态建设、社会文明和文化进步贡献智慧。各民族在长期的历史发展中，形成了一种天然分工、

相互依存的密切经济联系。据记载，少数民族首先培育或引种的作物就多达十几种，如水稻和小麦就是古百越族和西部少数民族首先栽培然后在全国推广种植的。历史证明，在过去的历史长河中，中国人民始终团结一心、同舟共济，建立了统一的多民族国家，形成了守望相助的中华民族大家庭。正是因为多民族的协同发展，共同创造了我国五千多年的灿烂文化，共同缔造了中华民族认同的优秀传统文化，充分体现了对人与人、人与社会、人与自然、精神与肉体、文明与文明之间和谐共存发展规律的真理性认识，表达了人类亘古不变的生存和发展问题，在当今时代历久弥新，闪烁着人类的精神光芒。

中华优秀文化传统是中华民族的“根”和“魂”，是中华民族的文化基因和精神家园。早在 2012 年，习近平总书记在广东考察工作时就指出：“我们决不可抛弃中华民族的优秀文化传统，恰恰相反，我们要很好传承和弘扬，因为这是我们民族的‘根’和‘魂’，丢了这个‘根’和‘魂’，就没有根基了。”中华优秀文化传统已然成为中华民族的精神基因和文化基因，植根在中国人心中，潜移默化地影响着中国人的思想方式和行为方式，成为百姓日用常行而不自知的价值观。“基因”本为生物学概念，具有稳定的遗传性，是区别于其他生物特有的标识。我们说中华优秀文化传统是中华民族的“文化基因”，意味着中华优秀文化传统是中华文化的独特标识，是维系全国各族人民的精神纽带。

中华优秀传统文化的精粹就体现着中华文化的核心要义。中华文化是世界上唯一没有中断的文化，无论是抵御外侮，还是朝代更迭，中华文化都屹立不倒，深刻体现了中华文明的统一性、连续性。诚如习近平总书记在党的二十大报告中所说：“中华优秀传统文化源远流长、博大精深，是中华文明的智慧结晶，其中蕴含的天下为公、民为邦本、为政以德、革故鼎新、任人唯贤、天人合一、自强不息、厚德载物、讲信修睦、亲仁善邻等，是中国人民在长期生产生活中积累的宇宙观、天下观、社会观、道德观的重要体现，同科学社会主义价值观主张具有高度契合性。”对此，“我们必须坚定历史自信、文化自信，坚持古为今用、推陈出新，把马克思主义思想精髓同中华优秀传统文化精华贯通起来、同人民群众日用而不觉的共同价值观念融通起来，不断赋予科学理论鲜明的中国特色，不断夯实马克思主义中国化时代化的历史基础和群众基础，让马克思主义在中国牢牢扎根”。习近平总书记概括提炼的中华优秀传统文化“十大关键词”，体现着中华文化中最具稳定性和传承性的民族精神和时代精神，是各族人民在长期共同生活和社会实践基础上形成的积极进步的思想观念、道德规范、理想信念与境界追求，是继续推进中华民族团结奋斗、勇往直前的精神力量。

习近平总书记在文化传承发展座谈会上的讲话中指出，把马克思主义基本原理同中国具体实际相结合、同中华优秀传统文化相结合（简称“两个结合”），巩固了文化主体性。中华文化主体性既指中华民族构筑中华文化模式、成就中华民族精神的“民族”主体性，又指中华民族共同体在历史中成就的体现中国人观念与意识的思维方式、道德观念、价值信念等，还指中华文化发展的统一性、连续性、包容性、创新性、和平性的文化规律。以“天下为公、民为邦本、为政以德、革故鼎新、任人唯贤、天人合一、自强不息、厚德载物、讲信修睦、亲仁善邻”为代表的中华文化的核心要义，就是中华文化主体性的内在表现。

二、中华优秀传统文化创造性转化和创新性发展应坚持三个“相统一”

“两个结合”是在五千多年中华文明深厚基础上开辟和发展中国特色社会主义的“必由之路”，是取得成功的“最大法宝”。“两个结合”既是马克思主义中国化时代化的规律总结，也是中国特色社会主义发展的理论指南，还是对中华文明发展规律的深刻把握，更是塑造新时代中国式现代化文化新形态的实践要求。中国特色社会主义的创新理念和创新制度，是在马克思主义指导下实现的马克思主义基本原理同中华优秀传统文化的结合。例如，人民代表大会制度、政治协商制度与中华文明的民本思想、天下共治理念，“共和”“商量”的施政传统，“兼容并包、求同存异”的政治智慧深刻关联；确立的单一制国家形式，推行的民族区域自治制度，是顺应向内凝聚、多元一体的中华民族发展大趋势，承继了九州共贯、六合同风、四海一家的中华文化大一统传统。“两个结合”尤其是“第二个结合”让马克思主义成为中国的，中华优秀传统文化成为现代的，让经由“结合”而形成的新文化成为中国式现代化的文化形态。

所以，新时代必须坚持“两个结合”，充分做好中华优秀传统文化的创造性转化和创新性发展（简称“两创”）。当然，做好新时代的“两创”，应坚持三个“相统一”。

一是批判性与建设性相统一。中华优秀传统文化以自给自足的农耕生产和生活方式为基础，反映中华民族特定的观念体系、价值体系和道德体系，彰显中华民族最深沉的生命智慧。但是，从其生成根源看，中华传统文化旨在维护中国传统农耕文明背景下的封建皇权统治及其社会制度，在其历久弥新的超时空文明精华之外又不乏落后和消极的封建性文化因素和要素。这些糟粕在中华文化的发展历程中压抑了中国人的精神和潜能，一定程度上阻碍了中国社会和中国经济的发展。唯物辩证法的辩证否定观念指出，在对事物作出肯定的理解的同时，也要对事物作出否定的理解。所以说，中华传统文化是包含人类先进文明理念和落后文化糟粕的矛盾统一体，推动中华优秀传统文化“两创”的首要前提是对整个中华文化进行理性解构。这就要明确究竟何为“优秀”的中华传统文化，何为“落后”的中华传统文化，从而分门别类地遴选出中华优秀传统文化。在这一过程中，必定涉及对中华传统文化的批判性认识。不过，这种批判并非形而上的批判，而是在否定中包含肯定的批判，在对中华传统文化的落后部分进行批判的同时，实现了对中华文化体系的积极建设。

二是传承性与发展性相统一。中华优秀传统文化承载着一代又一代中国人的思想精髓，有其独特的价值体系，深深植根于中国人内心深处，潜移默化地影响着中国人的思想方式和行为方式。作为中国人，无论其是否意识到或者是否承认，其思想观念和行为习惯都无法避开传统文化的影响。推动中华优秀传统文化传承与弘扬，既是历史的必然选择，也是巩固中华文化主体性的必然要求。唯物辩证法指出，世间万物都是一种发展的存在。“发展”是指事物由低级到高级、由旧事物的灭亡到新事物的产生的运动过程。“中华文化向何处去”的问题一直都是摆在中国共产党面前的重要课题。中国共产党在百余年的峥嵘岁月中基于时代要求和人民需要，在继承和延续传统中实现了对中华优秀传统文化的重新诠释和时代再造，始终是中华优秀传统文化的忠实传承者和弘扬者。所以，做好“两创”就是要做好传承性与发展性相统一，中国特色社会主义文化建设就是既坚守中华优秀传统文化，又发展马克思主义，在坚持马克思主义在意识形态领域根本指导地位的基础上，实现马克思主义思想精髓与中华优秀传统文化精华的有机结合。

三是民族性与世界性相统一。中华优秀传统文化是以中华民族为实践主体的文化体系。谈及中华优秀传统文化，我们头脑中往往会浮现唐诗宋词，会想到孔孟儒家哲学和老庄道家哲学，会驰思宋明理学等，它们是代表中华民族独特性格气质的有机观念体系。唯物史观指出 :“不是人们的意识决定人们的存在，相反，是人们的社会存在决定人们的意识。”社会物质生活决定社会精神生活，社会存在为社会意识提供现实基础。当然,社会意识也具有相对独立性,与社会存在的发展不完全同步和平衡。一方面，中华优秀传统文化遵从自身的主体演进规律，“人们自己创造自己的历史，但是他们并不是随心所欲地创造，并不是在他们自己选定的条件下创造，而是在直接碰到的、既定的、从过去承继下来的条件下创造”。中华优秀传统文化在文化主体对文化传统的认同和不认同的冲突中实现着自身的传承发展。另一方面，中华优秀传统文化又吸收和借鉴其他文化系统中的优秀因素与要素。无论是佛教的中国化与化中国，还是马克思主义的中国化时代化，无不生动彰显着本土的中华文化与外来的世界文化的有机融合，由此推动人类文明共同进步。

三、传承和弘扬中华优秀传统文化是文化自信的本质要求

中华优秀传统文化跨越五千余年的历史沉浮而未曾断裂，书写着从传统走向现代的历史嬗变。自古及今，中华优秀传统文化经历数次转化和重生，凝铸出“天下为公、民为邦本、为政以德、革故鼎新、任人唯贤、天人合一、自强不息、厚德载物、讲信修睦、亲仁善邻”等核心要义。传承和弘扬中华文化的核心要义，是坚定文化自信的必然要求。文化自信是对民族文化精髓和精神标识的自觉反思、自觉体验和自觉评价，是对民族优秀传统文化的自觉传承、对民族文化糟粕的自觉修正，体现着民族主体性与文化主体性相统一、民族文化继承性与批判性相统一，以及民族优秀文化创造性转化和创新性发展相统一。

坚定文化自信意味着自觉反思民族优秀文化传统。文化的形成是个历史过程：从主体维度看，文化是“人”的主体能动性和智能创造性的体现；从时间维度看，文化是人的智能的“历史化”。“历史”未必是人的历史，但文化一定是“历史”中的文化。自从有了人，也就有了文化，有了属人的历史。人丰富了历史、书写了历史，历史也塑造了人。人天然成为历史的主人。人认识自己就是回到历史，以主体能动性去体认自己的历史的过程。习近平总书记说：“历史是一面镜子，从历史中，我们能够更好看清世界、参透生活、认识自己；历史也是一位智者，同历史对话，我们能够更好认识过去、把握当下、面向未来。”自我民族及民族

共同体创造的文化模式，一定体现着那个时代的民族智慧，甚至是超越时代性的智慧。它不仅维护了过去的时代民族的生存与发展、国家的稳定与进步，还将对未来人们的发展提供较好的思想借鉴。中华文化的核心要义就是集中展示的民族智慧。坚定文化自信必然要坚持走自己的路，反思民族文化发展轨迹，提炼文化要义。

坚定文化自信意味着传承和弘扬民族优秀传统文化。文化自信不仅表明一个人或一个群体反思自我民族文化的理性态度，也意味着对历史文化中积极元素和要素的挖掘与体认。人们认识历史、反思历史、回望历史的根本目的在于寻根探源。历史是由一系列属人的事件凝铸而成的，每个事件或属于个体人的主体存在，或属于群体的、民族的、国家整体的集体主体存在，但都终究是历史的或长或短的瞬间。历史就是人的文化史、人的智能创造史。坚定文化自信，就是对创造文化、塑造历史的人的尊重，对凝铸历史的历史事件的尊重，诚如习近平总书记所说，“我们回顾历史，不是为了从成功中寻求慰藉，更不是为了躺在功劳簿上、为回避今天面临的困难和问题寻找借口，而是为了总结历史经验、把握历史规律，增强开拓前进的勇气和力量”。坚定文化自信，要求我们立足新时代新的文化使命，基于合乎文化发展的规律性、合乎文化实践的目的性以及合乎文化发展的趋势性原则，挖掘和探索中华民族优秀文化传统，激活中华优秀传统文化的生命活力，重启中华文化核心要义的当代价值。

坚定文化自信意味着优秀文化传统的推陈出新和守正创新。唯物辩证法告诉我们，世间万物都在运动、变化和发展之中。坚定文化自信要求我们尊重和传承民族文化，更需要对优秀文化传统进行创造性转化和创新性发展。文化的“选择—继承”规律和“批判—重塑”规律决定了文化的致思路向。一方面，人对文化有顺应性，会“守正”。在人类社会发展的不同阶段，个体人和民族群体都为特定的价值、观念、思维、行为范式所包围，他们在交往和思考问题时，会不自觉地传承传统文化。人都是有“时代”烙印的人，是自觉传承文化传统的人，尤其会传承那些历经时代磨砺而不衰的文化精髓和精神标识。另一方面，人对文化有逆应性改变，会“创新”。在文化发展史上，既有承接和信奉文化传统的文化主体，也有抛弃和反对文化传统的文化主体。就后者而言，他们在对文化传统中的典章制度、礼仪规范和思想方式阻碍文化主体生命活力的反思中，改造传统、革新传统，重建合乎时代主题的新思维方式、行为模式、宗教信仰、伦理道德、审美情趣、风俗习惯等。当然，革新传统并不是彻底打破传统，毕竟人是文化中的人，是传统滋养的人，只是人立足新的社会语境实现了对文化传统的重新诠释和与时俱进的再创造。所以，坚定文化自信要求我们撷取中华民族历史上绵延不断、具有中华民族智慧的文化精粹，做好中华文化核心要义的推陈出新和守正创新。

“不忘本来才能开辟未来，善于继承才能更好创新。”一个人有其基本的精神面向，一个民族共同体也有其基本的精神面向、思想状态和身份认同。中华民族五千余年来创造出来且至今仍焕发蓬勃生机的“天下为公、民为邦本、为政以德、革故鼎新、任人唯贤、天人合一、自强不息、厚德载物、讲信修睦、亲仁善邻”等文化精粹，是中华文化的精神标识和思想精髓，是中华文化的核心要义。“两个结合”实现了马克思主义中国化时代化和中华优秀传统文化时代化现代化，是开辟和发展中国特色社会主义的“必由之路”。新时代传承和弘扬中华文化的核心要义，是坚定文化自信、巩固中华文化主体性的必然要求，是贯彻落实习近平文化思想的必然要求，更是构筑当代中国马克思主义的必然要求。

第一章 天下为公

中华民族的政治智者对社会政治理想多有描述和刻画，其中以《礼记·礼运》的“大道之行也，天下为公”最具有代表性，表达远大而美好的社会愿景。党的十八大以来,习近平总书记多次引用“天下为公”“天下大同”观念，向世界表明中华民族自古以来就凝铸的绵延不绝的社会理想。“天下为公”表达的是中国传统士人对“大同”美好社会治理方略的构想。在中国传统的国家治理理念中，早已把“天下非一人之天下，乃天下之天下”作为政治理想，并要求治理“天下”的人务必胸怀天下、心怀苍生，公平公正地治国理民。“天下为公”虽是论说治国主体的治国方略和治国理念，但其中蕴含了主体人的价值选择与判断，即中国传统道德所彰显的“公私之辨”。新时代中国共产党人倡导推动构建人类命运共同体，是对中国传统“天下为公”思想的创造性转化和创新性发展。

第一节　何谓“天下为公”？

“天下为公”出自《礼记·礼运》“大道之行也，天下为公”。它寄托着中华民族宏大的政治愿景，受到历朝历代统治者和士人的推崇，这种至高至简的治国理念，铸就了中华民族胸怀天下、勇于担当的民族品格。

《礼记·礼运》关于“天下大同”的描述，突出地体现了中华民族的公义精神。《礼记·礼运》云：“大道之行也，天下为公。选贤与能，讲信修睦，故人不独亲其亲，不独子其子，使老有所终，壮有所用，幼有所长，矜寡孤独废疾者皆有所养。男有分，女有归。货恶其弃于地也，不必藏于己；力恶其不出于身也，不必为己。是故谋闭而不兴，盗窃乱贼而不作，故外户而不闭。是谓大同。”[①] 这既是对原始社会氏族公有制、无等级差别的怀念，更是对现实社会不公的抗议，是对未来社会的美好

① 胡平生、张萌译注：《礼记（上）》，北京：中华书局，2017年，第419—420页。

中山陵中“天下为公”的门额

憧憬，是中国古代先圣先贤的价值理想和价值目标。从中可以看出，“公天下”的具体内容包括五个方面 :（1）天子的位是公有的，传位于贤能的人而不私传给子孙。（2）以人之亲为己亲，视人子为己子，使天下老年人都得到赡养而终其天年，儿童少年都可养大成人，鳏寡孤独残疾者亦得到恤养。（3）男子或耕或工或仕，各当其职无失分也，女子无失时地出嫁。（4）财货不必都归己私有，凡所从事必竭力去完成。（5）天下一心，如亲如子，图谋不轨之事不兴，盗窃乱贼不作，夜不闭户。此五点内容超越了自我、家族、国家的自私之心，描绘了天下为公的大同世界，展现了最高的价值理想，从而影响中国理想社会的思维模式。①

“天下为公”的社会理想是人类对美好社会的普遍意愿。为实现此种理想，需制定具体措施和制度，通过制度的力量实现展开 : 货财“不必藏于己”的经济制度，指人们没有必要把创造的财富归为己有，社会财富应为社会成员共有;“力恶其不出于身”的劳动制度,要求人人各尽其力，但不为己，而为人民服务 ;“男有分，女有归”的分工制度，要求根据性

① 参见张立文 :《中国哲学范畴发展史 : 人道篇》，北京 : 中国人民大学出版社，1995 年，第 226 页。

别和需要进行分工，每个人都有劳动的机会和权利，有德者仕，无才者耕，各当其职，无失其分；“选贤与能”的官吏选拔制度，官吏是社会规则的制定者、社会秩序的管理者、法令政策的实施者以及社会人际关系的协调者，官吏的政治才能与德性修养合而为一，这就需要有贤德和有才能的人担任官吏，绝不提拔奸佞小人，拒斥任人唯亲；“人不独亲其亲，不独子其子”的泛爱众、兼相爱的原则，不独爱自己的父母和子女，对他人也像对自己的父母、子女一样；“老有所终，壮有所用”的劳保养老制度；“矜寡孤独废疾者皆有所养”的福利制度；“讲信修睦”的人际、社会、国家、国际关系原则；等等。这些皆需诚实无欺、真实无伪、互诚互鉴、合作共赢、和睦相处。大同世界设计的完善性、具体性、合理性，使之成为当时世界上最完善的中国方案。[①] 后来康有为作《大同书》，主张破除九界（国界、级界、种界、形界、家界、产界、乱界、类界、苦界），指出：“公者，人人如一之谓，无贵贱之分，无贫富之等，无人种之殊，无男女之异。分等殊异，此狭隘之小道也；平等公同，此广大之道也。无所谓君，无所谓国，人人皆教养于公产，而不恃私产，人人即多私产，亦当分之于公产焉，则人无所用其私，何必为权术诈谋以害信义？更何肯为盗窃乱贼以损身名？非徒无此人，亦复无此思……此大同之道，太平之世行之。惟人人皆公，人人皆平，故能与人大同也。”[②] 人人如一之谓“公”，大同之道，就是“人人皆公，人人皆平”，彰显的是以公共、公平、公正为基本内涵的圣贤至公人格。这种人格以全民族、国家的利益为出发点和落脚点来考虑和处理问题，而不是以个人或少数人的狭隘私利决定一切。[③]

“天下为公”所强调的公义、公正、公道、公平，已然不仅仅是政治

---

① 参见张立文:《中国传统文化与人类命运共同体》,北京:中国人民大学出版社,2018 年,序第 2 页。

② ［清］康有为：《礼运注》，北京：中华书局，1987 年，第 240 页。

③ 罗国杰主编:《中国传统道德·理论卷（重排本）》,北京:中国人民大学出版社,2012 年,第 129 页。

上的力量关系，而且具有了道义性。就是说，“公”已然从“共同体”内的“平分”的终极状态，衍生为“公—平分—公平”的公正道义，将共同体存在必然性的“公”整合成为政治上的君、国、官对臣、家、民的“公”，从而在政治、社会和道德场域，“公”便具有了普遍性意义。公义、公正、公平不仅仅是政治正当性的理论根基，还是社会合理性、人际恰当性和人性本然性的理论根基。①

从本质上看，中国古代的先贤们对“天下为公”治理境界的膜拜，体现了中国古人对公权力的推崇和对私权利的制约，是基于民族发展和国家稳定而开显的政治理想。当然，在《礼记·礼运》中，与“大同”相对的，尚有“小康”社会：“今大道既隐，天下为家，各亲其亲，各子其子，货力为己，大人世及以为礼。城郭沟池以为固，礼义以为纪；以正君臣，以笃父子，以睦兄弟，以和夫妇，以设制度，以立田里，以贤勇知。以功为己，故谋用是作，而兵由此起。禹、汤、文、武、成王、周公，由此其选也。此六君子者，未有不谨于礼者也。以著其义，以考其信，著有过，刑仁讲让，示民有常。如有不由此者，在势者去，众以为殃。是谓小康。”②“大同”与“小康”之间的根本区别在于“大道之行”与“大道既隐”。小康社会奠基于家、国、天下的基本社会结构，以宗法制度和伦理为核心，以区别和差等的精神来构造世界。其具体落实便是“禹、汤、文、武、成王、周公”等代表的三代之治，也就是小康社会。其基本特点是：第一，天下为家；第二，礼义为纪；第三，兵刑为用。这正是三代之治的基本现实。与此相对，所谓“大同”，克服了家天下制度包含的亲疏远近等区分，打破人我的界限，以成至公之境。其特点是：第一，天下为公；第二，选贤与能；第三，各得其所；第四，世界太平。

---

① 参见［日］沟口雄三著，郑静译，孙歌校：《中国的公与私·公私》，北京：生活·读书·新知三联书店，2011年，第44—88页。

② 胡平生、张萌译注：《礼记》（上），北京：中华书局，2017年，第420页。

其核心是与“私”相对的“公”，选贤与能主要针对父子兄弟相继的家天下的权力转移模式，是“天下为公”的具体体现。[①]“大道之行”背后的治理逻辑是“天下为公”，而“大道既隐”背后的治理逻辑则是“天下为家”，或者说，“大道”行与隐背后是“公权力”与“私欲”的张力问题。

《礼记》虽不是孔子所作，但体现了孔子的思想，“大道之行也，天下为公”就是他在鲁国参加腊月的祭祀时，认为鲁国尚能持礼，但不完备，遂不由自主发出的感叹。孔子的思想言论与“天下为公”内在相通，这从他评述管仲可见一斑。《论语·宪问》记载，子贡问孔子："管仲非仁者与？桓公杀公子纠，不能死，又相之。”孔子曰："管仲相桓公，霸诸侯，一匡天下，民到于今受其赐。微管仲，吾其被发左衽矣。岂若匹夫匹妇之为谅也，自经于沟渎而莫之知也？”管仲没有因旧主公子纠被杀而自缢或为其复仇，而是选择追随齐桓公，对生活于“事君不二是谓臣”（《国语·晋语》）、“君辱则臣死”（《左传·僖公九年》）、“君弑则臣讨”（《大戴礼记·曾子致言上》）的臣对君“从一而终”传统中的士人而言，显然是不能接受的。但孔子从“从道不从君”的政治伦理观、政德观视角，确定谁为天下之主不重要，重要的是谁能创造出合理的社会秩序的政治哲学。孔子并未从私人相处之德的角度看待管仲，而从公共社会意义的角度，肯定他不因私恩私德自经于沟渎，并认为这无伤其为仁者。孔子的人本主义是将普遍平等的人的生存保障和心理认同作为国家政治合理

孔子像

① 参见王博：《大同：中国人自古以来的梦想》，《光明日报》2014 年 7 月 29 日。

性基础的一种社会政治伦理观。[1]孔子推崇关乎公共社会福祉的公德，在“天下为公”“天下为重”的治理理念和政治道德引领下，周游列国、匡扶正义。

孟子继承了孔子政治伦理思想的基本内核，其民本主义的国家观体现了“公天下”思想。孟子在论述国家政治和伦理问题时，大量使用与“天下”相关的词语。如《孟子·尽心下》说：“民为贵，社稷次之，君为轻。是故得乎丘民而为天子。”在孟子看来，国家权威的合法性取决于“丘民”拥戴与否，君主不能以天下私相授受，必须得到人民拥护方为合法的君主。《孟子·万章上》记载，万章问曰：“尧以天下与舜，有诸？”孟子曰：“否，天子不能以天下与人……尧崩，三年之丧毕，舜避尧之子于南河之南。天下诸侯朝觐者，不之尧之子而之舜，讼狱者，不之尧之子而之舜；讴歌者，不讴歌尧之子而讴歌舜，故曰天也。夫然后之中国，践天子位焉。”在孟子看来，国家政权并非君主的私权，参政者拥有超过服务君主本人的公共原则性，“非其义也，非其道也，禄之以天下，弗顾也”（《孟子·万章上》），臣子有“从道不从君”的基本政治原则；“立乎人之本朝而道不行，耻也”（《孟子·万章下》），统治者、治理者在位要谋善政和德政；当君主及参政者严重违背“天下”政治原则的时候，皆应及时更置，“君有大过则谏，反复之而不听，则易位”（《孟子·万章下》）、“诸侯危社稷，则变置”（《孟子·尽心下》）、“贼仁者谓之贼，贼义者谓之残，残贼之人，谓之一夫。闻诛一夫纣矣，未闻弑君也”（《孟子·梁惠王下》）。

战国末年的杂家著作《吕氏春秋》也体现着“公天下”的国家社会理想。《吕氏春秋》说：“天无私覆也，地无私载也，日月无私烛也，四时无私行也。”（《吕氏春秋·孟春纪第一》）天地无私，则国家社会关系中的权势者亦当无私，圣王治理天下的根本是“公”，只有无偏无私地对待臣子、

---

① 参见赵铁峰：《中华传统文化中的“天下为公”及其现代回响》，《东北师大学报（哲学社会科学版）》2011年第5期。

贵族，公平对待国家大事和私事，不以私事而干扰国家运行，君主的地位才稳固。总之要记住，“天下非一人之天下也，天下之天下也”（《吕氏春秋·孟春纪第一》）。吕不韦已然指出，圣王治理天下要“公”字当头，要把“公正无私”置于政治管理、社会治理的首位。天下安定的源头就是公正无私，得天下是因为公正无私，失天下则是由于偏颇有私，而且天下是天下人的天下，不是某人之天下。为了避免天下大乱，圣人制定了国家制度。《吕氏春秋》还指出，要使天下安稳安定，务必有国家的安定；而要让国家安定，务必有家的稳定。当然，一切安定的前提是让个体之人安稳安定。而如何让个人“安”呢？那就是让人人都得到公平的“对待”。所以，“圣人深见此患也，故为天下长虑，莫如置天子也；为一国长虑，莫如置君也。置君非以阿君也，置天子非以阿天子也，置官长非以阿官长也”（《吕氏春秋·恃君览第八》）。无论是天子，还是臣僚，皆遵从“天下为公”的治国理则，不因身处高位而以公权力办私事，平等对待所有人，做到事同则理同，位置不同但公治天下的“理”同。应该说《吕氏春秋》把“天下为公”视为社会权力分配秩序的政治基础，以“公治天下”之“公”消解“偏私”之欲，这本身就是统治者、君主应该具有的道德品质。

当然，先秦时期的许多经典著作也蕴含了“天下为公”思想。如《尚书》言“以公灭私，民其允怀”（《尚书·周官第二十二》）；《老子》言“圣人无常心，以百姓心为心”（《道德经》四十九章）；《庄子》云“天无私覆，地无私载”（《庄子·大宗师第六》）；《墨子》说“仁人之所以为事者，必兴天下之利，除去天下之害”（《墨子·兼爱中第十五》）；《荀子》云“天之生民，非为君也；天之立君，以为民也”（《荀子·大略篇第二十七》）；杨朱言“不横私天下之身，不横私天下物者，其唯圣人乎！公天下之身，公天下之物，其唯至人矣”（《列子·杨朱》）；《慎子》云“故立天子以为天下，非立天下以为天子也。立国君以为国，非立国以为君也。立官长以为官，非立官以为官长也”（《慎子·威德》）。这些政治智者告诉我们，不是因为身处高位而显得有价值，而是因为有管理天下、治理天下的任务而必须有相应的职位以服务天下百姓，当“你”得到天子、臣属之位时，切记是“位”选择了“你”，勿以为“位”是为了“你”。“位”是固定的，而“你”是流动的，在“位”当尽心为民做事，勿谋私欲。“天下为公”不仅是先秦时代的知识精英面对社会纷争、民不聊生、政局动荡的局面而构想的带有普遍价值认同的社会治理理念，也成为激励以后的统治者、政治智者寻求社会稳定、推进治理合理化的政治哲学。

第二节　“天下为公”激励中华民族治国理政的演绎进程

“天下为公”思想不仅在古代社会有影响力，而且成为近代中国士人思考国家、民族前途的重要思想资源，是激励中华民族谋求社会稳定、文明进步的重要治理理念。尤其是近代以来，国家蒙辱、人民蒙难、文明蒙尘，“天下为公”走进中国共产党人的国家治理蓝图之中，不断激发出新的生命活力和向心力。

先秦时期的社会纷争催生了“天下为公”的社会理想。秦统一天下之后，中华民族延续了两千余年的封建帝制，不过，在君主专制之下，并不妨碍“天下为公”的思想成为历朝历代有责任心的政治智者治国理政的最高尚的价值哲学，是中国历史上贤君良臣全心全意治国安邦的政治举措。

中国封建帝制肇始于秦始皇，秦始皇也把治国的公权力无限缩小、私权利无限扩大，一度肆意妄为，乃至“焚书坑儒”。天下人是不承认秦始皇的残酷统治和专制统治的，随之而来的便是秦二世而亡。明末清初的王夫之分析秦亡的原因就在于，秦始皇废封建而置郡县是私天下：“秦之所以获罪于万世者，私己而已矣”；以天下为己私，“为一姓言也，非公义也”。[①] 所以，王夫之批评以天下为一姓之私产：“以天下论者，必循天下之公，天下非夷狄盗逆之所可尸，而抑非一姓之私也。”[②] 承继者汉高祖刘邦也有意“私天下”，修成未央宫，大会诸侯、群臣，奉玉卮贺其先人曰：“始大人常以臣无赖，不能治产业，不如仲力。今某之业所就孰与仲多？”[③] 其以天下为私产之态可见一斑。他还在刘氏家族中封王，把天下作为私产分封给子侄，导致诸王私欲膨胀而威胁皇权，造成文、景时的天下大乱。宋代事功学派陈亮即批评汉高祖：“不思天下之公义，而用其谋国之私心，是非厉害徇于目前。”[④] 幸汉武帝采纳董仲舒建议，罢黜百家、独尊儒术，强调天人感应，从而集中了皇权，天下才实现了大一统。

自董仲舒始，先秦传统的心性儒学上升为政治儒学，信奉天人感应论的皇帝获得了“天”命根据，天理天命为皇权的至高无上提供了政治合法性。当然，世间的皇权源自天，天必然对皇权起监督作用，治国者不能合情合理治国，便会遭“天谴”，也就催生了汉代及以后的统治者重视公义公理的社会治理观。比如，西汉末年儒者鲍宣上疏，指出皇帝“当用天下之心为心”治理百姓的必然性与必要性：“天下乃皇天之天下也，陛下上为皇天子，下为黎庶父母，为天牧养元元，视之当如一。”[⑤] 在鲍宣看来，百姓贫困潦倒，父子夫妇不能相保，但皇帝私养外亲、宠幸董卓，动辄赏赐万金，奴从宾客浆酒霍肉，苍头庐儿皆致富，治理天下哪能如此儿戏？另外，谷永有疏：“臣闻天生蒸民，不能相治，为立王者以统理之，方制海内非为天子，列土封疆非为诸侯，皆以为民也。……明天下乃天下之天下，非一人之天下也。”[⑥] 天下不是一个人说了算，当然也不能

① ［清］王夫之：《读通鉴论》，北京：中华书局，1975 年，第 1 页。
② ［清］王夫之：《读通鉴论》，北京：中华书局，1975 年，第 949 页。
③ ［汉］司马迁：《史记》，北京：中华书局，1959 年，第 387 页。
④ ［宋］陈亮：《陈亮集（增订本）》（上册），北京：中华书局，1987 年，第 37 页。
⑤ ［汉］班固：《汉书》，北京：中华书局，1962 年，第 3089—3091 页。
⑥ ［汉］班固：《汉书》，北京：中华书局，1962 年，第 3466—3467 页。

一个人说了算，关键是说了不能算。为了防止一个人说了算的“专制”“自专”，有了各级官位，有了百官僚属，根本上都是为了天下百姓生活安稳。“治天下者，当用天下之心为心，不得自专快意而已”“天下乃天下之天下，非一人之天下”的鲜明立场已然表明，皇帝的正当性、合法性是由“天下”黎民百姓是否认同、是否支持皇权来决定的，皇权不得放纵为私，否则就会有天谴、民怨；皇帝虽高居政治权力架构的顶端，但在政治理念中是为天下公理公义而设的角色，是个“政治符号”，并非天下的所有者和私有者。

东汉末年，外戚专权，宦官当政，继之而起的三国纷乱，带来的是政权分立，儒学衰落，公共社会难以达成一致的治国方略，“天下”变成了四分五裂的诸侯割据局面。不过，正是因为天下纷争和那时北方游牧民族与华夏民族间的交流融合，催生了士人对公共社会、大一统国家治理理念的构想。连年征战后，终于铸就了隋朝的一统天下。隋朝虽重蹈亡秦覆辙，但暴虐的隋炀帝即位当年也曾发布诏书强调：“是知非天下以奉一人，乃一人以主天下也。民惟国本，本固邦宁，百姓足，孰与不足！”不过讽刺的是，隋朝很快就亡国了。取而代之的唐朝君主，尤其是唐太宗李世民，善于调动群臣积极性和创造性，谈论治国之道。记录唐太宗在位二十三年政论的《贞观政要》中，公平篇涉及唐太宗、魏徵等人的“天下为公”思想，其中合理化的治国之道包括了以道德教化治理天下，皇帝“修身自为”、严于律己、举贤任能，公平的君臣关系等。不过，“贞观论政”所讲究的理仍然从利弊着眼，载舟覆舟之论比较功利化、表层化，公共社会的理念没有上下贯通。[1] 直到宋明时期，新儒学家才在勾画君德上下功夫，在涵育士大夫的内心修养上下功夫，力图使君臣上下找到共治天下的契合点。

---

① 参见代生：《天下为公：跨越千年的价值追求》，《百年潮》2023 年第 1 期。

宋明理学家明辨公私，为“天下为公”搭建理论基础。张载以公私区别君子与小人，认为“小人私己”“君子公物”：“君子于天下，达善达不善，无物我之私”（《正蒙·中正篇》）；圣人“不私其身”（《横渠易说·乾》），以身许公，“无所私系，用心存公”（《横渠易说·蒙》）。程颐把公私与义利、理欲范畴相结合，认为公是仁之理，“仁者，公也”（《河南程氏遗书》卷九）、“仁之道，要之只消道一公字。公只是仁之理，不可将公便唤做仁”[①]。程颐还认为公是理，私是欲，“理者天下之至公，利者众人所同欲。苟公其心，不失其正理，则与众同利”[②]，“圣人致公，心尽天地万物之理，各当其分。佛氏总为一己之私，是安得同乎？”（《河南程氏遗书》卷十四）程颐基于对公私关系的规定，认为“圣人以大公无私治天下”[③]，而达到“至公无私，大同无我，虽眇然一身，在天地之间，而与天地无以异也”[④]的境界。胡宏则以公私评价封建制和郡县制，认为秦二世而亡的根本原因是不行“封建制”。在他看来，“封建制”可以让帝王百官公平公正地治理天下，不行“封建制”则让皇帝专制权力无限扩大而成为“霸世暴主”，往往“纵人欲，悖大道，私一身之大孽大贼也”[⑤]。朱熹从天理的角度论证公私关系，“凡一事便有两端，是底即天理之公，非底乃人欲之私”[⑥]，而且朱熹以公私论王霸关系，认为王者“正天下、正诸侯，皆出于至公而无一毫之私心，则虽在下位，何害其为王道”，而霸道假仁义，率诸侯，功归己，“此其所以为功利之心，而非出于至公也”（《朱子语类》卷二十五）。明末的王阳明也是从“存天理，去人欲”的视角强调“克去己私”，“君子之学，为己之学也。为己故必克己，克己则无己。无己者，

① ［宋］程颢、程颐：《二程集》，北京：中华书局，2004 年，第 153 页。
② ［宋］程颐：《周易程氏传》，北京：中华书局，2011 年，第 243 页。
③ ［宋］程颐：《周易程氏传》，北京：中华书局，2011 年，第 51 页。
④ ［宋］程颢、程颐：《二程集》，北京：中华书局，2004 年，第 1172 页。
⑤ ［宋］胡宏：《胡宏集》，北京：中华书局，1987 年，第 47 页。
⑥ ［宋］黎清德编，王星贤点校：《朱子语类》，北京：中华书局，1986 年，第 225 页。

无我也。世之学者执其自私自利之心，而自任以为为己”[①]，若能把自我融入天地万物之中，必达至廓然而大公、物来则顺应之境。宋明时期的理学探讨，对“公”的认知推进了对帝制王权的体悟，他们申明了政权的合法性是由民生状态和民心来判定的，天意是民心的投影；皇权及以下的所有公共权力都要受到监督，都不能为所欲为，而监督的终极力量是民心，中坚力量是士大夫及圣贤之论；公共灾难需要皇帝出来修省、公开罪己；国家要轻赋税，藏富于民，救济灾难，抵御外侮，不与民争利，创造好的秩序，少干预民间生活，以“天下太平”为目标；等等。[②]

宋明理学培养的士大夫文化在明朝也得以传延，明朝知识分子对治国理政善于作出评判。尤其是明朝末年，伴随少数民族入主中原且获得统治权，明末清初的一批知识分子深挖明朝灭亡的根源，其中最为根本的教训就是君主私天下。明末三大启蒙思想家顾炎武、黄宗羲、王夫之对此都有清晰论述。如顾炎武说：“古之圣人，以公心待天下之人。”[③]黄宗羲在著名的《明夷待访录》中系统地阐述了立君为民说。在他看来，人之初始，各私其利，有勇敢之士“不以一己之利为利，而使天下受其利；不以一己之害为害，而使天下释其害。此其人之勤劳必千万于天下之人”[④]。此人即古之人君，如尧、舜、禹之流。但今之人君“以为天下利害之权皆出于我，我以天下之利尽归于己，以天下之害尽归于人”，今古人君最大的区别在于“古者以天下为主，君为客，凡君之所毕世而经营者，为天下也”，“今也以君为主，天下为客，凡天下之无地而得安宁者，为君

① ［明］王守仁：《王文成公全书》，北京：中华书局，2015 年，第 330 页。

② 参见赵轶峰：《中华传统文化中的“天下为公”及其现代回响》，《东北师大学报（哲学社会科学版）》2011 年第 5 期。

③ ［清］顾炎武：《顾亭林诗文集》，北京：中华书局，1983 年，第 12 页。

④ ［清］黄宗羲：《明夷待访录》，载沈善洪主编、吴光执行主编《黄宗羲全集（增订版）》（第一册），杭州：浙江古籍出版社，2005 年，第 2 页。

也”[1]，君与民之主次关系颠倒的后果是由古代天下人爱戴其君变为现在天下人恶其君，比之如寇仇。黄宗羲还设想“君臣共治”，“缘夫天下之大，非一人之所能治，而分治之以群工。故我之出而仕也，为天下，非为君也；为万民，非为一姓也”[2]。天下非一家一姓之天下，臣子之职亦不在于为一家一姓服务，而是为天下百姓服务。王夫之也有论：“天下者，非一姓之私也，兴亡之修短有恒数，苟易姓而无原野流血之惨，则轻授他人而民不病。魏之授晋，上虽逆而下固安，无乃不可乎！”[3]“有一人之正义，有一时之大义，有古今之通义；轻重之衡，公私之辨，三者不可不察……公者重，私者轻矣，权衡之所自定也。”[4]治国者常怀公心，以天下为“正”，以百姓利益为“大义”，则天下必治，国祚永长。这是天下公理，万勿反之。应该说，顾、黄、王的思想承继了儒家“天下为公”的政治文化传统，而且从明朝灭亡的教训中，更为深刻地认识到公治天下、行民主公平的必要性和重要性，已然是对传统皇权政治流弊的大清理，对未来治国理政科学政治本质的智慧认知。

近代以来，国家蒙辱、人民蒙难、文明蒙尘，中国社会各阶层精英希图中华民族崛起，在主动学习西方、睁眼关注更大的“天下”的过程中，更加清晰地表达了“天下为公”的治世理想。洪秀全接受西方基督教学说，自创“拜上帝会”，写成《原道救世歌》《原道醒世训》《原道觉世训》等书，宣扬建立没有压迫的社会，得到了广大劳动人民的支持。其施政纲领《天朝田亩制度》，主张平分土地，通过建立新的社会组织管理民众，废除封建礼教，实现男女平等，等等，所勾画的平等、平均政治蓝图，是对“天

① ［清］黄宗羲：《明夷待访录》，载沈善洪主编、吴光执行主编《黄宗羲全集（增订版）》（第一册），杭州：浙江古籍出版社，2005 年，第 2 页。
② ［清］黄宗羲：《明夷待访录》，载沈善洪主编、吴光执行主编《黄宗羲全集（增订版）》（第一册），杭州：浙江古籍出版社，2005 年，第 4 页。
③ ［清］王夫之：《读通鉴论》，北京：中华书局，1975 年，第 345 页。
④ ［清］王夫之：《读通鉴论》，北京：中华书局，1975 年，第 464 页。

下为公”思想的继承和发扬。康有为在戊戌变法失败之后流亡日本、游历欧美，接受了西方进化论和空想社会主义，依据《春秋》公羊“三世”说和《礼记·礼运》“大同”“小康”说，创作了《大同书》，将人类历史划分为由“据乱世”而“升平世”（小康）进而“太平世”（大同）的渐进历程，构想了“无邦国、无帝王、人人平等、天下为公”的“大同”社会。伟大的革命先驱孙中山是“天下为公”理念的忠实支持者，“人类进化之目的为何？即孔子所谓‘大道之行也，天下为公’”[①]。为此，他建构了中国革命的政治纲领——“三民主义”。“三民主义”的最终目标是天下为公，“人民对于国家不只是共产，一切事权都是要共的。这才是真正的民生主义，就是孔子所希望之大同世界”。2016 年 11 月，在纪念孙中山先生诞辰 150 周年大会上，习近平总书记对孙中山给予了高度评价：“我们要学习孙中山先生天下为公、心系民众的博大情怀。孙中山先生有着深厚的为民情怀,一生坚持以‘天下为公’为最高思想境界,致力于‘除去人民的那些忧愁，替人民谋幸福’，对此矢志不移、无比坚定。”[②]为救国家民族于危亡之中，“自从一八四〇年鸦片战争失败那时起，先进的中国人，经过千辛万苦，向西方国家寻找真理。洪秀全、康有为、严复和孙中山,代表了在中国共产党出世以前向西方寻找真理的一派人物”[③]。他们几乎搬来了西方所有的思想理论，然而，“中国人被迫从帝国主义的老家即西方资产阶级革命时代的武器库中学来了进化论、天赋人权论和资产阶级共和国等项思想武器和政治方案，组织过政党，举行过革命，以为可以外御列强,内建民国。但是这些东西也和封建主义的思想武器一样，软弱得很，又是抵不住，败下阵来，宣告破产了”[④]。

---

① 孙中山：《孙中山选集（上）》，北京：人民出版社，2011 年，第 548 页。

② 习近平:《在纪念孙中山先生诞辰 150 周年大会上的讲话》,新华网 2016 年 11 月 11 日。

③ 《毛泽东选集》（第四卷），北京：人民出版社，1991 年，第 1469 页。

④ 《毛泽东选集》（第四卷），北京：人民出版社，1991 年，第 1514 页。

百余年来，中国共产党人坚持“为人民服务”，秉持“立党为公、执政为民”的理念，把“天下为公”的理念和实现共产主义的奋斗目标紧密结合并付诸实践。[①] 陈独秀、李大钊都受“天下为公”思想的影响，如陈独秀感叹康有为的《大同书》和梁启超的有关文章，自言“读康先生及其徒梁任公之文章，始恍然于域外之政教学术，粲然可观，茅塞顿开，觉昨非而今是”；李大钊主张建立一个“大同”社会，他在《联治主义与世界组织》中阐明了未来理想社会应该是一个“大同团结”与“个性解放”相结合的新组织，且必须坚持无产阶级专政，使农民成为革命的主力军，以此来实现社会主义与人道主义、大同团结与个性解放相统一的“大同”理想。青年时期的毛泽东受儒家思想的影响，主张建立一个“大同”社会。1917 年，他在《致黎锦熙信》中强调，“孔子知此义，故立太平世为鹄，而不废据乱世、升平二世。大同者，吾人之鹄也。立德、立功、立言以尽力于斯世者，吾人存慈悲之心以救小人也”，表达了对未来“太平”“大同”社会的向往。此后，毛泽东接受了马克思主义，以他为主要代表的中国共产党人带领人民推翻“三座大山”，开辟中国革命道路，建立了社会主义新中国并不断探索社会主义发展道路。1949 年 6 月 30 日，毛泽东写下了《论人民民主专政》一文，畅言中国的大同社会：“中国人民在中国共产党领导之下，在驱逐日本帝国主义之后，进行了三年的人民解放战争，取得了基本的胜利。……这样就造成了一种可能性：经过人民共和国到达社会主义和共产主义，到达阶级的消灭和世界的大同。康有为写了《大同书》，他没有也不可能找到一条到达大同的路。”[②] 毛泽东还将“天下为公”的思想和共产党员的修养结合起来，提出共产党员要大公无私，全心全意为人民服务。他在《为人民服务》《纪念白求恩》《愚公移山》等名篇中不断强调共产党员要大公无私，克己奉公；要毫不利己，专门利人；

① 参见代生：《天下为公：跨越千年的价值追求》，《百年潮》2023 年第 1 期。

② 《毛泽东选集》（第四卷），北京：人民出版社，1991 年，第 1471 页。

要做一个高尚的人，纯粹的人，有益于人民的人。刘少奇在《论共产党员的修养》中强调："共产党员应该具有人类最伟大、最高尚的一切美德，具有明确坚定的党的、无产阶级的立场（即党性、阶级性）。……把道德观建立在历史唯物论的科学基础上，公开地宣称我们的道德是为着保障无产阶级解放和人类解放的战斗利益，这只有共产党人能够做到。"[①]以毛泽东同志为主要代表的中国共产党人，带领全国人民完成新民主主义革命，建立了中华人民共和国，确立了社会主义基本制度，真正实现人民当家作主，结束了旧中国"家天下"的时代，初步实现了中华民族"公天下"的价值理想。

实现"天下为公"的共产主义社会是中国共产党人矢志不渝的追求。1979年，邓小平根据中国国情，在总结历史经验教训的基础上，创造性地使用了"小康"这一概念，将中国式现代化发展的阶段目标明确为小康社会。邓小平还提出："社会主义的特点不是穷，而是富，但这种富是人民共同富裕。"消除两极分化、实现共同富裕是社会主义的本质要求和奋斗目标。以邓小平同志为主要代表的中国共产党人，带领中国人民进行改革开放的伟大实践，把党和国家工作中心转移到经济建设上来，使得中国人民从站起来到富起来，从而为中国特色社会主义事业的"大同"理想夯实物质基础。中国共产党人用实际行动诠释了"权为民所赋""权为民所用"的政治理念，"天下为公"从理想变为现实。党的十八大报告将"全面建设小康社会"调整为"全面建成小康社会"，并从经济、政治、文化、社会、生态五大方面为小康社会设立发展目标。党的二十大报告指出，我们经过接续奋斗，实现了小康这个中华民族的千年梦想，我国发展站在了更高历史起点上。实现小康后，伟大的中华民族正向第二个百年奋斗目标进军，为实现"天下为公"的社会不断努力。

---

① 刘少奇：《论共产党员的修养》，北京：人民出版社，2018年，第64—65页。

新时代以来，习近平总书记在多个场合强调“天下为公”，重视“天下为公”的政治滋养功能。如 2013 年 6 月，他提出中央政治局的同志必须有天下为公的宽阔胸襟，摒弃任何私心杂念，把为全中国人民谋利益作为自己的唯一追求，为党的事业和人民利益鞠躬尽瘁。这不仅是对中央政治局提出的要求，也是对全体党员及领导干部提出的要求。习近平总书记倡导推动构建人类命运共同体，并倡导“全人类共同价值”：“‘大道之行也，天下为公’，和平、发展、公平、正义、民主、自由是全人类的共同价值，也是联合国的崇高目标。”[①] 应该说，向往人之“公”德不仅是“全人类共同价值”的核心指向，亦是中华民族对“天下为公”价值观的守正创新。一百多年来，中国共产党始终以世界眼光关注人类前途命运，从人类发展大潮流、世界变化大格局、中国发展大历史中正确认识和处理同外部世界的关系，坚持开放、不搞封闭，坚持互利共赢、不搞零和博弈，坚持主持公道、伸张正义，站在历史正确的一边，站在人类进步的一边。中国共产党把中国传统的“天下观”拓展为命运相关、荣辱与共、风雨同舟的“人类命运共同体”理念，弘扬“和平、发展、公平、正义、民主、自由”的“全人类共同价值”，为推动世界和平，促进全球合作共赢、共建共享贡献了中国智慧、中国方案。

“天下为公”是中华文明的智慧结晶，承载着十四亿多中国人民的梦想和期望，体现着中国共产党人领导中华民族伟大复兴事业的政治品格。从思想内涵看，中国传统的“天下为公”理念与科学社会主义价值观至少在四个方面相契合：一是马克思主义关于共产主义社会的理想与“大同”理想不谋而合，都倡导构建自由、平等、公正、法治的美好社会；二是群众史观强调人民群众的主体地位，强调人民群众创造历史的功能价值，可激活“天下为公”蕴含的中国传统民本思想；三是唯物史观认为，只

① 习近平：《习近平谈治国理政》（第二卷），北京：外文出版社，2017 年，第 522 页。

有实现生产资料公有制，消灭剥削制度，才能解放生产力，为实现全体人民的幸福、实现共产主义理想社会奠定物质基础，这可将“天下为公”中的富民主张转化为现代经济制度；四是关于全世界无产阶级大联合的国际共产主义精神与传统士大夫“忧以天下,乐以天下”的胸怀相契合。[①]

“天下为公”的治国理念历史悠久、影响深远，一代代中华儿女努力为之奋斗，并将其提炼成中华文化的精神标识，如一盏明灯，指引着人们奋勇向前!

第三节 “天下为公”实践展开的六重要义

“天下为公”不是空口号，而是政治理想；不是虚无缥缈的空想，而是传统政治智者和开明君主在帝制盛世中的实践。它作为一种“事实性存在”激励着中华儿女踔厉奋发、挺膺担当。基于中国传统社会实践和政治智者的论述，“天下为公”的实践展开，务必推行以下六方面要义：

一是“讲仁爱”。在中国古人看来，“仁”不仅以“爱人”为总纲，还是人之为人的本质规定,更蕴含着超越血缘关系的人类之爱。首先,“爱人”是“仁”之总纲。“樊迟问仁。子曰：‘爱人。’”（《论语·颜渊》）所谓“爱人”，即要求人能发自内心地关爱、尊重他人，使得人与人之间能够相亲、相爱、相敬。对此,《礼记正义》也言“‘仁者人也，亲亲为大’者,仁,谓仁恩相亲偶也”。其次,“仁”是人之为人的本质规定。孟子言:“仁也者，人也”(《孟子·尽心下》),“仁，人之安宅也;义，人之正路也。旷安宅而弗居，舍正路而不由，哀哉！”(《孟子·离娄上》) 这是说，人有关爱他者的“爱人”之心，不只是因为人与人有着生理上的共同属性，

① 参见龙涌霖:《“天下为公”理念的哲学意蕴、历史发展与现代价值》,《机关党建研究》2023 年第 5 期。

更是因为人在长期的共同生活中，生发出对他人的共通情感。在孟子看来，这就是“恻隐之心”。因而，有关爱他人的“爱人”之心是人之为人的必然要求。对此，王夫之也说：“由吾同胞之必友爱，交与之必信睦，则于民必仁。”[①] 最后，“仁爱”还蕴含着由亲情之爱推展至人类之爱的“大爱”。儒家“仁者爱人”不是狭隘、封闭的“爱”，而是可以由自身推至亲人再至家国，甚至全人类的“大爱”。《论语·学而》曰“泛爱众，而亲仁”，孟子讲“老吾老以及人之老，幼吾幼以及人之幼”（《孟子·梁惠王上》），每个人都懂得爱护自己的老人，应当把这种对老人的爱扩大到一切老人，每个人都懂得爱护自己的小孩，应当把这种爱扩大到所有小孩。墨家代表人物墨子提倡“兼相爱”，认为“今诸侯独知爱其国，不爱人之国，是以不惮举其国以攻人之国。今家主独知爱其家，而不爱人之家，是以不惮举其家，以篡人之家。今人独知爱其身，不爱人之身，是以不惮举其身，以贼人之身”（《墨子·兼爱中》）。这是说，因为人只知道爱自己而不爱他人，所以有了人与人之间的相贼相残；因为人只爱自己的国而不爱他国，所以有了人与人、国与国之间的冲突与战争。要消除人与人、国与国之间的冲突与战争，就要提倡“兼相爱”，亦即“视人之国，若视其国，视人之家，若视其家，视人之身，若视其身”（《墨子·兼爱中》）。仁爱是中国传统的核心价值追求之一，是人人共守的伦理秩序和价值准则，“天下为公”首要的价值立场就是“仁者爱人”。

二是“辨公私”。公私之间即善恶之源。荀子言“公生明，偏生暗，端悫生通，诈伪生塞，诚信生神，夸诞生惑”（《荀子·不苟》），此“偏”即私。程颐说：“公只是仁之理，不可将公便唤做仁。公而以人体之，故为仁。只为公则物我兼照，故仁，所以能恕，所以能爱。恕则仁之施，爱则仁之用也。”（《二程遗书》卷十五）人有公义，仁人故能爱、能恕；

---

① ［宋］张载撰，［清］王夫之注：《张子正蒙》，上海：上海古籍出版社，2020 年，第 231 页。

反言之，爱人、恕人表现的正是公义，公而无私，故能“兼照”万物人我。朱熹有云：“公不可谓之仁，但公而无私便是仁”，“无私以间之则公，公则仁”。[①] 在中国的道德传统中，公私与道德善恶密切关联。唐代的独孤及一针见血地指出“善恶生于公私”（《对诏策》），这就明确揭示了公私的道德意义。到宋明理学家那里，更是把公私、义利、理欲、善恶诸范畴交融在一起，以公为义、为理、为善，以私为欲、为利、为恶。吕坤言：“‘公’‘私’两字是宇宙的人鬼关，若自朝堂以至闾里，只把持得‘公’字定，便自天清地宁、政清讼息。只一个‘私’字，扰攘的不成世界。”刘宗周亦言：“天理人欲，本无定名，在公私之间而已。”[②] 就做人而言，公是美德之善之源，私是道德之恶之源，要做堂堂正正之人，那便是公字当头、义以为上。稷下管子论曰：“圣人若天然，无私覆也；若地然，无私载也。私者，乱天下者也。”（《管子・短语・心术下第三十七》）朱熹论圣贤气象亦言“王者，如天地之无私心焉，行一不义而得天下不为”[③]；吕坤也表示“以至公无私之心行正大光明之事”。就个体之人而言，倘若仅围绕自我利益、一时利益、眼前利益，而不能关注他人利益，自然是私心盛、公义暗，于己或许暂时受益，于人或许暂时伤害，但倘若他人报复，最终双方必皆受伤害。就治国平天下而言，公私也关乎政治道德，治国者当明辨公私。公私之交乃国家、天下存亡之本，法家《商君书・修权》已然指出：“公私之分明，则小人不疾贤而不肖者不妒功。……故公私之交，存亡之本也。”[④] 以尧舜为代表的贤君能明公私，不以一己之利理

① ［清］黄宗羲：《宋元学案》，载沈善洪主编《黄宗羲全集》（第四册），杭州：浙江古籍出版社，1992 年，第 854 页。

② ［明］刘宗周：《学言上》，载吴光主编《刘宗周全集》（第二册），杭州：浙江古籍出版社，2007 年，第 363 页。

③ ［宋］朱熹、［宋］吕祖谦编，邵逝夫译注：《近思录译注》，上海：上海古籍出版社，2022 年，第 434 页。

④ 蒋礼鸿：《商君书锥指》，北京：中华书局，1986 年，第 84—85 页。

天下，而以天下之公义治天下，自然小人不疾贤，不肖者不妒功，举贤不避亲，唯其能而已；禅位让贤而不传子，非不爱子，而是明治乱之道，因选贤举能而平天下、定民心。君主基于公心公义的治国理念，必令人心叹服、国治太平。西晋时期的傅玄亦有言："夫能通天下之志者，莫大乎至公。能行至公者，莫要乎无忌心。"[①] 在傅玄看来，行至公之义可通顺天下、治国安民，"近者安焉，远者归焉。枉直取正，而天下信之"；行公义的核心要义是"无忌心"，即无妒忌、忌恨、猜忌之心，实为公心、诚意之心，因无忌心，"故进者自尽，而退不怀疑，其道泰，然后浸润之谮，不敢干也"。唐代陆贽亦言："夫国家作事。以公共为心者。人必乐而从之。以私奉为心者。人必咈而叛之。"[②] 不仅为君者治国以公，为人臣者辅政亦以公，刘向即指出，帝尧为"行大公者"，"贵为天子，富有天下，得舜而传之，不私于其子孙也"，此之谓"人君之公"；言"人臣之公"，则"治官事则不营私家，在公门则不言货利，当公法则不阿亲戚，奉公举贤则不避仇雠，忠于事君，仁于利下，推之以恕道，行之以不党"[③]。古代虽是君主治国，但国治与否与"天下为公"的政德密切关联，国君治国以公，人臣辅政以公，自然国治家齐，否则，必是政息国亡。

三是"重民本"。天下非一人之天下，而是全体百姓的天下，"天下为公"自然意味着对民众关心和爱护。在中国传统政治智者看来，"民"是社会物质财富的创造者，周宣王时的虢文公即敏锐指出，"民之大事在农，上帝之粢盛于是乎出，民之蕃庶于是乎生，事之供给于是乎在，和协辑睦于是乎兴，财用蕃殖于是乎始，敦庬纯固于是乎成"(《国语·周语上》)；"民"还是社会变革的主要力量，荀子就说，"用国者，得百姓之力者富，得百姓之死者强，得百姓之誉者荣。三德者具而天下归之，三德者亡而

---

① ［唐］魏徵等：《群书治要》，北京：中华书局，2014 年，第 601 页。
② ［清］董诰等：《全唐文》，北京：中华书局，1983 年，第 4793 页。
③ ［汉］刘向：《说苑校证》，北京：中华书局，1987 年，第 343 页。

天下去之”（《荀子·王制》）。只有得到民众的支持，才能做到兵强马壮、长治久安。正因民众是社会财富和社会稳定的基础，作为管理主体的君主百官必当重民爱民，明清之际的唐甄就一针见血地指出：“国无民，岂有四政！”（《潜书·明鉴》）所以，“封疆”是民固之，“府库”是民充之，“朝廷”是民尊之，“官职”是民养之，民众的作用绝不可轻视！做到“天下为公”，务必体贴君民关系，诚如荀子所说“君者，舟也；庶人者，水也。水则载舟，水则覆舟”（《荀子·王制》）；当比较君与民的社会价值谁更重要时，孟子甚至提出了“民为贵，社稷次之，君为轻”（《孟子·尽心下》）的君民观。当然，治国者力行“天下为公”，要做好“天下为民”，就必须“道千乘之国，敬事而信，节用而爱人，使民以时”（《论语·学而》）；当政者“不违农时”“斧斤以时入山林”“百亩之田，勿夺其时”，从而“养生送死无憾，王道之始也”（《孟子·梁惠王上》）；治国者“爱民重民”还要做到“节用减赋”，“贤君必恭俭礼下，取于民有制”（《孟子·滕文公上》），“诚能常以利民为本，则民富；常以忧民为心，则民乐；赋役非人力所堪者去之，则劳困息；法禁非人情所便者蠲之，则郁塞通”[①]。当政者应时时以“民饥即是我饥，民寒即是我寒”的政治责任心约束自己，贯彻“以民为本”的政德观，“得民心者得天下”。反之，失民心者失天下，诚如孟子所言：“桀、纣之失天下也，失其民也；失其民者，失其心也。得天下有道，得其民斯得天下矣；得其民有道，得其心斯得民矣；得其心有道，所欲与之聚之，所恶勿施，尔也。”（《孟子·离娄上》）所以说，民之所欲，人主当致之；民之所恶，人主勿施之。管理天下、治理百姓，要以百姓之欲、恶为前提，要从公心出发，勿为己之私心所蔽，这才是“天下为公”的根本落脚点。

四是“怀天下”。天下是天下人的天下，非一人、一国所得而私也。天下最大的事情是什么？是平安，是天下太平。儒家的最大追求就是修身、

---

① ［元］脱脱等：《宋史》，北京：中华书局，1985 年，第 10308 页。

齐家、治国、平天下。张载曰:“为天地立心,为生民立命,为往圣继绝学,为万世开太平。”“为万世开太平”是“立心”“立命”“继绝学”之归宿。《周易》讲:“乾道变化,各正性命,保合太和,乃利贞。首出庶物,万国咸宁。”“乾道”即天道,天道变化,生育万物。万物各正其性命,故而利,故而贞,故而万国皆得安宁,故而“保合太和”,持续太和、至和。故宫最大的殿堂是太和殿,此外还有中和殿、保和殿,以及乾清宫、坤宁宫、交泰殿。乾清、坤宁而交泰,如此才太和,如此才天下太平。如何实现“太和”?如何实现天下太平?《周易》强调“交”,“天地交泰”。因为交,才会泰,才会安泰,才会和平。《尚书》强调“协和万邦”,就是协调亲和各个邦国,要以平等、协商、友好、合作、共赢、互利的姿态妥善处理各国间的关系,以平等的姿态谋求各国共同发展、共同繁荣。因此,国与国之间要搭建友好伙伴关系,《论语》载孔子学生子夏之言:“四海之内皆兄弟也。”(《论语·颜渊》)荀子也说:“四海之内若一家。”(《荀子·议兵》)故而,人与人之间、国与国之间友好合作,各国人民共同发展,才是真发展;只有世界共同繁荣,才是真繁荣。“天下为公”就是要有全局眼光、天下眼光、长远眼光,每个人都应胸怀天下,每个国家都应胸中有天下。此

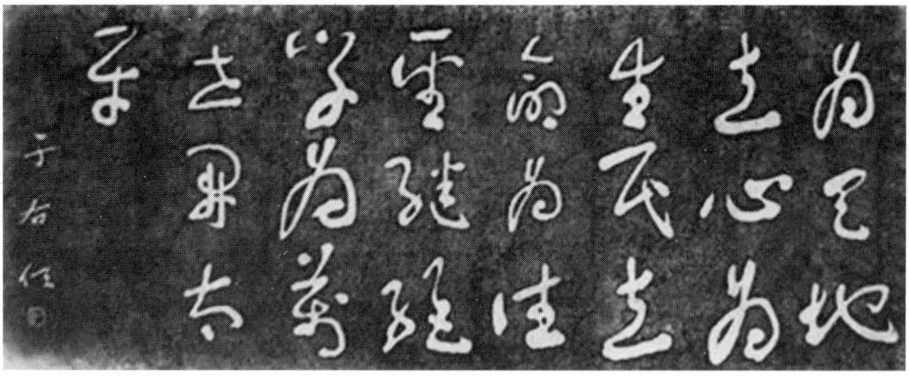

于右任手书的张载名句

外，不仅人与人之间、国与国之间应当建立不可分离、无法分离的伙伴关系，具备“天下情怀”，人与物之间也应当建立这样一种伙伴关系，“天下”已然内含着人与自然的合一。庄子说：“以道观之，物无贵贱；以物观之，自贵而相贱；以俗观之，贵贱不在己。”（《庄子·秋水》）物是物，人也是物，人只是天地万物中之一物。作为天地间之一物，人并不比其他任何物更加高贵。天地间大多数事物，都比人更早来到这个世界。人类不能以拥有、占有他物的态度来对待其他事物，更不能以征服、毁坏的方式对待他物。老子说：“天之道，利而不害。”（《老子》第八十一章）所谓“天之道”，是天地间最根本的准则，是人类必须奉行与遵守的根本法则，而这一最根本的法则在老子看来就是“利而不害”，就是利万物而不是害万物。张载说：“民吾同胞；物吾与也。”（《张载集·正蒙·乾称篇第十七》）自然界的一切事物本来是现成的，是内在和谐的，人类为了自身的利益而破坏了自然界的秩序，破坏了自然界固有的生态平衡与生态和谐，人类应当对自己过去的所作所为做彻底的反省。人类对待自然界的态度应当从“自私其生”转化为“利而不害”。人类面对自然界，应当真正把自然界的一山一水、一草一木当成自己的伙伴，当成人类的朋友。国与国之间、民族与民族之间，没有贫富贵贱，没有高低、大小、优劣之别；人与物之间和谐共生、互通有无。天下情怀不仅仅是对“人”的关心、关怀和关爱，也是对物的关心、关怀和关爱。

五是“任贤能”。治国者遵从“天下为公”理念，既要自觉地认识到“天下”非一家一姓之天下，又当明晰治国者应有公正不阿的胸怀与气度，公平公正地任用贤臣良将。中国古代的经典文献将传贤用贤视为“公”，如《吕氏春秋·去私》记载“尧有子十人，不与其子而授舜，舜有子九人，不与其子而授禹，至公也”；《说苑·至公》载“书曰：‘不偏不党，王道荡荡。’言至公也。古有行大公者，帝尧是也。贵为天子，富有天下，得舜而传之，不私于其子孙也。去天下若遗屣"[①]。尧舜传贤而不传子，充分体现了"大公""至公""不偏不党"的精神。尧舜及其后世帝王都"贵为天子，富有天下"，能从"共治天下"角度选贤任能。诚如墨翟所说："故古者圣王之为政，列德而尚贤……有能则举之，无能则下之，举公义，辟私怨，此若言之谓也。"（《墨子·尚贤》）这里的"公义"之"公"就是指公平公正地任贤使能。《荀子·五霸》也云："人主不公，人臣不忠也。人主则外贤而偏举，人臣则争职而妒贤。"人主应当公正地举贤，人臣才会忠心为国。《吕氏春秋·贵公》也指出："桓公行公去私恶，用管子而为五伯长；行私阿所爱，用竖刀而虫出于户。"齐桓公"行公"是指"用管子"，而"行私"是指"阿所爱，用竖刀"。若求政治清明，必然要公正无私，不避贤能，不用肖小。上位者千万不要以为自己什么都能做，什么都可以做，人之能力有大小，故而需要有更多的"能人"为自己分担。上位者一定要学会相信下级官员，他们也想也能成就与他们的职位相匹配的事业。当然，任贤不避亲，使能不避仇，诚如《新序》所说："外举不避仇雠，内举不回亲戚，可谓至公矣。"天子举贤任能，就臣子而言，同样如此，《说苑·至公》即云："彼人臣之公，治官事则不营私家，在公门则不言货利，当公法则不阿亲戚，奉公举贤则不避仇雠，忠于事君，仁于利下，推之以恕道，行之以不党，伊、吕是也。故显名存于今，是之谓公。"[②] 臣子如伊尹、吕尚，奉公举贤，忠心事君，仁泽百姓，是谓贤臣之"公"。

六是"尚和合"。中华文明历来崇尚"和为贵"，坚持"和而不同"。和合、和谐、和平早已融入了中华民族的血液中，成为中国人的"文化基因"和"天下为公"的价值原则。《国语·郑语》载，史伯曰："虞幕能听协风，以成乐物生者也。夏禹能单平水土，以品处庶类者也。商契能和合五教，

① ［汉］刘向：《说苑校证》，北京：中华书局，1987 年，第 343 页。
② ［汉］刘向：《说苑校证》，北京：中华书局，1987 年，第 343 页。

以保于百姓者也。周弃能播殖百谷蔬，以衣食民人者也。”虞之所以能够协风成乐，以养万物，都是因为他能够顺应自然变化，创造和合环境；而禹之所以能够治理水土、建立功业，是因为他懂得因势利导，创造和合条件；契能蓄养臣民，以保家园，皆因其了解民生伦理，创造和合秩序；弃能种植百谷，生养百姓，皆因其崇尚自然规律、以物养民，创造和合之境。《国语·郑语》还言：“夫和实生物，同则不继。以他平他谓之和，故能丰长而物归之。”“同”就是单一性、一元性，排斥差异性、多元性，唯有阴阳“和”、多元事物交融，万物才会生发，万物生发之下必然见“和合”，“和实生物”体现的就是天与人和、物与人和、人与人和的三合之境。儒家推崇“和合”，“信顺者，天地之正道也”，和是处理一切事物的准则；“礼之用，和为贵”（《论语·学而》），一切礼仪制度都要以和为尚。荀子认为“万物各得其和以生，各得其养以成”（《荀子·天论》），“天地合而万物生，阴阳接而变化起”（《荀子·礼论》），天地万物都是与其他事物结合才生生不息。老子提出“万物负阴而抱阳，冲气以为和”，阴阳和合，和是宇宙万物的基础。《管子》亦言和合：“道不可量，德不可数。不可量，则众强不能图；不可数，则为诈不敢乡。两者备施，动静有功。畜之以道，养之以德。畜之以道则民和，养之以德则民合。和合故能习，

即墨和合书院匾额（张立文书）

习故能偕，偕习以悉，莫之能伤也。”（《管子·幼官图》）通过修养道德实现民和、民谐，也就是和谐团结凝聚，而道德修养的最高境界就是和合。墨翟也谈和合："内者父子兄弟作怨恶，离散不能相和合。天下之百姓，皆以水火毒药相亏害，至有余力不能以相劳，腐死余财不以相分，隐匿良道不以相教，天下之乱，若禽兽然。”（《墨子·尚同上》）若家庭之中父子兄弟怨恨作恶不能和合，必致家庭离散，推及天下，百姓互以亏害，国家亦必离散灭亡，唯有和合能让家庭、民族、国家、社会和谐。“尚和合”内含和生、和处、和立、和达、和爱五大原理。（1）和生原理。“和生”是“天地之大德曰生”精神的体现，遵循的原则是“万物并育而不相害”。自然、社会、人类都是有生命、有情感的存在，也都有生存的权利，人要尊重、容纳他者的生存或存在。即使是竞争、冲突的双方，也不应以“你死我活”、消灭对方为目标，而应以和谐、协调、融通而和合为价值导向。和合共生即和生。（2）和处原理。“和处”是“君子和而不同”精神的体现，遵循的原则是“道并行而不相悖”。虽然自然、社会、人际、心灵、文明的形态各有不同，不同国家、民族、种族的价值观念、思维方式、风俗习惯、宗教信仰各有不同，但为了人类社会的共同福祉，为了人类社会的共同发展，可以“和而不同”“道并行而不相悖”，即和平共处、共富共荣。（3）和立原理。孔子讲："夫仁者，己欲立而立人，己欲达而达人。”（《论语·雍也》）治国者绝不以己之立而阻碍别人、别国之立，绝不以己之达而遏制别人、别国之发达和发展。“和立”是“己欲立而立人”精神的体现。治国及修身，勿要陷溺于非此即彼，“不是东风压倒西风，就是西风压倒东风”的二元对立思维之中，蔽于以征服对方以至消灭对方为“立己”的表征，这会导致自然、社会、人际、心灵、文明遭受毁灭性破坏，使社会动乱失序、人际紧张、道德沦丧、精神崩溃、文明冲突。“和立”是以多元开放的“自作主宰”的精神、宽广的胸怀，承认并接纳自然、社会、人生、心灵、文明按适合自己特性的生存方式、模式而自立于天地、世界之林，以符合自己实际的发展道路来建立自己的制度、模式，强调多元共存、多样和立。（4）和达原理。“和达”是“己欲达而达人”精神的体现。达己、达人是指人与自然、社会、人、心灵、文明的通达和发达。当自己发达之时，也要使别人发达，单“立”不“达”则不稳，单“己达”而人不“达”则不能形成良性循环，不能成就人与人、集体与集体之间的良性生态系统。治国者以“天下为公”，必然是要做好国内各族人民的全面发展和协调发展；同时，在处理国际关系时亦帮助小国、弱国，从而为自身的安稳进步创造和平稳定的国内外环境。（5）和爱原理。唯有满怀爱心的人，才懂得爱自然、爱同胞、爱民族、爱家园、爱全人类。“仁者爱人”，人皆有恻隐之仁心、爱心，因为“爱”才会懂得生命的意义和价值，体会到各个生命体存在的本真意义，体会到万物的个体性、独特性。有爱之人会与他人他物“和处”共存，因为“爱”才会“包容”“忍让”，进而使世间万物在秉持个性特色中和平共处；有爱之人会与他人他物“和立”“和达”，因自己的成功和成长而关爱、关心、关照更多的人、事、物的成长与发展。诚如王阳明所言：“大人者，以天地万物为一体者也，其视天下犹一家。”[①] 总之，“以他平他谓之和”的“和爱”精神是“泛爱众”“兼相爱”精神的体现，真实、真诚、真心地待人待物，离“天下太平”也就不远矣。

2022 年习近平总书记在主持中央政治局第三十九次集体学习时发表重要讲话，明确提出“研究阐释中华文明讲仁爱、重民本、守诚信、崇正义、尚和合、求大同的精神特质和发展形态，阐明中国道路的深厚文化底蕴”[②]。在中国百万年的人类史、一万年的文化史、五千多年的文明史的历史来

---

① ［明］王守仁撰，吴光等编校：《王阳明全集》，上海：上海古籍出版社，2014 年，第 1066 页。

② 习近平：《把中国文明历史研究引向深入　增强历史自觉坚定文化自信》，《求是》2022 年第 14 期。

路中，中华文明形成了“讲仁爱、重民本、守诚信、崇正义、尚和合、求大同”的精神特质和发展形态，成为“天下为公”这一中华文化核心要义的生动实践，更为人类文明新形态的建设提供了强大的理论支撑和深厚的历史积淀。

第二章

民为邦本

中国共产党始终以为中国人民谋幸福、为中华民族谋复兴为初心和使命。党的十八大以来，以习近平同志为核心的党中央高度重视中华民族传统民本主义的精神滋养功能，强调“民为邦本”的治理思想是中华文明的智慧结晶，实现从传统“民本”到新时代“以人民为中心”的历史跨越。“民为邦本”的社会观和道德观既是中华优秀传统文化的重要组成部分，又是社会主义核心价值观“民主”价值观的重要思想来源。挖掘中华民族传统的“民为邦本”思想，不仅可以为我们建设社会主义民主制度提供理论资源，也可以巩固新时代中国共产党人“执政为民”的文化根基，为推进中国式现代化建设提供精神动力。

第一节 “民为邦本”是中华民族“王道”政治的本质要求

“民为邦本”出自《尚书·夏书·五子之歌》：“皇祖有训，民可近，不可下。民惟邦本，本固邦宁。予视天下‘愚夫愚妇’一能胜予。一人三失，怨岂在明？不见是图。予临兆民，懔乎若朽索之驭六马。为人上者，奈何不敬？”其中的“民惟邦本，本固邦宁”逐渐被引作“民为邦本，本固邦宁”。《五子之歌》是大禹的孙子夏王太康因为无德而失国之后，其五个弟弟在被放逐途中，以皇祖大禹的教诲，作歌讽喻不理政事、纵情声色、游猎荒淫、丧失君德的太康而作的文章。文章大意是：祖父（大禹）曾经训示我们，人民可以亲近，不可以轻贱失礼。人民是国家的根基，人民安定了，君位就稳固了，天下也就太平了。大禹是夏王朝的实际开创者，被誉为圣王，相传他把王位传给了益，但益的政治威望不足，大禹之子启代替益成为天子，启又将天子之位传给了儿子太康，中国历史上传贤不传子的禅让制转变为以血缘为基础的嫡长子继承制。[①]这

① 颜炳罡：《民惟邦本 本固邦宁》，北京：人民出版社，2022年，引言第1页。

反映了中国最早的民本思想。中国古代重视民众的思想也深刻体现于《周易》之中。《周易·剥》载："《象》曰：山附于地，《剥》。上以厚下安宅。"坤上艮下，地下山上。山本是高起于地面的，却由于下不厚而倾颓，附着于地，这是《剥》之象。《剥》必然是从根基开始，下剥则上危，那么，为政者要厚待百姓，才能"安宅"。[①]山附于地，就是孟子所讲的："民为贵，社稷次之，君为轻。是故得乎丘民而为天子，得乎天子为诸侯，得乎诸侯为大夫。诸侯危社稷，则变置；牺牲既成，粢盛既洁，祭祀以时，然而旱干水溢，则变置社稷。"（《孟子·尽心下》）也就是孔子所讲的："百姓足，君孰与不足？"（《论语·颜渊》）民是社会的基石，以民为本则民足，民足则社会基石稳固，这样社会的发展才有保证。历史的发展已经充分验证了"民为邦本"这一规律。

中国传统社会下，"民"之内涵经历了一个逻辑演变过程。郭沫若曾指出民"作一左目行，而有刃物以刺之"，因为"周人初以敌囚为民时，乃盲其左目以为奴徵"，即"民"之原初义为"奴徵"。这与许慎《说文解字》"民，众萌也"，以民为"蒙昧之态"的思想一脉相承。[②]从社会等级秩序来看，"民"之上有君主帝王、贵族臣子，"民"显然属于底层。当然，"民"有时也作为集合名词使用，如《诗经·大雅·生民》"厥初生民，时维姜嫄"，此"民"即贵族之外的人类整体。此外，"民"还指与官吏相对的群体，吕不韦引召穆公之言即证明此意："防民之口，甚于防川，川壅而溃，伤人必多，民亦如之。"（《吕氏春秋·恃君览》）不过，自汉以后，"民"是除官以外的所有人的通指，"表征着一个整体性抽象存在"[③]。从中国古代政治实践来看，"民"的主体是农民，但也包括了工商和非官僚的地主

---

① 参见周振甫：《周易译注》，北京：中华书局，1991年，第88页。

② ［汉］许慎撰，［清］段玉裁注，许惟贤整理：《说文解字注》，南京：凤凰出版社，2007年，第1090页。

③ 李宗堂：《先秦儒家的专制主义精神：对话新儒家》，北京：中国人民大学出版社，2003年，第291页。

以及其他一些平民。[①]《管子·小匡》即明确指出："士农工商四民者，国之石民也。"只要不是进入国家特定的行政体制而被赋予管理者身份的士农工商兵都属于"民"的范畴。

中国传统的政治智者已然知道了"民"的重要性。在他们看来，"民"是社会物质财富的创造者，没有最普遍的民众创造物质财富，君主贵族便无从生活。早在周宣王时期的虢文公就指出："民之大事在农，上帝之粢盛于是乎出，民之蕃庶于是乎生，事之供给于是乎在，和协辑睦于是乎兴，财用蕃殖于是乎始，敦庞纯固于是乎成。"（《国语·周语上》）春秋时期楚国的大臣伍举也指出："夫君国者，将民之与处，民实瘠矣，君安得肥？"（《国语·楚语上》）孔子也提出了同样的观点："百姓足，君孰与不足？"（《论语·颜渊》）民众创造社会物质财富，是国家富足长久、君主福祚长存的客观基础。此外，"民"是社会变革的主要力量。孟子就曾指出："桀纣之失天下也，失其民也；失其民者，失其心也。"（《孟子·离娄上》）因此，得天下之道在"得其民"。荀子基于"民心向背"诠释"武王伐纣"："士民不亲附，则汤武不能以必胜也"（《荀子·议兵》）；"有社稷者，而不能爱民，不能利民，而求民之亲爱己，不可得也。民之不亲不爱，而求其为己用，为己死，不可得也。民不为己用，不为己死，而求兵之劲、城之固，不可得也"（《荀子·君道》）；"用国者，得百姓之力者富，得百姓之死者强，得百姓之誉者荣。三德者具而天下归之，三德者亡而天下去之"（《荀子·王制》）。由此可见，只有得到民众的支持，才能做到兵强马壮、长治久安。正因为民众是社会财富和社会安稳的支柱，所以作为管理主体的君主必当重民、爱民。作为社会物质财富、精神财富的创造者，社会变革的决定力量，民众的作用绝不可轻视！

因此，在君与民的关系上，传统政治智者作出了许多形象比喻。如

① 周桂钿：《中国传统政治哲学》，石家庄：河北人民出版社，2007年，第297页。

孔子言“民以君为心，君以民为体”，“心好则体安之，君好则民欲之”，强调君民休戚与共，体现了“君民同构”的政治哲学思想；[①]荀子以“君者，舟也；庶人者，水也。水则载舟，水则覆舟”（《荀子·王制》）譬喻君民关系；孟子甚至提出“民为贵，社稷次之，君为轻”（《孟子·尽心下》）的君民观。当然，所谓“贵”，是就价值而言，即相较于社稷而言，人民最有价值，或者说，人民是国家、社会的价值主体，“天之生民，非为君也；天之立君，以为民也”（《荀子·大略》）。这充分体现了传统民本主义的价值观高于政治制度上的王权主义的思想。[②]

因此，传统的政治智者将是否重民、爱民视为政德的重要表现。早在夏朝的伯益就指出，当政者要“儆戒无虞，罔失法度。罔游于逸，罔淫于乐。任贤勿贰，去邪勿疑。疑谋勿成，百志惟熙”，一切从百姓利益出发，不可“违道以干百姓之誉、咈百姓以从己之欲”；大禹有论，当政者要充分治理水、火、金、木、土、谷，要“正德、利用、厚生”，通过正己之德、厚待百姓，实现社会和谐，“九功惟叙，九叙惟歌”（《尚书·虞书·大禹谟》）。至周初，统治者将天命与民相结合，提出“天视自我民视，天听自我民听”（《尚书·泰誓中》）的政德观，将民之意愿视为天道天命。后来的政治智者继承并深化了这样的“以民为本”治国理念，如《淮南子》言“治国有常，而利民为本；政教有经，而令行为上。苟利于民，不必法古；苟周于事，不必循旧”[③]；荀悦指出“治世所贵乎位者三：一曰达道于天下，二曰达惠于民，三曰达德于身”[④]，下有忧民，则君不尽乐，下有饥民，则君不备膳，下有寒民，则君不具服；程颐指出“为政之道，以顺民心为本，

---

① 晁福林：《“君民同构”：孔子政治哲学的一个重要命题——上博简和郭店简〈缁衣〉篇的启示》，《哲学研究》2012 年第 10 期。

② 李存山：《对中国文化民本思想的再认识》，《孔子研究》2016 年第 6 期。

③ 何宁：《淮南子集释》，北京：中华书局，1998 年，第 921 页。

④ ［汉］荀悦：《申鉴·政体》，载罗国杰主编《中国传统道德·名言卷（重排本）》，北京：中国人民大学出版社，2012 年，第 18 页。

以厚民生为本，以安而不扰为本”[①];唐甄说“是故君之爱民，当如心之爱身也”；等等。这都是政治智者以爱民重民为修己立德的智慧言论。

当然，当政的君主也以重民爱民为自身修德的应然步骤。如明成祖朱棣言“朕惟事天以诚敬为本，爱民以实惠为先”；“民者，国之根本也。根本，欲其安固，不可使之凋敝。是故圣王之于百姓也，恒保之如赤子，未食则先思其饥也，未衣则先思其寒也”。凡能够有利于民者，君主自当悉心为之，自觉以“以民为本”为政德的基本规范。

同时，中国传统政治智者也明确了君主“仁政”之爱民重民的基本内涵。如孟子指出，仁政之于爱民，首先是“使民以时”：“不违农时，谷不可胜食也；数罟不入洿池，鱼鳖不可胜食也；斧斤以时入山林，材木不可胜用也。……养生丧死无憾，王道之始也”；“百亩之田勿夺其时，数口之家可以无饥矣”（《孟子·梁惠王上》）。“时”者，时令也，看似据时令而春耕秋收，实则遵循自然规律、尊重百姓生活习性，“使民以时”是指当政者关注“农时”“斧斤以时”，避免征调大量民众从事违背时节的活动。倘若百姓正常的个体生命存在缺乏必要的保障，养生送死之事自然无从谈起。重民命、厚民生，民有所养、死有所葬，人君急民之所无、利民之所欲，故能以王道通行天下。此外，仁政之于爱民，还当“节用减赋”。滕文公向孟子请教为国方略，孟子告之以“民事不可缓”，而且“贤君必恭俭、礼下，取于民有制”（《孟子·滕文公上》），即对黎民百姓要仁爱节俭，为富且仁的最好举措莫过于减赋少税。宋代的韩维也指出：“诚能常以利民为本，则民富；常以忧民为心，则民乐；赋役非人力所堪者去之，则劳困息；法禁非人情所便者蠲之，则郁塞通。”[②]是故，当政者当以

① ［宋］程颢、程颐：《二程集》，北京：中华书局，2004年，第531页。
② 《宋史》卷三一五《列传》第七十四《韩维列传》，载罗国杰主编《中国传统道德·名言卷（重排本）》，北京：中国人民大学出版社，2012年，第19页。

"一民饥曰我饥，一民寒曰我寒"[①]的心境约束自己，乐于贯彻"以民为本"的政德观念，积极推行仁政。

得民心者得天下，《左传·襄公十四年》即有诫言："良君将赏善而刑淫，养民如子，盖之如天，容之如地。"父母生养自己的子女，其对子女的爱必是无私的，贵为统治者的"良君"能"养民"如养子女，那么，"民"爱之如敬养父母、仰之如望日月、敬之如尊神明、畏之如惧雷霆。当然，"得民心之道"在于"所欲与之聚之，所恶勿施尔也"(《孟子·离娄上》)，即民之所欲，人主当致之；民之所恶，人主勿施之。君主臣属管理天下百姓，要以百姓之欲、恶为前提，要从公心出发，勿为己之私心所蔽，黄宗羲即言："故为君者，所操甚约，所谓'易简'，而天下之理得矣。此'欲''恶'即从吾'如好好色，如恶恶臭'来，以我之好恶，絜而为天下之好恶，恕也，仁也。"[②]万民休养生息，有其正当的利欲需求，即生命得以保障、生活得以幸福、国家天下得以太平，这既是对个体生命权利的保障，也是对国家保持政治合法性的期盼。百姓之利欲需求是君主行政立法的前提和基础，考虑到家国同构的宗法社会特质，家国天下一体，百姓君主一心，君主"推己及人"，由己之家齐国治天下太平之心推至百姓安居乐业之心，便是一种自觉的以公心"正"私心、由私心"反"公心的过程，诚如晁错所言："人情莫不欲寿，三王生之而不伤；人情莫不欲富，三王厚之而不困；人情莫不欲安，三王扶之而不危；人情莫不欲逸，三王节其力而不尽，此类之谓也。"[③]明主圣王、忠臣贤良，推行公义、严辨私欲，得民心者得天下，终究达至君民一体、国民交映的圣治境域。

---

① ［明］刘宗周：《预矢责难疏》，载吴光主编《刘宗周全集》(第三册)，杭州：浙江古籍出版社，2007年，第54页。

② ［清］黄宗羲：《孟子师说》，载沈善洪主编、吴光执行主编《黄宗羲全集(增订版)》(第一册)，杭州：浙江古籍出版社，2005年，第92页。

③ ［宋］朱熹：《四书章句集注》，北京：中华书局，1983年，第280页。

从本质上看，遵循“民为邦本”，是“王道”政治的必然内涵。[①] 中国传统政治智者论王道，其核心价值就是敬德保民、以人为本。周公从夏商灭亡的历史教训中认识到，夏商末年的夏桀和商纣霸道无德，丧失天授之命。商汤、周武推翻夏商是替天行道，符合天的意志和王道价值。“皇天无亲，惟德是辅。民心无常，惟惠之怀。”（《尚书 · 蔡仲之命》）天超越亲疏，只辅佐有德之人；人民并不永久拥护、支持谁，只关怀、拥护有恩于人民的人。在天命无常的情境下，人唯有依靠自己的道德修养，“肆惟王其疾敬德，王其德之用，祈天永命”（《尚书 · 诏诰》）。王应该以身作则，以德为先，尊重人民，天才能长久地授予王治理天下的大命；无德，不以人为根本，天就要收回王治理天下的大命。民之所欲，天必从之。民心就是天心，天命顺从民心，得民心者得天下，失民心者失天下。民心向背决定能否“受天永命”，所以君主应以“水能载舟，亦能覆舟”的智慧来制约、化解霸道，而行王道。

第二节 “民为邦本”实践展开的三重维度

中国传统的“民为邦本”思想主张得民心者得天下、失民心者失天下，唯有百姓支持的君主才能实现国家长治久安，否则国家将不复存在。不过，何以得民心？“民为邦本”的治国之道中，包含了亲民爱民、富民教民、安民利民的逻辑内核。“民为邦本”是对治国君主的政治告诫，是贤君良臣务必勉力推行的政治智慧。

1.“民为邦本”体现在治国理念上是“亲民爱民”

作为执政者，如果想国家兴旺，必须有“视民如伤”的认识；反之，

① 参见张立文：《王霸之道与和合天下》，《人民论坛 · 学术前沿》2016 年第 20 期。

若想国家灭亡，就“以民为土芥”（《左传・哀公元年》）。“视民如伤”就是同情爱护百姓，做到《尚书・康诰》中所说的“如保赤子”。亲民爱民、仁民爱物，是统治者推行“民为邦本”治国之道的首要的治理理念。

孔子一向主张“以德治国”，推崇文王、武王和周公确立的道德至上主义的施政理念。孔子说：“为政以德，譬如北辰，居其所而众星共之。”（《论语・为政》）“以德治国”“为政以德”首先要求“重民”“爱人”“养民”。孔子认为，君主应该把“民”放在国家事务的第一位，“所重：民、食、丧、祭”（《论语・尧曰》）。孔子要求“君子学道则爱人”（《论语・阳货》），爱人是做人的根本，当然是为政治国的君主臣僚政德的根本。孔子还说“道千乘之国，敬事而信，节用而爱人，使民以时”（《论语・学而》）；“古之为政，爱人为大”（《礼记・哀公问》）。“爱人”即“爱民”，爱民养民是为政之大举措。孔子对子产评价很高，认为子产有“君子之道”，其中就包括恤民、养民、惠民，“其养民也惠，其使民也义”（《论语・公冶长》）。因此，孔子推许子产为“惠人”（《论语・宪问》），即宽厚慈惠的人、施恩于他人的人、爱人的人。当然，早在周武王时，即有“治国之道，爱民而已”的高论，西汉刘向《说苑》载：“武王问于太公曰：‘治国之道若何？’太公对曰：‘治国之道，爱民而已。’曰：‘爱民若何？’曰：‘利之而勿害，成之勿败，生之勿杀，与之勿夺，乐之勿苦，喜之勿怒，此治国之道，使民之谊也，爱之而已矣。’”①治国者“爱民”的表现主要包括一定让百姓获得利益而不是失去利益，让百姓成事、成长而不是限制他们的发展，让百姓生命权益得到根本保障而不能滥杀，经常地给予百姓好处而不是剥夺，还要学会与民同乐，让百姓生活在安宁快乐幸福之中。

孟子明确提出了“仁者爱人”说。《孟子・离娄下》云：“仁者爱人，有礼者敬人。爱人者人恒爱之，敬人者人恒敬之。”自此，以民为本思想

---

① ［汉］刘向：《说苑校证》，北京：中华书局，1987 年，第 151 页。

有了“仁者爱人”的思想基础，抛弃了原先“敬天保民”立足于“君”的基点，而把立足点转移到“民”的方面。[①] 此外，孟子反对统治者对民众施行严刑酷法，反对对民众进行残酷镇压、暴虐打击：“今夫天下之人牧，未有不嗜杀人者也，如有不嗜杀人者，则天下之民，皆引领而望之矣。诚如是也，民归之，由水之就下，沛然谁能御之？”（《孟子·梁惠王上》）如果能做到不嗜杀人，亿兆斯民必会归于自己，得天下水到渠成。

在君民关系上，荀子主张立君为民，“天之生民，非为君也；天之立君，以为民也”（《荀子·大略》）。与孟子的“民贵君轻”论相比，荀子的君本位意识更强。在荀子看来，统治者出于自身利益考虑，也应当爱民、利民：“有社稷者而不能爱民，不能利民，而求民之亲爱己，不可得也。民不亲不爱而求其为己用，为己死，不可得也。民不为己用，不为己死，而求兵之劲、城之固，不可得也。”（《荀子·君道》）在荀子看来，君主执掌天下、坐拥百姓，务必让百姓受益获利，也就是让百姓生活幸福，生命有保障。君主想要天下百姓支持拥护自己，前提是“利民”，然后才能“民为己用”，君民之间构成了“源”与“流”的关系：“君者，民之原也。原清则流清，原浊则流浊。”（《荀子·君道》）君主是天下安稳的“源”，是保障百姓生产生活生命的“源”，只有君主真正为百姓利益着想，国家才能长治久安，君主权位才能稳固正当。所以，荀子一而再、再而三地强调，“隆礼尊贤而王，重法爱民而霸，好利多诈而危”（《荀子·强国》）。

怎样做到亲民爱民呢？管仲有言：“民恶忧劳，我佚乐之；民恶贫贱，我富贵之；民恶危坠，我存安之；民恶灭绝，我生育之。”（《管子·牧民》）也就是说，统治者要想民所想，欲民所欲，满足群众的利益需求。百姓厌恶无休止的劳作，君主就要减轻劳役；百姓希望富足，君主定当发展生产，提高百姓生活质量；百姓希望国家安全，君主一定要有强大

---

① 转引自傅永聚、任怀国：《儒家政治理论及其现代价值》，北京：中华书局，2011 年，第 448 页。

的军队和军事力量保护他们；百姓担心国家灭亡，君主就要想办法促进百姓婚育，发展人口。东汉哲学家王符也有同论，“为国者，必先知民之所苦，祸之所起，然后设之以禁，故奸可塞、国可安矣”（《潜夫论·述赫》）；元代政治家张养浩也说“民之有讼，如己有讼；民之流亡，如己流亡；民在缧绁，如己在缧绁；民陷水火，如己陷水火。凡民疾苦，皆如己疾苦也，虽欲因仍，可得乎”（《三事忠告·牧民忠告·听讼第三》）。君主治理天下，务必“重民命”“厚民生”，养成好生之心，重视人民生命，这是爱民亲民最基本的要求。

不过，在“民为邦本”的治道观中，亲民爱民的最高境界是“为民舍身”。东汉哲学家荀悦指出：“或曰：‘爱民如子，仁之至乎？’曰：‘未也。’曰：‘爱民如身，仁之至乎？’曰：‘未也。汤祷桑林，邾迁于绎，景祠于旱，可谓爱民矣。’曰：‘何重民而轻身也？’曰：‘人主承天命以养民者也。民存则社稷存，民亡则社稷亡。故重民者，所以重社稷而承天命也。’”[①] 爱民的最高境界是为了百姓利益而“夙兴夜寐”，以无我和忘我之境，全心全意去帮助百姓、造福百姓。爱民亲民的境界层次从“爱民如子”到“爱民如身”再到“爱民轻身”，最高层次是毫不利己、专门利人，做一个真正无私忘我、全身心投入为民众谋利益的事业之中的人。这样的君主、为官者，“治国理民”是道德修养的一部分，不再是一种职业行为，而是人生修养境界。

2.“民为邦本”体现在治民制度上是“富民教民”

亲民爱民主要立足于治国的思想理念层面，而富民和教民则是从制度层面考虑。也就是说，统治者治理天下要在经济建设上、社会管理上明确相应的制度方略，从而真正实现“以民为本”。

① ［汉］荀悦撰，［明］黄省曾注，孙启治校补：《申鉴注校补》，北京：中华书局，2012年，第11—12页。

百姓富有，国家才能安定；只有经济基础雄厚，百姓的思想观念才会扎实。《尚书·大禹谟》云："德惟善政，政在养民。"养民就是厚民生，让百姓生活富足起来。《管子·治国》亦云"凡治国之道，必先富民。民富则易治也，民贫则难治也。……是以善为国者，必先富民，然后治之"。关于"富民"与社会文明、天下太平的关系，《管子·牧民》就言"仓廪实则知礼节，衣食足则知荣辱"；孔子也说"百姓足，君孰与不足？百姓不足，君孰与足？"（《论语·颜渊》）《荀子·富国》专门论述君主富国、富民的重要性，并提出了一系列发展经济的政治原则和方针，包括"裕民以政""开源节流""节用裕民""强本抑末"等。

在富民与教民关系上，中国传统政治智者主张先富后教。孔子有关于庶、富、教三者关系的论述为："子适卫，冉有仆。子曰：'庶矣哉！'冉有曰：'既庶矣，又何加焉？'曰：'富之。'曰：'既富矣，又何加焉？'曰：'教之'。"（《论语·子路》）这是儒家"先富后教"的经典表述。一个国度，人口众多固然重要，但更为重要的是要让百姓富足，更要教化百姓，让百姓知礼通情，构建起社会文明。所以，孔子强烈反对"不教而杀"（《论语·尧曰》），主张对民众进行道德教化，"道之以政，齐之以刑，民免而无耻；道之以德，齐之以礼，有耻且格"（《论语·为政》）。此后，"先富后教"思想便成为中国传统士大夫治国平天下的基本思想理念，实际上也代表着中国传统贤士大夫对物质文明建设与精神文明建设协同进步、相互成就的初步探索。

比如，在孟子那里，他一方面主张统治者（"明君"）要"制民之产"，使民有"恒产"，以保障百姓生活，从而"仰足以事父母，俯足以畜妻子，乐岁终身饱，凶年免于死亡"。民有"恒产"，方有"恒心"（常有的善良本心），"无恒产而有恒心者，惟士为能。若民，则无恒产，因无恒心。苟无恒心，放辟邪侈，无不为己"（《孟子·梁惠王上》）。另一方面，他认为统治者要对百姓子弟"谨庠序之教，申之以孝悌之义"，"然后驱而之善，故民之从之也轻”（《孟子·梁惠王上》）。当然，孟子还设想了教民的内容及次序，强调道德人伦的重要性以及受学层级的递进性，“设为庠序学校以教之。庠者，养也；校者，教也；序者，射也。夏曰校，殷曰序，周曰庠，学则三代共之，皆所以明人伦也”（《孟子·滕文公上》）。也就是说，国家当开办各类学校让百姓明人伦，以道德教化成就百姓的精神生活，提高社会的文明素养。在《荀子·大略》中，荀子提纲挈领地阐释了先富民后教民的思想：“不富，无以养民情；不教，无以理民性。故家五亩宅，百亩田，务其业而勿夺其时，所以富之也。立大学，设庠序，修六礼，明十教，所以道之也。”东汉哲学家王符说：“夫为国者以富民为本，以正学为基。民富乃可教，学正乃得义，民贫则背善，学淫则诈伪，入学则不乱，得义则忠孝。故明君之法，务此二者，以为成太平之基，致休征之祥。”[①]没有一定的物质基础，教化不仅起不到“学正得义”的效果，还可能造成“学淫诈伪”的弊病，不仅不能使人向善，反而学坏变恶。贾谊也告诫统治者，为了国家长治久安，必须爱民、利民、富民，“民不足而可治者，自古及今，未之尝闻”[②]。同时，他还指出，国家长治久安离不开礼义教化，“教者，政之本也”，“有教，然后政治也；政治，然后民劝之；民劝之，然后国丰富也”[③]。董仲舒极其重视教化的政治功能，提出了“教，政之本也”（《春秋繁露·精华》）的政治名言。没有基于构建合理的社会秩序、文明秩序的教化，便不能有效传达治国理念，不能满足百姓对自我境界修养、道德规范认知的需求，一群不明事理、不辨善恶、不知礼义廉耻和道德仁义的人，是不能支撑文明社会的。

宋代形成了重文轻武的文化环境，尤其是理学兴起，宋代智者更加重

① ［汉］王符撰，［清］汪继培笺，彭铎校正：《潜夫论笺校正》，北京：中华书局，1985 年，第 14 页。
② ［汉］贾谊：《贾谊集》，长沙：岳麓书社，2010 年，第 135 页。
③ 方向东译注：《新书》，北京：中华书局，2012 年，第 290 页。

视以经济富足和百姓富足来支撑国家稳定强盛。如王安石变法，强调富民而教民："为政于天下者，在乎富之、善之"；"民既富而可以教矣"；"凡正人之道，既富之然后善"。[①] 无论是一个人，还是一个民族、社会，起码的生存权都不能保障的情况下，无论如何也谈不到修养、规范。做人的道理都是在吃饱喝足之后谈及的，否则，别人也不会相信。百姓生活富足了，通过教化，自然可以形成良好的社会风气，社会的道德水平、百姓的认知水平也自然得到提升。

明代统治者也自觉体会到民富与国治的正相关关系。如明太祖朱元璋认识到，人民的贫富关系到国家的安危，"保国之道，藏富于民，民富则亲，贫则离，民之贫富，国家休戚系焉"[②]。明代政治家张居正认为，为政之要在安民生，国家要节俭省用，而实行节俭政策的关键在于君主，"使欲不穷于物，物不屈于欲"[③]。明代前期的名臣丘濬，把是否节用看作民众祸福和国家治乱的关键以及检验君主德行的标准，"所谓节之一言，诚万世人君制用丰财之要道也。节与不节是盖君德修否之验，府库盈虚之由，生民休戚之本，国家治乱之基"[④]。百姓富足之后可以谈道德、讲伦理、说风月，否则一切免谈。当然，在封建社会中，君主让百姓富足的一个重要表现是"节用"，毕竟在物资匮乏的时代，少让百姓交赋税，就是对百姓最大的爱。

明末清初，启蒙思想家们反思明亡的教训，也充分认识到富民教民在国家长治久安中的积极价值。如黄宗羲把能否解决民生问题视为国家存亡的关键，认为君主的天职是养民、富民。为此，他提出"工商皆本""崇本抑末"的主张（《明夷待访录·财计三》），这是对传统农业社会"重

① 参见［宋］詹大和等：《王安石年谱三种》，北京：中华书局，1994 年，第 518 页。
② ［清］夏燮：《明通鉴》，北京：中华书局，2009 年，第 387 页。
③ ［汉］司马迁：《史记》，北京：中华书局，1959 年，第 1161 页。
④ ［明］丘濬：《大学衍义补》，上海：上海书店出版社，2012 年，第 197 页。

农抑商”价值观念的大胆否定。在王夫之看来，追求财富是人之自然而合理的欲望，“人欲之各得，即天理之大同”（《读四书大全说》卷四）；统治者之所当为，不是对民禁欲、塞欲，而是要教民、导民，“道也者，导之也，上导之而下遵以为路也”[①]。王夫之还深刻指出，统治者横征暴敛是生民疾苦的根源，要推行“君民共富”,“天子不独富,农民不独贫，相仿相差而各守其畴”[②]。唐甄认为,立国之道

王夫之像

的根本是富，而富的标准是民富，“立国之道无他，惟在于富。自古未有国贫而可以为国者。夫富在编户，不在府库。若编户空虚，虽府库之财积如丘山，实为贫国，不可以为国矣”[③]。因此，政府的职责在于养民、富民，“虽官有百职，职有百务，要归于养民”，要以“富民为功”（《潜书・考功》）。王夫之和唐甄的思想内含了“藏富于民”的观念，无疑丰富了中国传统民本思想，是“民为邦本”思想的新诠释。

3.“民为邦本”体现在价值追求上是“安民利民”

中国人追求平安和乐，执政者治国理政的落脚点也在于安民,《尚书·皋陶谟》言“知人则智，能官人;能安民则惠，黎民怀之”,《尚书·大禹谟》也言“德惟善政，政在养民。水、火、金、木、土、谷惟修;正德、利用、厚生惟和”，能否安民是检验治国者政德的标准，也是国家长治久安的价值追求。[④]

① ［清］王夫之：《读通鉴论》，北京：中华书局，1975 年，第 108 页。
② ［清］王夫之：《读通鉴论》，北京：中华书局，1975 年，第 108 页。
③ ［清］唐甄：《潜书》，北京：中华书局，1963 年，第 114 页。
④ 颜炳罡：《民惟邦本　本固邦宁》，北京：人民出版社，2022 年，引言第 16—19 页。

中国传统的道德修养论告诉我们，一个人既要克己内修、正心诚意，又要格物致知、齐家治国平天下，这构成了儒家的“内圣外王之道”。先秦时期的孔子就力求内圣与外王协同。《论语》载：“子路问君子，子曰：‘修己以敬。’曰：‘如斯而已乎？’曰：‘修己以安人。’曰：‘如斯而已乎？’曰：‘修己以安百姓。修己以安百姓，尧、舜其犹病诸！’”（《论语·宪问》）若说“修己”是内圣的话，“安人”“安百姓”则是外王事业，尤其是对于治国者而言，务必要把内修仁义道德与爱民安民的政治实践相结合，做到内圣外王浑然一体。《淮南子·汜论训》云：“治国有常，而利民为本；政教有经，而令行为上。苟利于民，不必法古；苟周于事，不必循旧。”[①] 如果说“民无不为本”是谈政道的话，“利民为本”则是谈治道。国家政治存在的合法性根据在于民众是否认同，“君民一体”则执政者得心应手、国家长治久安。当然，建设好国家的目的在于利民，民富则国强，民安则国祚永续。所以，治国者的一切政策、措施、制度、法令等等，都应符合百姓利益，并以利民为价值追求。当然，关于如何“利民”“安民”，《淮南子·诠言训》指出：“为治之本，务在于安民。安民之本，在于足用。足用之本，在于勿夺时。勿夺时之本，在于省事。省事之本，在于节欲。节欲之本，在于反性。”[②] 社会上形成节俭之风气，君主也能少让百姓交赋税，不让百姓农忙时服徭役，这对于封建社会的百姓而言，就是一种“安民”“足用”。只有国家安定，人民才会幸福；只有人民安居乐业，社会才会稳定。明末王夫之也言：“国之利不宜计也，而必计利民。利民者，非一切之法所可据为典要，唯其时而已。”[③] 也就是说，当国家利益与民众利益冲突时，一定不要计较国家利益，而要争取和保护民众利益，即便是损害国家利益、君主利益，也要做到利民。物质需求是人的第一需要，

① 何宁：《淮南子集释》，北京：中华书局，1998 年，第 921 页。
② 何宁：《淮南子集释》，北京：中华书局，1998 年，第 997 页。
③ ［清］王夫之：《读通鉴论》，北京：中华书局，1975 年，第 746 页。

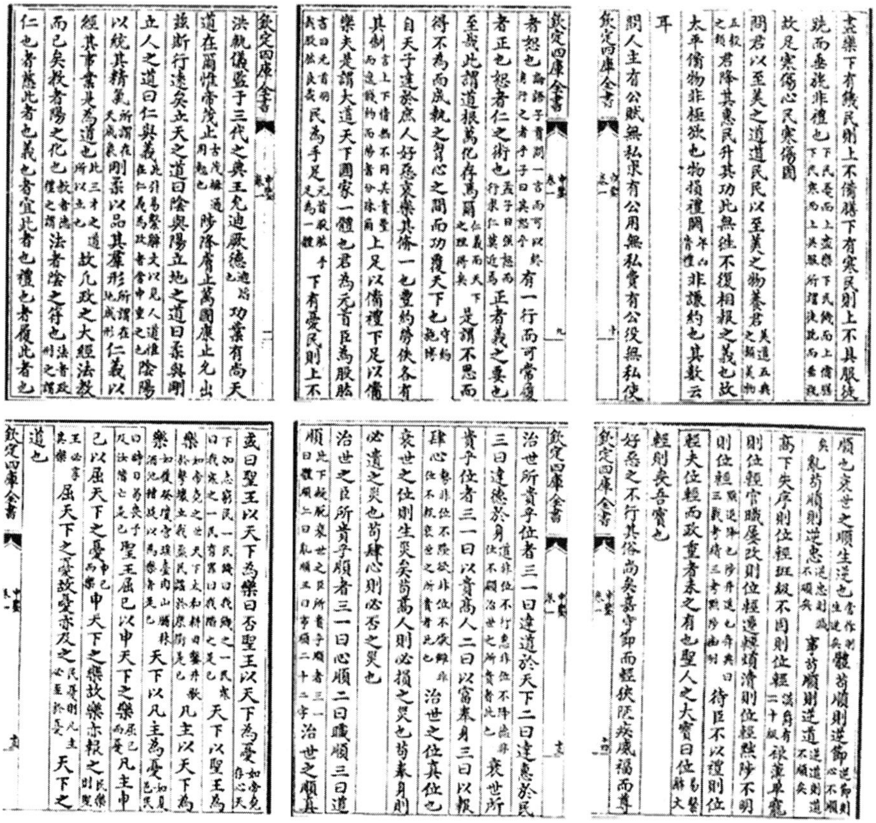

《钦定四库全书》部分书影

执政者的第一要务就是做到利民安民，让百姓生活富裕起来。

为了安民利民，执政者要身先士卒、勤于政事。“乐民之乐者，民亦乐其乐；忧民之忧者，民亦忧其忧。乐以天下，忧以天下，然而不王者未之有也。”（《孟子·梁惠王下》）宋代政治家、文学家范仲淹“先天下之忧而忧，后天下之乐而乐”正是孟子“忧乐”思想的继承与发展。元代哲学家张养浩也有言：“古之为政者，身任其劳，而贻百姓以安；今之为政者，身享其逸，而贻百姓以劳。己劳则民逸，己逸则民劳，此必然之理也。”为官者勤政爱民，想百姓之所想，利百姓之所利，自己是辛勤劳苦的，但为百姓创造了更多的物质财富，提高了百姓的精神生活质量，必然能得到百姓爱戴。当然，“在位谋政”是自然和必然的政举，不是为了讨好百姓才去做，而是“位”让你去做。天下国家本是一体，君臣民共同生存，一寒俱寒、一饥俱饥，执政者要时常以“足寒伤心，民寒伤国”[①]的政治信念约束自己，做到安民利民。

为了安民利民，执政者还要做到“顺民”。老子曾说：“民不畏死，奈何以死惧之。”（《老子》第七十四章）执政者若试图用武力威慑、暴力执法的手段使百姓顺从，那确实不可能实现国家长治久安。对待百姓，要了解他们的利益诉求并合理满足，这样才会得到百姓的拥护爱戴。执政者要顺应民众利益需求，不可与民为仇。汉代贾谊就说：“故夫民者，至贱而不可简也，至愚而不可欺也。故自古至于今，与民为仇者，有迟有速，而民必胜之。”百姓虽然处于社会底层，但他们都有尊严，切记不要侵害他们的人格，不要与民为敌，而要做到“平易近民”。

中国传统“民为邦本”思想的逻辑展开，集中体现在治国理念上的“亲民爱民”、治民制度上的“富民教民”以及价值追求上的“安民利民”，是对“民为国之本”“民为治之本”和“民为教之本”的生动诠释。这样的思想观念创造了中华民族五千多年灿烂的政治文明，为世界文明发展贡献了中国人的政治智慧。

第三节　从“民为邦本”到“以人民为中心”的历史跨越

中华民族“民为邦本”的政治理念始于圣王时代，并且是中国封建时代贤君良臣们极力实践的政治理念。在位者重民爱民养民则国家长治

---

① ［汉］荀悦撰，［明］黄省曾注，孙启治校补：《申鉴注校补》，北京：中华书局，2012年，第37页。

久安，反之，则国破政息。从陈胜、吴广至洪秀全，封建时代的农民起义已然表明了统治者遵行“民为邦本”治国理念的重要性和必要性。近代以来，中国共产党人把人民群众的长远利益和整体利益作为治国理政的根本出发点，实现了中华民族从站起来、富起来到强起来的伟大飞跃，“以人民为中心”成为中国共产党治国理政的突出特征。

中国传统的天人关系经历了从“民神不杂”到“民神同位”，再到“绝地天通”的转变，直到尧才最终实现了原始信仰意义上由神灵到天命过渡的关键转折。[①] 远古时代，天是至高至尊和至贵的，是有意志的人格神。天是至上神，人世间的王是天神的代表。《论语·尧曰》载：“尧曰：‘咨！尔舜！天之历数在尔躬，允执其中。四海困穷，天禄永终。’舜亦以命禹。”在尧看来，天子之位是“天之历数”“天禄”的必然体现，它们为天子政治的合法性提供了保证。同时，天的聪明睿智必然通过地上的百姓表现出来，百姓是天的耳目，他们会把执政者的得失呈报给上天。诚如虞舜时代主管刑法狱讼的皋陶对大禹的告诫：“天聪明，自我民聪明；天明畏，自我民明威。达于上下，敬哉有土。”（《尚书·皋陶谟》）上天的视听依从民众的视听，上天的赏罚依从民众的赏罚，上天的意志与百姓的意志相同。虽说天子之位得于上天，但上天检视君主政治得失的中介是天下百姓。

至西周时期，周人把“天”与祖先崇拜结合在一起。因此周王自称“天子”，表示自己是受“天命”来统治天下的。当然，周人从商的灭亡中认识到“天命靡常”，看到了民众武装倒戈带来的政权颠覆使西周打败了商王朝，理解了《尚书》所讲的“民之所欲，天必从之”的至理名言，从而对天与人的关系有了更深刻的认识，提出“天视自我民视，天听自我民听”（《尚书·泰誓中》）的誓言，以及“皇天无亲，惟德是辅。民心无常，

---

① 颜炳罡：《民惟邦本 本固邦宁》，北京：人民出版社，2022年，第2页。

惟惠之怀”（《尚书・蔡仲之命》）的治道。天命不是固定不变的，而是可以转移的，当然，天命转移不是随意的，而是有规律可循的，能否保民就是天命转移与否的重要根据。诚如《孟子·梁惠王下》引《尚书》所言：“天降下民，作之君，作之师。”君与师及百姓都是上天所生，只是君与师的责任在于帮助上天爱护百姓、保护百姓。唯有实实在在给百姓带来好处，惠民、安民、利民，“怀保小民，惠鲜鳏寡”（《尚书・无逸》），天命才不会转移。

随着周王室日益衰败，礼乐崩坏，原来维系周王朝统治的分封制、宗法制纷纷崩溃，对于“天”的崇拜也随之动摇。另外，随着生产力的发展，对人本身能力和地位的肯定使得民本思想进一步变化，更加强调人在天人关系中的作用。因此，荀子提出了“制天命而用之”（《荀子·天论》）的天命观，突出人的主观能动性，消解了“天”的神圣性。与此同时，各国并立，群雄争霸，也让一部分君主和大臣在政治实践中对“民”的认识发生转变，感到“政之所兴，在顺民心，政之所废，在逆民心”（《管子・牧民》），在统治过程中加强了对民生的关注。在春秋战国历史发展和思想争鸣过程中，从孔子提出“节用而爱人，使民以时”（《论语·学而》）的爱民思想，发展到孟子的“民为贵，社稷次之，君为轻”（《孟子・尽心下》）的民贵君轻思想，中国传统的民本思想至此初步成形。民本思想消解了“天”、天命的神圣性，关注民生、注重人伦的治国之道成为中华民族治国理政的优秀传统。

当然，“以民为本”四字连用可追溯至春秋末期齐国贤相晏婴。《晏子春秋》载：“婴闻之，卑而不失尊，曲而不失正者，以民为本也。”[①] 西汉政论家贾谊的“民无不为本”将中国传统民本思想发展到全新阶段。他说：

闻之于政也，民无不为本也。国以为本，君以为本，吏以为本。

① 张纯一撰，梁运华点校：《晏子春秋校注》，北京：中华书局，2014 年，第 213 页。

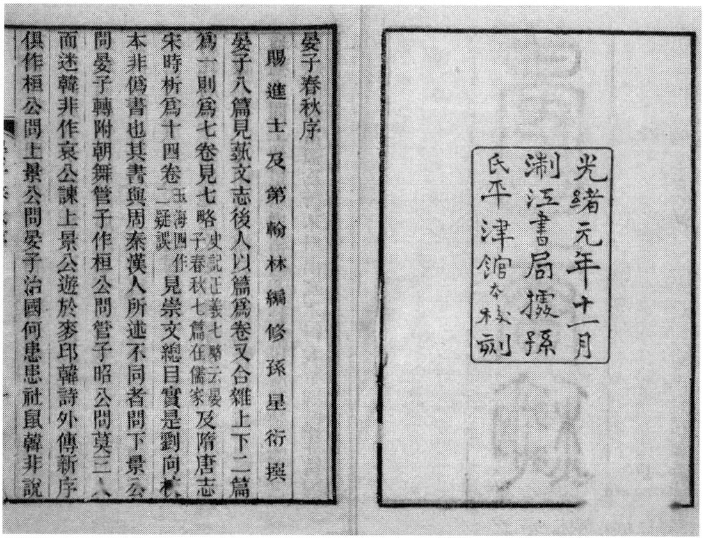
光緒元年十一月
浙江書局據孫
氏平津館本校刻

晏子春秋序
賜進士及第翰林編修孫星衍撰
晏子八篇見蓺文志後人以篇爲卷又合雜上下二篇
爲一則爲七卷見七略史記正義七略云晏子春秋七篇在儒家及隋唐志
宋時析爲十四卷玉海四作二疑誤見崇文總目實是劉向校
本非僞書也其書與周秦漢人所述不同者問下景公
問晏子轉附朝舞管子作桓公問管子昭公問莫三人
而迷韓非作哀公諫上景公遊於麥邱韓詩外傳新序
俱作桓公問上景公問晏子治國何患患社鼠韓非說

《钦定四库全书·新书卷九》部分书影

故国以民为安危，君以民为威侮，吏以民为贵贱。此之谓民无不为本也。

闻之于政也，民无不为命也。国以为命，君以为命，吏以为命，故国以民为存亡，君以民为盲明，吏以民为贤不肖。此之谓民无不为命也。

闻之于政也，民无不为功也。故国以为功，君以为功，吏以为功。国以民为兴坏，君以民为强弱，吏以民为能不能。此之谓民无不为功也。

闻之于政也，民无不为力也。故国以为力，君以为力，吏以为力。故夫战之胜也，民欲胜也；攻之得也，民欲得也；守之存也，民欲存也。故率民而守，而民不欲存，则莫能以存矣；故率民而攻，民不欲得，则莫能以得矣；故率民而战，民不欲胜，则莫能以胜矣。故其民之为其上也，接敌而喜，进而不可止，敌人必骇，战由此胜也。夫民之于其上也，接而惧，必走去，战由此败也。

故夫灾与福也，非粹在天也，又在士民也。呜呼，戒之！戒之！夫士民之志，不可不要也。呜呼，戒之！戒之！①

“民无不为本”“民无不为命”“民无不为功”“民无不为力”，是中国传统民本思想最早、最系统、最经典的表达，将民众在政治生活中的地位彻底显露出来，充分体现了民众是国家政治生活的决定力量。②

先秦儒家发展了中国传统的民本思想。孔子重视富民问题，《论语》中谈“富”有十七次之多，另有十几句虽然字面上没有“富”，但实际上也是关于贫富问题的言论。如孔子提出“因民之所利而利之”（《论语·尧曰》），意指政府应根据百姓需求多给他们实惠。《论语·子路》载：“子适卫，冉有仆。子曰：‘庶矣哉！’冉有曰：‘既庶矣，又何加焉？’曰：‘富之。’曰：‘既富矣，又何加焉？’曰：‘教之。’”孔子带领弟子冉有到卫国，他感慨道，人口多则务必富民、教民，富裕是立国之基，教化则是立国之本，若求国家长治久安务必使物质文明建设与精神文明建设齐头并进。孟子提出“民之为道也，有恒产者有恒心，无恒产者无恒心”（《孟子·滕文公上》），认为治国者必须在保证物质生活的基础上再对百姓进行德化教育。关于百姓与君主的关系，孟子还明确提出了“民为贵，社稷次之，君为轻”的次序。荀子从维护君主统治的视角，提出了治国富民的施政方略，《荀子·富国》即曰：“礼者，贵贱有等，长幼有差，贫富轻重皆有称者也。故天子袾裷衣冕，诸侯玄裷衣冕，大夫裨冕，士皮弁服。德必称位，位必称禄，禄必称用。由士以上，则必以礼乐节之。众庶百姓，则必以法数制之。量地而立国，计利而畜民，度人力而授事，使民必胜事，事必出利，利足以生民。皆使衣食百用，出入相掩，必时臧余，谓之称数。

① ［汉］贾谊撰，阎振益、钟夏校注：《新书校注》，北京：中华书局，2000 年，第 338—339 页。

② 颜炳罡：《民惟邦本　本固邦宁》，北京：人民出版社，2022 年，第 7—8 页。

故自天子通于庶人，事无大小多少，由是推之。故曰：‘朝无幸位，民无幸生。’”应该说，荀子把为什么要有礼仪法度，百姓庶民以至百官君主应该干什么、为什么干、怎样干的道理讲清楚了。天下职官百事，天下百姓求生存、求富足、求国家长治久安，并不是一时心血来潮，而是社会结构、人的精神需要等的必然要求。当然，荀子所主张的“节用裕民”“富国安民”等重民富民理念，对于封建社会得民心、谋民生、安民居起到了一定的积极作用。

先秦时期的老庄道家学派也富有民本思想。如《老子》第六十六章言：“江海所以能为百谷王者，以其善下之，故能为百谷王。是以圣人欲上民，必以言下之；欲先民，必以身后之。是以圣人处上而民不重，处前而民不害。是以天下乐推而不厌。以其不争，故天下莫能与之争。”圣人要领导百姓就必须用言辞对百姓表示谦下，要优先于百姓就必须把自己放在百姓后面，从而赢得天下百姓的拥戴。老子认为，统治者治国必须效法天道，君主当无私无欲地善待民众、善待万物，不要造成人物差别，从而以“无君”胜“有君”、“无为”胜“有为”。此外，老子的民本思想主张清静无为，反对统治者横征暴敛、穷兵黩武，主张“绝圣弃智，民利百倍；绝仁弃义，民复孝慈；绝巧弃利，盗贼无有”（《老子》第十九章）。在他看来，治国者应无为、淳朴、自然，不折腾、不扰民，让社会在天道的支配下自由发展，民众在天道的支配下自行管理。[①]

秦朝虽统一了天下，但秦王朝的暴虐也引发农民起义，致使秦二世而亡。汉代的治国者，比较强调民的重要性。如西汉时期的陆贾吸取秦灭亡的教训，提出“欲富国强威，辟地服远者，必得之于民；欲建功兴誉，垂名烈，流荣华者，必取之于身”[②]的论断，意指国家强大的基础在于民众，要关注民众的需求，这样才能使国家长治久安。治国理政的根本在于利

---

① 刘汉俊编著：《重民本》，北京：人民出版社，2016年，第91页。

② ［汉］陆贾：《新语校注》，北京：中华书局，2012年，第495页。

民富民，保障民生、养民爱民是寻求政治安稳的前提与基础。

这在隋朝治国者隋炀帝身上也有体现。他在营建东都的诏书中就写道："是知非以天下奉一人，乃以一人主天下也。民惟邦本，本固邦宁。百姓不足，君孰与足。"隋炀帝将"民为邦本"思想和"天下为公"的治国之道相结合，推进了中国传统民本思想的发展，只是他在自己的政治实践中没有贯彻执行。

不过，唐朝重视民本思想、君民关系不仅推动唐朝政治文明进步，也推动中华民族政治文明建设走向新阶段。唐太宗李世民理性地认识到，做事必须致力于根本，"凡事皆须务本。国以人为本，人以衣食为本"[①]，"为君之道，必须先存百姓，若损百姓以奉其身，犹割股以啖腹，腹饱而身毙"[②]，并有"水能载舟，亦能覆舟"的精彩论断，传颂千年，至今仍让人回味无穷。

应该说，宋代的治国理政理念中，"民为邦本""民贵君轻"的思想得到深入阐述和发展。比如，周敦颐提出了"政善民安"的思想。他说："乐者，本乎政也。政善民安，则天下之心和，故圣人作乐以宣畅其和心，达于天地，天地之气感而大和焉。天地和则万物顺，故神祇格，鸟兽驯。"[③]国家治理有序则百姓安顿，天下百姓心安则社会和谐，圣人制礼作乐的目的就是宣扬畅达和顺之心。宋明理学集大成者朱熹，在注解孟子"民贵君轻"思想时指出："盖国以民为本，社稷亦为民而立，而君之尊，又系于二者之存亡，故其轻重如此……丘民，田野之民，至微贱也。然得其心，则天下归之。天子至尊贵也，而得其心者，不过为诸侯耳，是民为重也。"[④]国家安稳与否的根基是民心向背。君主是国家治理的主体，"君"与"国"形成了"名"与"实"的关系，君主能否有德、有才、有智、有方，

---

① ［唐］吴兢撰，骈宇骞译注：《贞观政要》，北京：中华书局，2011年，第520页。
② ［唐］吴兢撰，骈宇骞译注：《贞观政要》，北京：中华书局，2011年，第259页。
③ ［清］黄宗羲：《宋元学案》，北京：中华书局，1986年，第489页。
④ ［宋］朱熹：《四书章句集注》，北京：中华书局，1983年，第367页。

必然关系到国家的长治久安。只是，君主的德、才、智、方等，归根到底是能否维护好百姓利益，是否把百姓利益置于修身治国的首位以及用什么样的手段实现了民富、国强。得了民心，国治；失了民心，国亡政息。“国”之存亡的关键点就是“君”。当然,朱熹在肯定孟子“民贵君轻”思想的基础上,还就孟子所说的“天子不能以天下与人”作出了“天下者，天下之天下，非一人之私有故也”的论断。[①] 也就是说，虽然“君”对于国而言很重要，一头挑着百姓，一头挑着国家安危、江山社稷，但国家天下不是君主一人的，而是天下人的，“君”只是个代名词。这深刻体现了朱子“公天下”的政治思想。所以,朱熹强调,君主治国务必重视民本,“天下之务莫大于恤民，而恤民之本，在人君正心术以立纪纲”。朱熹还多次说“王道以得民心为本”“平易近民，为政之本”。当然，朱熹还就君主应如何践行“民为邦本”，提出了自己的政治主张，包括“养民”，即“生民之本，足食为先，是以国家务农重谷”，以及“富民”，即“民富则君不至独贫，民贫则君不能独富”等具体的治国理政方略。

明末清初，随着生产力的提高以及新的经济形态的萌芽，民本思想得到更大发展。以黄宗羲、顾炎武、王夫之为代表的思想家对君主专制进行了深刻的反思和批判。如黄宗羲指责君主专制是“天下之大害”，他认为专制君主“敲剥天下之骨髓,离散天下之子女,以奉我一人之淫乐”“以天下之利尽归于己,以天下之害尽归于人”[②]。他反对君主把天下当作私产，提出君主应该“以天下万民为事”，在黄宗羲看来，天下治乱不是一家一姓的兴亡，一家一姓不代表王朝政治，君主只是替国家治理庶民百姓的一个职位而已。干不好国家治理工作便会退出历史舞台，有更优秀的人取而代之。朝代更迭是历史的必然规律，一个王朝的治理者一旦不能爱民养民富民教民，社会风气变坏，治国方略不能有效、合理实施，必然

---

① ［宋］朱熹 :《四书章句集注》，北京 : 中华书局，1983 年，第 307 页。

② ［明］黄宗羲 :《明夷待访录》，北京 : 中华书局，2011 年，第 8 页。

会有革新者代替行使治国权力。黄宗羲提出的“君为民害”和“民主君客”思想振聋发聩，对后世的反专制斗争起到巨大的启蒙作用。

近代中国革命进程中，先进的知识分子在继续批判封建专制时，推进了中华民族民本思想的近代转型。魏源是近代中国历史上伟大的思想家，他认为“民为国之本”，坚持“君民平等”，强调统治者要具有“忧国忧民”的情怀，并把人民的满意程度和富裕程度作为判断国家实力的重要标准，他在《古微堂内集》之《默觚》中就以“植柳”比喻政府养民爱民。他还提出“治国本于治人”的治国理念，认为不论是管理者还是被管理者都是人，保障人民基本生活，改变国家政治状况，本质上就是管理人民。

康有为、谭嗣同等人结合西方民主理论表达了对“民”的深刻认识。如康有为在《实理公法全书》和《公民自治篇》中指出：“民之立君者，以为己之保卫者也。盖又如两人有相交之事，而另觅一人以作中保也。故凡民皆臣，而一命之士以上，皆可统称为君。”在康有为看来，民众拥戴君主的目的是保障自己的利益，因此君主治国当爱民为民，凡事当听民心。孙中山实现了中国近代民本思想的伟大转折。他明确提出了“三民主义”，在他看来，“这个民有、民治、民享的意思，就是国家是人民所共有，政治是人民所共管，利益是人民所共享。照这样的说法，人民对于国家不只是共产，一切事权都是要共的。这才是真正的民生主义，就是孔子所希望之大同世界”。他还认为，“民生就是人民的生活——社会的生存、国民的生计、群众的生命便是”“民生就是政治的中心，就是经济的中心和种种历史活动的中心，好像天空以内的重心一样”。孙中山把中国近代的民主革命与西方民主思想相结合，从重民、爱民、救民的革命实践中发展出“建设一世界上最富强最快乐之国家，为民所有，为民所治，为民所享者”的“大同”政治理想，突破了中国传统民本思想中忽视普通民众个体价值与权利的弊病，强调人民享有国家、人民是国

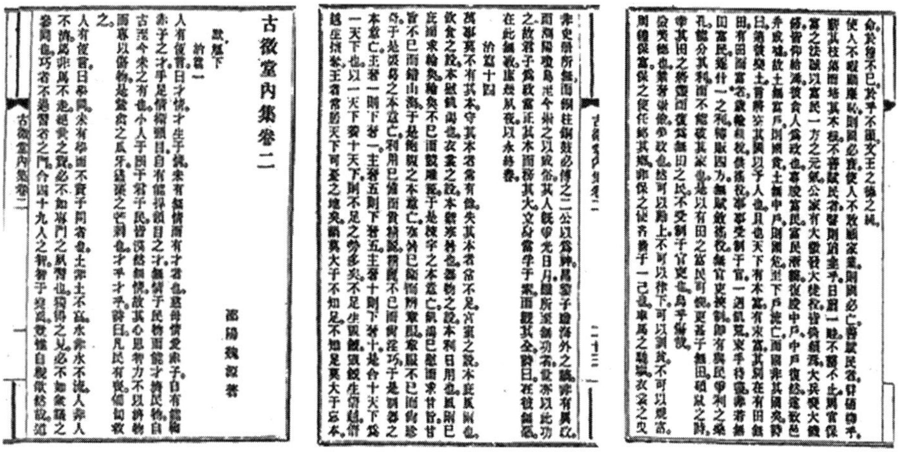
古微堂内集卷二

邵陽魏源著

默觚下

治篇一

治篇十四

《古微堂内集》卷二部分书影

家主人的必然性和重要性，启发了民智。[①]

中国共产党人始终把“人民”放在工作的首位，改造了中国传统民本思想，并把“以民为本”治道观发展到“以人民为中心的发展思想”的新高度。毛泽东用历史唯物主义对中国传统的“民为邦本”思想进行了改造，提出“人民群众是历史的创造者”的著名论断，并进而提出了中国共产党人的根本宗旨是“全心全意为人民服务”。1939 年 2 月 20 日，在给张闻天的信中，毛泽东提到了“为人民服务”的概念。1942 年，为解决知识分子和文艺战线为什么人的问题，毛泽东在延安文艺座谈会上的讲话中完整地提出“为人民服务”的命题。1944 年，在追悼张思德的大会讲演中，毛泽东把“为人民服务”明确为对我党我军和一切革命同志的普遍要求。1945 年党的七大上，毛泽东在《论联合政府》的政治报告中指出：“全心全意地为人民服务，一刻也不脱离群众；一切从人民的利益出发，而不是从个人或小集团的利益出发；向人民负责和向党的领导机关负责的一致性；这些就是我们的出发点。”[②] 党的七大首次把“全心

① 刘汉俊编著：《重民本》，北京：人民出版社，2016 年，第 280—287 页。

② 《毛泽东选集》（第三卷），北京：人民出版社，2003 年，第 1094—1095 页。

全意为人民服务”作为党的优良作风的核心内容之一写进了党章总纲和党员应尽的义务中。应该说，在中国共产党由小到大、由弱变强，不断走向一个又一个胜利的征程中，全心全意为人民服务，一直是中国共产党的根本宗旨。党的十八大以来，在继承全心全意为人民服务这一根本宗旨的基础上，以习近平同志为核心的党中央进一步提出以人民为中心的发展思想。习近平总书记在党的二十大报告中强调，前进道路上必须牢牢把握“五项重大原则”，其中一项重大原则就是“坚持以人民为中心的发展思想”，强调“我们要站稳人民立场、把握人民愿望、尊重人民创造、集中人民智慧，形成为人民所喜爱、所认同、所拥有的理论，使之成为指导人民认识世界和改造世界的强大思想武器”①。

在中华民族发展史上，传统民本思想一直发挥着重要作用，是贤君良臣、仁人志士据以推进政治文明建设的重要思想武器。但不可否认，传统民本思想存在着诸多历史局限性。比如，民本思想与君主专制主义既相互矛盾又相互联系。一方面，传统民本思想主张以民为本，“由民享以达于民有”，与专制皇权必然冲突；另一方面，传统民本思想只能借助专制君主的权势来推行。因此，在两千多年的专制社会中，民本思想一直没有被排除在官方意识形态之外，以“爱民”“重民”“惜民”为核心内容的民本思想既与君主专制主义的“残忍”“贱民”“虐民”等观

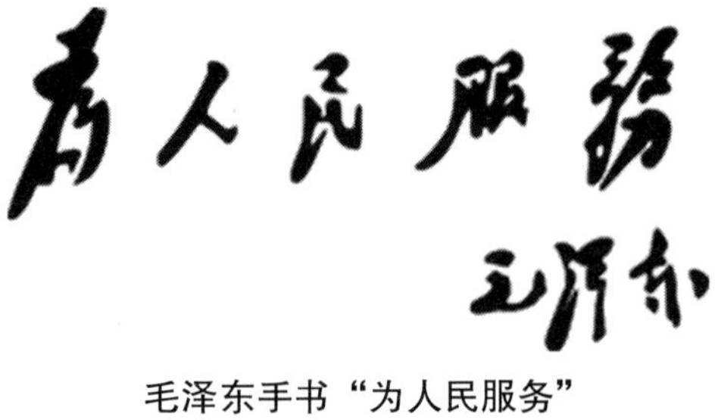

毛泽东手书“为人民服务”

① 习近平：《习近平著作选读》（第一卷），北京：人民出版社，2023年，第16页。

念形态相对立，又希求“明君”实现百姓安居乐业。在中国革命、建设和改革的伟大征程中，中国共产党人运用马克思主义基本观点，批判了传统民本思想的阶级狭隘性，继承了传统民本思想中的重民、爱民、顺民、养民、富民等积极思想，克服了传统民本思想的历史局限性，形成了独具特色的民本思想，倡导“全心全意为人民服务”“权为民所用、情为民所系、利为民所谋”“人民当家作主”“江山就是人民，人民就是江山”等具有中国特色的治国理政新理念，升华、超越了中国传统民本思想，铸牢了新时代“人民当家作主”的文化根基和思想根基。

第三章

为政以德

中华文明蕴含着悠久而深厚的德治传统，其中又以“为政以德”为要。党的十八大以来，习近平总书记十分重视《论语·为政》中的“为政以德”观念，将其视为新时代推进国家治理现代化的珍贵思想资源。“为政以德”作为中国传统政德观的精神标识，是中国古代政治智者关于政治本质以及政治实践展开逻辑的理性认识。在他们看来，政德是美好道德的体现，是“政治主体”基于“政治本体”的本然要求而展开的应然的自我德性修养，以及在“政治实践”中施政方略所彰显的德性自觉，体现着道德的“政治性”与政治的“道德性”的融通和合。中国传统政德沿着三重逻辑展开：在“政治本体”方面，强调为政以德的必然性和合规律性，以“德为治本、德政交融”为政道理念；在“政治主体”方面，为政者立足道德、政治的本然要求，谨遵“君臣共治、上下交通”的经世治道和“民为邦本、国民交映”的治世醒言；在“政治实践”方面，为政者践行“教为政本、政教交洽”的治世术道，成就“正己化民、德俗交织”的治理境域。

第一节　德为政本是“为政以德”的逻辑起点

政德是中西方政治智者在政治合法性论述中普遍关注且重点阐发的问题。比如，古希腊的亚里士多德就基于个人灵魂德性的“内在善”，将“正义”视为优秀城邦安排政治社会体系的主要标准和实现政治秩序的第一原理，且以之为构建城邦政治共同体的根本德性；[①] 十六世纪意大利的马基雅维利也以道德为政治的基础，认为政治事业必须尽可能地通过道德（美德）的手段而臻于完美，尤其是君主，必须有“一种精神准备，随时

① 参见陈治国：《作为政治秩序原理的正义与仁义：亚里士多德与孟子之间的一种互诠》，《现代哲学》2015 年第 6 期。

顺应命运的风向和事物的变幻情况而转变”，“如果可能的话，他还是不要背离善良之道”。[①] 在我国，尽管“政”与“德”连用的“政德”一词最早见于《国语》，但《尚书 · 皋陶谟》已较早提出了属于统治者道德范畴的“九德观”：“宽而栗，柔而立，愿而恭，乱而敬，扰而毅，直而温，简而廉，刚而塞，强而义。”[②] 中国的政治智者将为官从政者的道德视为天下治乱安危最重要的衡量标准，如《国语·周语》言“国之将兴，其君齐明、衷正、精洁、惠和，其德足以昭其馨香，其惠足以同其民人，神飨而民听，民神无怨”；姜尚《六韬 · 文韬》亦言“君不肖则国危而民乱，君贤圣，则国家安而天下治”。当然，在中国古代政治智者那里，作为政治伦理和角色道德的政德，还体现着当政者政治实践之善，孔子盛赞大禹时即指出：“禹，吾无间然矣。菲饮食而致孝乎鬼神，恶衣服而致美乎黻冕，卑宫室而尽力乎沟洫。”（《论语·泰伯》）大禹“三过家门而不入”，虽薄于自奉，但能勤民美黻、重民敬天；虽贵拥天下、富有四海，却决不为己、始终为民。“为政以德，譬如北辰，居其所而众星共之”（《论语 · 为政》）正是对圣王“为政之德”的亲切表述。

所以，中国古代政治智者所谈的政德，其思想内涵主要体现为两方面：其一是作为“政治主体”核心的君主臣僚本身有道德品性。诚如杜维明所言：“政治上的领袖资格在本质上表现为道德上的说服力，王朝的改革

---

① ［意］尼科洛 · 马基雅维利著，潘汉典译：《君主论》，北京：商务印书馆，2011 年，第 85 页。

② 不过，晁福林教授指出，包括此“九德”在内，虽然《尚书·虞夏书》许多篇都大讲“德”，但《尚书·皋陶谟》很可能出自晚周史官手笔，据此“九德”来研究禹和皋陶时期的“德”之观念，可能会出现失误。在他看来，原始时代尽管具有多种美德，如谦让、勇敢、诚实、质朴等，但并没有抽象出“德”的观念，并且这样的“美德”也只是后人的认识，那个时代的人并不作如是观。（参见晁福林：《先秦时期“德”观念的起源及其发展》，《中国社会科学》2005 年第 4 期）

力量主要建立在帝王官吏的伦理品质之上。”[①] 这里的“政治主体”，主要指参与政治实践、主导政治方向的治理主体，既有君主臣僚又有百姓万民，包括了社会上所有可能的人员。只是，在中国传统治理体系下，只有在上位的君与臣，部分在下位的各级官僚、庙堂主官，以及特定时代、特定文化语境——如社会变革、政治运动等——中的极少部分领袖人物、英雄人物，真正发挥着政治主体的作用。其二是国家、政府的施政方略和“政治实践”体现出道德品性。诚如陈瑛所言，政德不只是当政者本人的道德品质，而更近乎“政治道德”，体现出政治关系即政治体制中的道德。[②] 所谓“政治实践”，是政治主体治理理念和管理思想的展开过程，体现着上层政治主体与下层政治主体之间、代表国家群体利益的政治主体与底层社会民众政治主体之间关于政治利益的博弈。因此，政治主体德行品质和政治实践道德效能相统一的“政德”，首先要求作为政治主体的君主臣僚代表正义、高尚和道德；作为政治实践的治国方略和举措要体现出合理性和道德性，且能为世人所普遍接受和共同遵守。

在中国古代，国者虽是一家一姓，然家国同构，君主修身即治国，君主修德即修治国之道。贤君良臣的德行品性必然与治国理政方略交融互通，体现着道德的“政治性”和政治的“道德性”圆融一体。这意味着作为政治主体的君主臣僚、英雄人物要努力成为他们“应当”成为的道德人，努力做“应该”做的道德事；而且，中国古代政治智者也不断推衍和完善促进社会与人际和谐、健康和可持续发展的理想的、最合理的“政德”。现实的政治实践是否体现着美好政德以及政治主体自身政德修悟的境界高低，则是“实然”问题。“实然”中美好的政德固然是“应然”的政德的外显，但“实然”中政治主体的政治实践所表现出的“恶”

① ［美］杜维明著，钱文忠、盛勤译：《道、学、政：论儒家知识分子》，上海：上海人民出版社，2000 年，第 6 页。

② 陈瑛：《政德——政权兴亡的生命线》，《伦理学研究》2004 年第 2 期。

的道德行径，绝不能否认“应然”的政德理想的高贵性及“可能”的政德的合理性。“为政以德”就是中国古代政治智者凸显政德有其必然的逻辑起点，也就是“德为治本、德政交融”。

作为真正道德意义上的“德”，乃出现于周代，指政治主体的道德品性。据晁福林考证，虽然有可靠的文献记载和甲骨卜辞材料佐证的“德”观念在商代确实已经出现，但殷人的“德”更多的是“得”之意，是经神意指点迷津而获得的“得”，“德”的观念尚未从天命神意的观念中解放出来。真正体现道德观念的“德”出现在周代，且与“文王之德”密切关联，如《诗经·维天之命》曰“维天之命，於穆不已。於乎不显，文王之德之纯”；又如《礼记·缁衣》曰“昔在上帝，周田观文王之德，其集大命于厥躬”。[①]此“文王之德”体现为四方面美德，即惠保小民、勤政节俭、与民同乐、孝敬和恭祭先祖，由此显示出治国者对天命的恭敬，又凸显出治国者以己之勤政爱民、德性修养而得到天和先祖的恩赐，进而让天下生民有所“德（得）”的政治效能。由此可说，作为道德之“德”，其产生之初即与“政”密切关联，体现着“德为政本”的特质。所以，君主有“德”乃政治合法性的必然前提，换言之，“政治本体”的“本然”要求在于君主修德。所谓“政治本体”，是揭示政治“本然”面目的形而上之道，是关于“政治”本质、“何为政治”的形而上论说。在这里，道德性就成为“政治”的本然性要求之一，意味着政治合法性首先在于合道德性。

“政”“德”连用首见于《国语·周语》。周惠王十五年，“有神降于莘”，王问内史过：“是何故？固有之乎？”内史过言：“有之。国之将兴，其君齐明、衷正、精洁、惠和，其德足以昭其馨香，其惠足以同其民人。神飨而民听，民神无怨，故明神降之，观其政德而均布福焉。国之将亡，

---

① 晁福林：《先秦时期“德”观念的起源及其发展》，《中国社会科学》2005 年第 4 期。

其君贪冒、辟邪、淫佚、荒怠、粗秽、暴虐；其政腥臊，馨香不登；其刑矫诬，百姓携贰。明神不蠲而民有远志，民神痛怨，无所依怀，故神亦往焉，观其苛慝而降之祸。”从内史过所言可知，兴国之君“齐明、衷正、精洁、惠和”，神飨而民听，民神无怨，明神观其“政德”而布福；亡国之君“贪冒、辟邪、淫佚、荒怠、粗秽、暴虐”，民有远志，民神痛怨，怨神观其“苛慝”而降祸。据此，内史过推论：“虢必亡矣，不禋于神而求福焉，神必祸之；不亲于民而求用焉，人必违之。”有政德之君“精意以享，禋也，慈保庶民，亲也”，而苛慝之君“动匮百姓以逞其违，离民怒神而求利焉”。显然，内史过所言的政德主要指君主德行。

《国语·楚语》也记载了蓝尹亹谈政德。是时，子西（楚国令尹芈申，为楚平王庶子，楚昭王兄长）叹于朝，蓝尹亹劝子西勿忧吴王阖庐（吴王阖闾），更不要担心吴王之子夫差，“子患政德之不修，无患吴矣”。虽然吴王阖闾“口不贪嘉味，耳不乐逸声，目不淫于色，身不怀于安，朝夕勤志，恤民之羸，闻一善若惊，得一士若赏，有过必悛，有不善必惧”，但其子夫差“罢民力以成私好，纵过而翳谏，一夕之宿，台榭陂池必成，六畜玩好必从”，缺少乃父的品德修养。就子西而言，则是要向阖闾学习并修养政德，做到“临政思义，饮食思礼，同宴思乐，在乐思善”。由此可进一步明确，政德既是君主之道，又是“为政”之道。君主不修政德，最终必是自败自侮、自取灭亡，夫差就是无政德的君主。

当然，政德不仅指君主的德行，还指贤臣的德行。如《太平御览》引《唐书》言：“贾敦实，宛眗人也。贞观中，累除饶阳令。时制大功已下不得联职，敦实兄敦颐，复为瀛州刺史，甚有惠政。百姓共树碑于大市通衢，及敦实去职，复刻石颂其政德，立于兄碑之侧，故时人呼为‘棠棣之碑’焉。”贾敦实和贾敦颐兄弟先后为瀛州刺史，或有“惠政”，或有“政德”，为州人颂扬。《唐书》以政德言贾敦实治州功绩，表明了臣僚官吏治国理政亦需培育政德。

政德是治国之本。《左传・襄公二十四年》提出“德，国家之基”的论断;《论语·为政》亦言“道之以政，齐之以刑，民免而无耻;道之以德，齐之以礼，有耻且格”，范祖禹释之曰“为政以德，则不动而化、不言而信、无为而成。所守者至简而能御烦，所处者至静而能制动，所务者至寡而能服众”。政治主体有政德，自然能够以德服人，治理国家、管理社会便能得心应手、事事顺利。治国之政、刑法之具，仅可使人惧于严刑酷法而不敢为恶，唯有德礼之效才能够让人羞愧，自觉去恶向善，时时迁善改过，犹如朱熹所言：“然政刑能使民远罪而已，德礼之效，则有以使民日迁善而不自知。”[①] 所以，现代新儒家代表人物牟宗三明确指出，君主帝王的政德是王权合法性的根本前提，“无论封建贵族统治，或君主专制政治，政权皆在帝王（夏、商、周曰王，秦、汉以后曰帝）。而帝王之取得政权而为帝为王，其始是由德与力，其后之继续则为世袭”；“开始时之德与力，即其个人必积德，必具有相当之正义与理想，依此而足以吸众，并足以伸大义于天下”[②]。故可说，君主有贤德，治国者政德高尚，是国家长治久安的基础。由此可说，“德”为治之本。

中国古代政治智者普遍认同“德为治本”的政德观。如《吕氏春秋·离俗览》云“为天下及国，莫如以德，莫如行义”;《荀子・议兵》曰“隆礼贵义者其国治，简礼贱义者其国乱”；文子言“乱国之主，务于广地而不务于仁义，务于高位而不务于道德。是舍其所以存，而造其所以亡也”[③];《淮南子》说“故仁义者，治之本也，今不知事修其本，而务治其末，是释其根而灌其枝也”[④];董仲舒指出“以德为国者，甘于饴蜜，固于胶漆，

① ［宋］朱熹：《四书章句集注》，北京：中华书局，1983 年，第 54 页。
② 牟宗三：《政道与治道》，桂林：广西师范大学出版社，2006 年，第 2 页。
③ ［唐］魏徵等：《群书治要》，北京：中华书局，2014 年，第 428 页。
④ 何宁：《淮南子集释》，北京：中华书局，1998 年，第 1423 页。

是以圣贤勉而崇本，而不敢失也”[1]；魏徵说“为国之基，必资于德礼；君之所保，惟在于诚信。诚信立则下无二心，德礼形则远人斯格”[2]；苏轼亦言“夫国家之所以存亡者，在道德之浅深，而不在乎强与弱”[3]。无道德的治国者重法而弃仁义，不能惠民爱民使民，是贵其冠履而忽其头足。故欲国祚绵远，必溯源浚德。

当然，从德之本性和政之本质言，“德为治本”意味着“德政交融”。孟子曾言：“以不忍人之心，行不忍人之政，治天下可运之掌上。”治国者若将“不忍人之心”彰显于治国理政，自然便是“不忍人之政”，亦即“王道”政治的自然彰显，“以力假仁者霸，霸必有大国；以德行仁者王，王不待大”(《孟子·公孙丑上》)。齐桓公、晋文公之霸业，不可谓不大，但其以甲兵之力服人，人畏其力，不敢不服，不得不服；商汤、文王之王道，其国虽小，其地虽狭，但其以德行仁、以德服人，人人心悦诚服，不能不服。这在明清之际的黄宗羲看来，人人有仁心仁义，治国者扩充之、推演之，便可顺其自然而开显出仁政；倘若治国者于此信不过，则其政治实践必不理想。“王霸之分，不在事功而在心术：事功本之心术者，所谓‘由仁义行’，王道也；只从迹上模仿，虽件件是王者之事，所谓‘行仁义’者，霸也。”[4]看得见的“事功”以“心术”为根本前提，“心术”的自然发挥必然会有“事功”。“由仁义行”意味着作为自觉主体意识和天性本然的“仁义”自然展开“事功”的过程，是先验道德德性与现世道德实践的圆融统合，体现于国家治理层面，便是仁政、王道政治。是否“由仁义行”

---

① ［汉］董仲舒著，张世亮、钟肇鹏、周桂钿译注：《春秋繁露》，北京：中华书局，2012年，第194页。

② ［唐］吴兢撰，骈宇骞译注：《贞观政要》，北京：中华书局，2011年，第87页。

③ ［宋］苏轼：《上神宗皇帝书》，载罗国杰主编《中国传统道德·名言卷（重排本）》，北京：中国人民大学出版社，2012年，第11页。

④ ［清］黄宗羲：《孟子师说》，载沈善洪主编、吴光执行主编《黄宗羲全集（增订版）》（第一册），杭州：浙江古籍出版社，2005年，第51页。

则成为区别“王道”与“霸道”的重要标准。“由仁义行”主体自觉意识一旦丧失，便流变为“行仁义”。“行仁义”非无仁义之事功，这样的事功皆是被动的“模仿”,而非“主动”的“自觉”。倘若说王道政治是“生”意之自然存有、自在澄明，是鱼跃于渊、飞龙在天的纯粹，那么霸道便是有“为”之后的“无不为”，是一日三省、返璞归真的责任担当。但无论王道抑或霸道，其中皆内蕴着政德，德与政圆融统合。

须知，君主贤臣的政德必然要落脚于具体的政治实践，政德通过“德政”得以切实体现。明末大儒刘宗周就此论曰：“簿书、钱谷皆放心之地，亦即是求心之地,此居官者当以学问为第一义，而不可不日加之意者也。”[①] 簿书、钱谷是法制治理、经济管理，是政治实践，但同时又是“求心之地”,是人本然“生生之心”的必然表现，实心实意、真心诚意地完成社会事功是“心”的当然要求，经世实践、政治行径必然与内在的德性心性相贯通。有何种个性的德性德行，落脚于待人接物、政治实践，自是内外统合、一以贯之。不修德的国君、臣僚，不懂惜国爱民、治国安民，所伤害的不仅仅是天下百姓苍生，更是自己，诚如孟子所言，“闻诛一夫纣矣，未闻弑君也”(《孟子·梁惠王下》)。商纣尽管代表着国家，但不具备君主政德，必招致天怒民怨。

刘宗周像

中国传统的君主政体之下，总有秉承责任担当情怀的贤臣良将，基于忠君爱国、勤廉善治、鞠躬尽瘁的政德修养，为国治民安、天下稳定

① ［明］刘宗周：《答嘉善令》，载吴光主编《刘宗周全集》(第三册)，杭州：浙江古籍出版社，2007 年，第 368—369 页。

和精神传承作出杰出贡献。清初大儒王夫之有言:“夫德者，自得也;政者，自正也。尚政者，不足于德；尚德者，不废其政；行乎其不容已，而民之化也，俟其诚之至而动也。”[①] 无论君主还是臣僚，其德其政皆自为之、自体之，唯“尚德”者“不废其政”。何以“尚德”？唯俟其“诚”，诚于德性修养、思悟政德，故能行治世之道、笃实勤政。所以，作为修养论境域的政德与作为实践效能的“政治”合为一体，真切体现着“德政交融”。

第二节 “为政以德”是政治主体的“应然”品性和政治实践的“本然”要求

“政德”既体现着合实践规律性“政治”的“本然”要求，又决定了直接参与“政治实践”的“政治主体”修德施政、德政圆融的“应然”品性。就中国传统政德而言，其基本的思想内涵是指：“政治主体”基于“政治本体”的“本然”要求而展开的“应然”的自我德性修养，以及在具体的“政治实践”中施政方针所体现的德性自觉。中国传统政德从其根源上看，体现出政治本体“德为治本”的特性。“本然”固然为原始根本，但实际上如何,是否如“本然”所规约的那样而真正大化流行,则是“实然”问题。中国传统政德所凸显的“应然”之举、实践展开，在“政治主体”方面，是为政者立足道德的政治的本然要求，谨遵“君臣共治、上下交通”的经世治道和“民为邦本、国民交映”的治世醒言；在“政治实践”方面，是为政者践行“教为政本、政教交洽”的治世术道，成就“正己化民、德俗交织”的治理境域。

① ［清］王夫之：《读通鉴论》，北京：中华书局，1975 年，第 638 页。

1.“君臣共治、上下交通”的经世治道

中国传统政治伦理体系下，存在着一个不争的事实——“君为臣纲”。孔子的“君君、臣臣、父父、子子”(《论语·颜渊》)、孟子的“内则父子，外则君臣”(《孟子·公孙丑下》)强调了“君臣之别”;《郭店楚简》以“制为君臣之义，著为父子之亲，分为夫妇之辨”为“天降大常”；管仲“君臣相与，高下之处也，如天之与地也”推崇“主尊臣卑”“主行臣从”(《管子·明法解》)。这些观念无不论说着“君为臣纲”的合理性和必然性。但另一个不争的事实在于“从道不从君”的政治理想。中国传统士大夫、臣子百吏虽然在身份起源、群体性格和文化特征上显得相对柔弱，但无论哪个朝代，都挺立出“格君心之非”的政治责任，如《国语·晋语·献公将黜太子申生而立奚齐》中丕郑即言“事君者，从其义，不阿其惑”,孟子亦言“欲为君尽君道,欲为臣尽臣道”(《孟子·离娄上》)。因此，君主不独理天下，臣子辅君、君臣共治乃是君主治国的本然选择，是君主政德治道的“应然”之举。

据王国维考论,“君主”是从原始社会的氏族族长,部落联盟的军事、政治、宗教首领的世袭化逐渐演变而来的，直到武王克商建立起统一的封建等级国家，天子、诸侯、大夫的君臣等级才最终确立。[①]不过，从西周初、中期到春秋初期,君臣关系主要体现为“事君不二是谓臣”(《国语·晋语》)、“君辱则臣死”(《左传·僖公九年》)、“君弑臣讨贼”(《大戴礼记·曾子致言上》)等所倡导的臣对君“从一而终”的特性。但到春秋后期，儒家、法家的政治智者逐渐挺立“从道不从君”“以道事君”的君臣关系论，而且以之为臣子政德的重要表现之一。如齐国的晏婴在崔杼弑庄公后有言曰:“臣君者，岂为其口实，社稷是养。故君为社稷死，则死之为社稷亡，则亡之。若为己死，而为己亡，非其私昵，谁敢任之？”

---

① 参见王国维:《观堂集林》，北京：中华书局，1959年，第451—480页。

(《左传·襄公二十五年》) 晏婴明确区分了个人利益与国家利益，认为臣子与君主共同为社稷安危负责，而不是臣子仅仅对君主一人负责任。[①]又如，孔子为消解子路、子贡对管仲的质疑，从“从道不从君”的视角盛赞管仲之“仁”。“桓公九合诸侯，不以兵车，管仲之力也。如其仁！如其仁！”“管仲相桓公，霸诸侯，一匡天下，民到于今受其赐。微管仲，吾其被发左衽矣。”(《论语·宪问》) 管仲不对某一君主“愚忠”，而以天下利益为重，在位谋政、辅君理政，已是仁政仁德。先秦杂家吕不韦也指出:“昔先圣王之治天下也，必先公，公则天下平矣，平得于公。……天下非一人之天下也，天下之天下也。”(《吕氏春秋·孟春纪》) 圣王治理天下要“公”字当头，要把“公正无私”置于政治管理、社会治理的首位。天下安定的源头是政治主体公正无私，君主得天下是因为公正无私，失天下则是由于偏颇有私。天下是天下人的天下，不是某人之天下。故而有学者指出，吕氏所言“公治天下”之“公”不仅是与“偏私”相对的“公平”，更是统治者、君主应该具有的道德性，[②]体现着君主与臣子共治天下的治世理念与信仰。因此，在古代政治智者看来，治天下非君主一人之事，君主治理天下离不开有德臣子的辅政，“君臣共治”乃“为政”之德的必然要求。

实际上，作为最高政治主体的帝王君主也充分认识到了“君臣共治”的必要性和重要性。如唐太宗李世民在《帝范》中说“夫国之匡辅，必待忠良，任使得其人，天下自治”；“帝王之治国也，必藉匡弼之资”。在他看来，“士之居世，贤之立身，莫不戢翼隐鳞，候风云之运，怀奇蕴异，思会遇之秋”。这是对孔子“学而优则仕”(《论语·子张》) 的新诠释。天生烝民，人人有天道禀赋；修身齐家治国平天下，是人人的理想。君

① 王国良:《从忠君到天下为公——儒家君臣关系论的演变》,《孔子研究》2000年第5期。
② 参见 [日] 沟口雄三著，郑静译，孙歌校 :《中国的公与私·公私》，北京 : 生活·读书·新知三联书店，2011年，第9页。

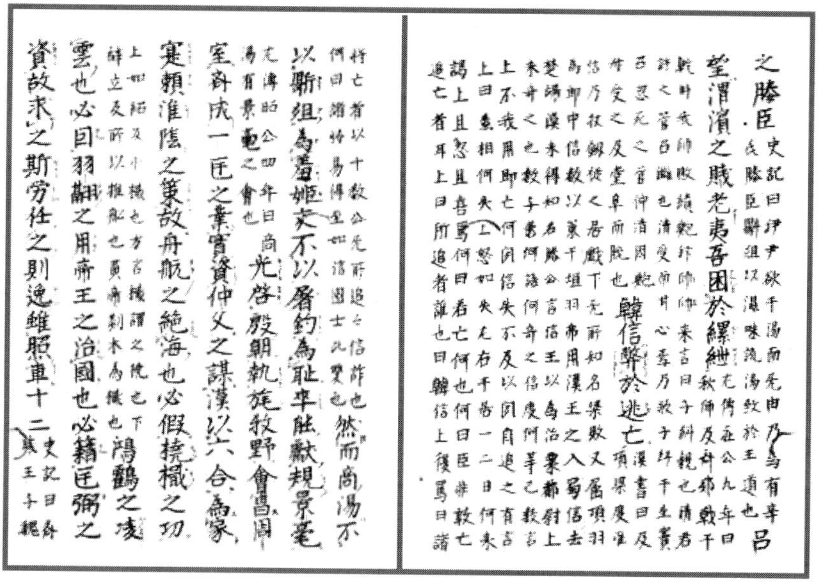

之媵臣　望渭濱之賤老，夷吾困於縲紲　韓信弊於逃亡

以斯俎為羞，姬文不以屠釣為耻，卒能獻規景亳，光啓殷朝，執旌牧野，會昌周室，齊成一匡之業，實資仲父之謀，漢以六合為家，寔賴淮陰之策。故舟航之絶海也，必假橈檝之功；鴻鶴之凌雲也，必因羽翮之用；帝王之治國也，必藉匡弼之資。故求之斯勞，任之則逸，雖照車十二

李世民《帝范》书影

主身在其位，不仅要治国平天下，尚有“旁求俊乂，博访英才”的责任，凡有德能为之臣，“不以卑而不用，不以辱而不尊”，“立国制人，资股肱以合德”。① 商汤不以伊尹鼎俎为羞，但能献规景亳、光启殷朝；文王不以吕望屠钓为耻，却能执旍牧野、会昌周室；管仲虽困于缧绁，齐桓公资仲父之谋而成一匡之业；韩信虽弊于逃亡，汉高祖赖淮阴之策而以六合为家。君主治国，犹如航海之舟必假桡楫，凌云鸿鹤必因羽翮，君不离臣、臣辅佐君。李世民从君臣“股肱合德”的角度凸显了忠臣贤良对治国理政的辅弼作用，也彰显了君主的宏大气度。武则天在《臣轨》中也指出，“父子虽至亲，犹未若君臣之同体也”，“主之任臣，既如身之信手；

① 吴云、冀宇校注：《唐太宗全集校注》，天津：天津古籍出版社，2004年，第601页。

臣之事主，亦如手之系身。上下协心，以理国事”。[①] 就治国理政的终极权力而言，君为尊；就治国理政的政治实践而言，良臣佐贤君。因此，“君臣同体”“君臣共治”是君臣关系的理想状态，君臣对此深信不疑、践行不怠，定会成就大业。这是政德的“本然”要求。

所以，中国古代政治智者普遍认同“君臣共治”的政德观。如程颐就将政治文化语境中的“君臣共治”与宇宙万物生生图景中的“阴阳和畅”类比，论证“君臣共治”的“形而上”之“政道”：“阴阳和畅，则万物生遂，天地之泰也。以人事言之：大则君上，小则臣下，君推诚以任下，臣尽诚以事君，上下之志通，朝廷之泰也。”[②] 阴阳和合而化生天地万物，天在上，地在下，天地交合为泰；君在上，臣在下，上下交通，君臣道合，则政治清明、国泰民安。此外，程颐还将是否遵行“君臣共治”作为考量君臣德行的重要标准：“利见大德之君，以行其道。君亦利见大德之臣，以共成其功。”[③] 凡有“大德”之君必靠有“大德”之臣辅佐，有“大德”之臣亦必依有“大德”之君以践行政治抱负。虽然说“君臣共治”是包括帝王臣僚等在内的中国古代政治智者的政治理想，但到了宋代，参与共治天下的儒士大夫才真正催生出强烈的政治主体意识，超越了以前的汉、唐，且未被后面的元、明、清超越。这种政治主体意识落在政治实践层面，则要求与皇帝“同治天下”，衍生出强烈的道统意识。

当然，君臣共治的基本原则是“君使臣以礼，臣事君以忠”，目的是实现“上下交通”。孟子曾言：“君之视臣如手足，则臣视君如腹心；君之视臣如犬马，则臣视君如国人；君之视臣如土芥，则臣视君如寇仇。”他还阐明了君待臣之礼：“谏行言听，膏泽下于民；有故而去，则君使人

① 王双怀、梁克敏、田乙编撰：《帝范臣轨校释》，西安：陕西人民出版社，2016 年，第 148 页。

② ［宋］程颢、程颐：《二程集》，北京：中华书局，2004 年，第 753 页。

③ ［宋］程颢、程颐：《二程集》，北京：中华书局，2004 年，第 696 页。

导之出疆，又先于其所往；去三年不反，然后收其田里。此之谓三有礼焉。”（《孟子·离娄下》）理想的君臣关系是“君使臣以礼”，臣工百僚才会悉心向政、忠义为国。同理，贤臣对君主的尊重，根本上是遵循“责难于君谓之恭，陈善闭邪谓之敬”（《孟子·离娄上》）的政德观。百官臣子规制人主君王的政治权力，以防止君权无限扩大，以“道统”规制“政统”，希求政治实践的合法性。不过，三代之后，君骄臣谄，时有视臣如犬马甚至视臣如土芥之君主，但尚有秉承臣道而实心为君主分忧解难之君子贤臣；也有君视臣为手足，但臣视君如寇仇之流。无论君如何视臣，唯贤良臣子能尽忠明臣道。所以，要达至君臣共治，为君者当重视臣子，礼遇臣下，这是君主政德的基本表现。只是，在君权至上的等级社会里，对国家决策起决定作用的仍是君主，臣子与君主共治天下的愿望取决于君主的开明程度，魏徵即指出：“陛下导臣使言，臣所以敢言。若陛下不受臣言，臣亦何敢犯龙鳞、触忌讳也。”[①] 能否做到君臣同体，主要看君主圣明与否。政治实践证明，或有昏君枉杀贤臣，或有佞臣欺罔明君，但对“君臣共治”治国理念的理性构想和美好追求，始终是不同时代贤士大夫和政治智者的奋斗目标！

从根本上说，君臣共治体现了人格尊严与独立平等的道德观。从古至今的智者都追求人与人之间的人格平等，即便是在君主专制体制下，贤士大夫也努力寻求人格的平等，范仲淹“先天下之忧而忧，后天下之乐而乐”的慷慨激昂，张载“为天地立心，为生民立命，为往圣继绝学，为万世开太平”的远大抱负，都是寻求人格独立的典范。[②] 政治实践过程中的君臣共治，是人格尊严和人格独立的彰显，黄宗羲对此就有明确论说：“缘夫天下之大，非一人之所能治，而分治之以群工。故我之出而仕也，

---

① ［唐］吴兢撰，谢保成集校：《贞观政要集校》，北京：中华书局，2009 年，第 62 页。

② 胡宝华：《从“君臣之义”到“君臣道合”——论唐宋时期君臣观念的发展》，《南开学报（哲学社会科学版）》2008 年第 3 期。

为天下，非为君也；为万民，非为一姓也。”[①]君臣是共治天下者，君臣共同的职责是为“天下万民”谋福利，人若愿意参与政治实践，是基于公心的责任与付出，无论是身居庙堂的高官显贵，抑或驻足边陲的臣僚属吏，都自当获取充分的身份认同；若是不愿意参与政治实践，也是自我的道义选择。作为政治主体，只有行政职分的不同，并无人格高低贵贱之别。故尊重人格平等，推行君臣共商共治，乃“德政”的必然体现。

2.“民为邦本，国民交映”的治世醒言

在中国传统治理观念中，虽然政治主体主要指君、臣及各级主要管理者，但作为管理对象的普通民众也对政治行径的展开起到至关重要的作用，《尚书·夏书·五子之歌》即言“民惟邦本，本固邦宁”。一个不为民服务、不举政为民的政府，显然是不称职的政府。这意味着，即便是传统的君主政府，也把执政为民作为政治实践合理性的重要标准之一。与之对应，当政者是否安民养民、重民厚生，则成为衡量其是否施行德政的重要标准，《尚书·大禹谟》即言“德惟善政，政在养民”。由此可说，“民为邦本”是中国传统政德的必然要求。本书第二章已专门论及“民为邦本”思想，故本部分不再赘述。

3.“正己化民、德俗交织”的治理境域

“政治”的本质是“正己以正人”，孔子“政者，正也”（《论语·颜渊》）的论断已然明确了这一道理。所谓“政”，意味着从政者以正确、合理的治理理念规约、启示他人，“君为正，则百姓从政”（《礼记·哀公问》）、孟子“君子之守，修其身而天下平”（《孟子·尽心下》）等等，正是对此意的表述。而所谓“正”，《说文解字》曰“正，是也。从止，一以止。

---

① ［清］黄宗羲：《明夷待访录》，载沈善洪主编、吴光执行主编《黄宗羲全集（增订版）》（第一册），杭州：浙江古籍出版社，2005 年，第 4 页。

凡正之属皆从正”；还言“古文正，从二,二，古文上字”“古文正。从一足,足亦止也”。[①]“足”即“止”之意,“以止为足”。从甲骨文字形看,“正”表现为两种字形:一是上方为“一”下方为“止”的字形,一是上方为“二”下方为“足”的字形，都标示朝着特定的目标或方位不偏不斜地走下去，表示“无偏无党之意”，即不偏斜、求平正，即合道、合理。因此，君主臣属有德行，自身正派，则“君子之德风，小人之德草。草上之风，必偃”(《论语·颜渊》)。故而,政德落实于政治实践在于正己以正人。反之亦然。判断政治活动是否体现出合理性功效，在于判断政治活动是否推行或彰显了道德善性，是否以良风美俗教化世人。只有“正己教人”的政治方可谓之“顺政”，唯有“正其身、行其令”的人君及其政治实践才体现出政德。

君主有政德，其臣下能受教向善;治国者有政德，则国民能受教向善。君臣之间、臣民之间、治国者与受教臣民之间的道德传递，表现为“源”与“流”的关系，诚如荀子所言，“君子者，治之原也”(《荀子·君道》)。所以，君主治国重在“养原”，即涵养自己“合符节、别契券”之信、“探筹投钩”之公、“衡石称县”之平以及“斗斛敦概”之啧，以君主之正身来避免臣下百吏“诞诈之欺”“曲私之偏”“倾覆之险”以及“贪利刻与无度”。荀子“官人守数，君子养原”的政德观体现的正是“原清则流清，原浊则流浊”的道理:“上好礼义，尚贤使能，无贪利之心”，则臣下百官“綦辞让，致忠信”；君臣正身修己，则能够使天下万民不待合符节、别契券而信，不待探筹投钩而公，不待衡石称县而平，不待斗斛敦概而啧，赏不用而民劝，罚不用而民服，有司不劳而事治，政令不烦而俗美，百姓“顺上之法，象上之志，而劝上之事”，天下安乐。所以，“君者，仪也;民者，

① ［汉］许慎撰,［清］段玉裁注,许惟贤整理:《说文解字注》,南京:凤凰出版社,2007年,第123页。

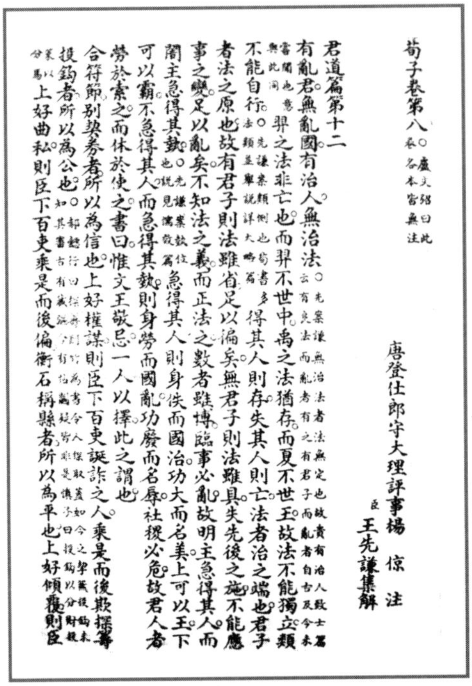

荀子卷第八

唐登仕郎守大理評事楊倞注
臣王先謙集解

君道篇第十二

有亂君無亂國有治人無治法羿之法非亡也而羿不世中禹之法猶存而夏不世王故法不能獨立類不能自行得其人則存失其人則亡法者治之端也君子者法之原也故有君子則法雖省足以徧矣無君子則法雖具失先後之施不能應事之變足以亂矣不知法之義而正法之數者雖博臨事必亂故明主急得其人而闇主急得其埶急得其人則身佚而國治功大而名美上可以王下可以霸不急得其人而急得其埶則身勞而國亂功廢而名辱社稷必危故君人者勞於索之而休於使之書曰惟文王敬忌一人以擇此之謂也

合符節別契券者所以為信也上好權謀則臣下百吏誕詐之人乘是而後欺探籌投鉤者所以為公也上好曲私則臣下百吏乘是而後偏衡石稱縣者所以為平也上好傾覆則臣

《荀子·君道》书影

景也；仪正而景正。君者，槃也；民者，水也；槃圆而水圆。君者，盂也；盂方而水方”（《荀子·君道》）。

当然，也有政治智者从“表”与“影”的角度谈治国者政德的“正人”之效。如《大戴礼记·主言》云“上者，民之表也，表正则何物不正”；苏绰言“凡人君之身者，乃百姓之表，一国之的也。表不正，不可求直影；的不明，不可责射中”[①]；司马光也指出“君者，表也；臣者，景也。表动则景随矣”。[②] 他们的政论表明，在上位的治国者为源为表，在下位的臣与民为流为影，源清则流清，表正则影正，源有德自然流有德，有

---

① ［唐］令狐德棻等：《周书》，北京：中华书局，1971 年，第 383 页。

② ［宋］司马光：《资治通鉴》卷一九二《唐纪八》，载罗国杰主编《中国传统道德·名言卷（重排本）》，北京：中国人民大学出版社，2012 年，第 32 页。

表必有影。

作为一代明主贤君，李世民从“君体”的角度谈及君主对百姓的影响：“人主之体，如山岳焉，高峻而不动；如日月焉，贞明而普照。兆庶之所瞻仰，天下之所归往。”此“人主之体”内蕴了君主政德的诸多表现：“宽大其志，足以兼包；平正其心，足以制断。非威德无以致远，非慈厚无以怀民。抚九族以仁，接大臣以礼。奉先思孝，处后思恭，倾己勤劳，以行德义。”[①] 君主倘能兼收并蓄、平正其心、威德慈厚、仁礼恭勤，便能普照百姓苍生，使亿兆之民俯首迁善。由此可见，在上位的君主臣僚的政德具有重要的辐射作用。因此，在上位的政治主体应“正己”而行政，以赋予政治管理合道德性与合法性。

既然在上位的政治主体的政德影响深远，那么，君主当学会自检、自省。孔子言“躬自厚而薄责于人”（《论语・卫灵公》），出了问题，君主要先自检自审，切莫一味嗔怪他人；《淮南子》说“是故人主之立法，先自为检式仪表，故令行于天下”[②]。因此，君主切记时时明德迁善，修政德而正己正人，“克明俊德，以亲九族。九族既睦，平章百姓。百姓昭明，协和万邦。黎民于变时雍”（《尚书・尧典》）；“无竞维人，四方其训之。有觉德行，四国顺之。吁谟定命，远犹辰告。敬慎威仪，维民之则”（《诗经・大雅・抑》）。在以君主为核心的政治体制下，君主自外而内、自远及迩地被亲近与被认同，皆源于其自觉修德和修悟所得。诚如管仲所说，“明王有过则反之于身，有善则归之于民”（《管子・小称》），君主有过即反躬自省而身惧，时时反省可避免犯同样错误；君主有善即归功于民而民喜，时时心系民情可与民同乐。故位高权重、威高言重的君主，当谨言慎行、慎思明辨，时时自省自责。

君主清明正心、自省修德，可造就“上行下效”的政治效果。就政

① ［唐］吴兢：《贞观政要》，北京：中国友谊出版公司，2021 年，第 310 页。
② 何宁：《淮南子集释》，北京：中华书局，1998 年，第 663 页。

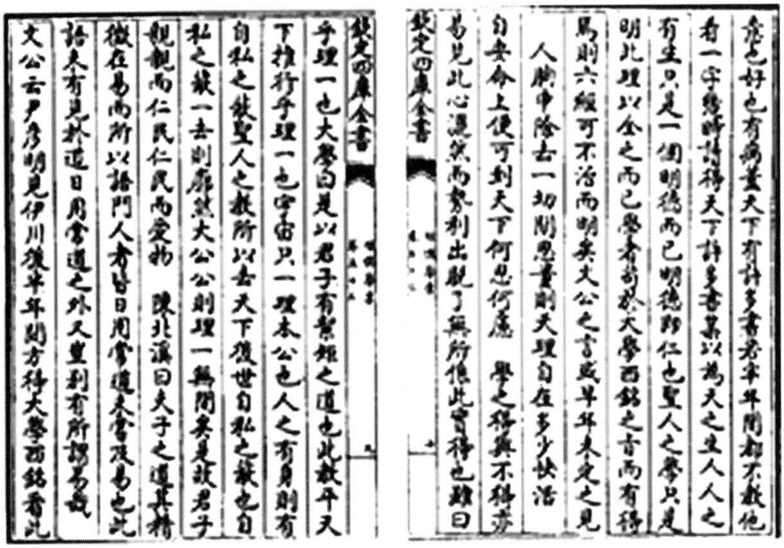
欽定四庫全書

意也好也有病蓋天下有許多書若字字問都不敢他
看一字要時時移天下許多書某以為天之與人人之
有生只是一個明德而已明德即仁也聖人之學只是
明此理以全之而已學者苟於大學西銘之言而有得
焉則六經可不治而明矣文公之言歲年年未定之見
人胸中除去一切閒思量則天理自在多少快活
自要命上便可到天下何思何慮　學之務莫不務求
易見此心混然而象剝出親了無所依此實得也雖曰

欽定四庫全書

乎理一也大學曰是以君子有絜矩之道也此教乎天
下推行乎理一也宇宙只一理本公也人之有身則有
自私之蔽聖人之教所以去天下後世自私之蔽也自
私之蔽一去則廓然大公公則理一無間矣是故君子
親親而仁民仁民而愛物　陳北溪曰夫子之道其精
微在易而所以語門人者皆日用常行之道未嘗及易也此
語夫有見於道日用常道之外又豈別有所謂易哉
文公云尹彦明見伊川後半年開方得大學西銘看此

《钦定四库全书·明儒学案卷五十三·诸儒学案下一·
中丞李谷平先生中》“絜矩之道”书影

治实践而言，君主贤臣以己之德风影响左右，进而影响他人，犹如涟漪荡漾。汉名将马援之子马廖在劝谏长乐公主以成“德政”的奏疏中即言：“吴王好剑客，百姓多创瘢；楚王好细腰，宫中多饿死”；“城中好高髻，四方高一尺；城中好广眉，四方且半额；城中好大袖，四方用匹帛”。[①] 可知，君主的喜好与德行必然影响臣子百姓的生活习惯。董仲舒也有所悟：“尧舜行德则民仁寿，桀纣行暴则民鄙夭。夫上之化下，下之从上，犹泥之在钧，唯甄者之所为；犹金之在镕，唯冶者之所铸。”[②] 在上位之尧舜有仁德，则在下位之民便可顺心顺意而仁寿；反之，在上位之桀纣行暴虐，则在下位之民便憋屈郁闷而鄙夭。这就是“上之化下，下之从上”之意。

其实，《大学》早就从君主臣僚治国的“絜矩之道”论及上行下效、

① ［唐］魏徵等：《群书治要》，北京：中华书局，2014 年，第 374 页。
② ［汉］班固：《汉书》，北京：中华书局，1962 年，第 2501 页。

德风互鉴问题："所谓平天下在治其国者，上老老而民兴孝，上长长而民兴弟，上恤孤而民不倍"，是以君主有"絜矩之道"。臣僚亦有"絜矩之道"，"所恶于上，毋以使下；所恶于下，毋以事上；所恶于前，毋以先后；所恶于后，毋以从前；所恶于右，毋以交于左；所恶于左，毋以交于右：此谓之絜矩之道"。在国为君主者，若尊老尊长、抚恤孤弱，则能导民兴孝敬顺、保家卫国；在朝廷为官者，在上之人能礼待下属左右、忠心为国为政，则在下之人、左右臣属，自然同心向道、礼乐和睦，君臣上下"因其所同，推以度物"，彼我之间各得分愿，则"上下四旁均齐方正"，故而天下平。①

既然上位者必然影响下位者，那么，君主臣僚就必须涵养政德。桓宽有言："欲影正者端其表，欲下廉者先之身。"② 作为管理者的政治主体，要善于端正自身，学会自我修养。是故，贤明之君主要修"仁义礼信"，"上好礼，则民莫敢不敬；上好义，则民莫敢不服；上好信，则民莫敢不用情"（《论语·子路》），"上好礼义，尚贤使能，无贪利之心，则下亦将綦辞让，致忠信而谨于臣子矣"（《荀子·君道》）。明主要"明辨公私"，"明主之道，必明于公私之分，明法制，去私恩"（《韩非子·饰邪》），治国理政者，得之以公，失之以偏；"大道之行也，天下为公"（《礼记·礼运》），公就是正，公心就是正心，要秉公正之心；"心正而后身正，身正而后左右正，左右正而后朝廷正，朝廷正而后国家正，国家正而后天下正"，故"立德之本，莫尚乎正心"（《傅子·正心》）。明主要"清心寡欲"，"为政者，廉以洁己，慈以爱民，尽其在己者而已"③。所以，明主有"三惧"："一曰处尊位而恐不闻其过；二曰得意而恐骄；三曰闻天下之至言而恐不能行。"④

① ［宋］朱熹：《四书章句集注》，北京：中华书局，1983年，第10页。
② ［汉］桓宽撰，王利器校注：《盐铁论校注（定本）》，北京：中华书局，1992年，第38页。
③ ［清］王夫之：《船山全书》（第十册），长沙：岳麓书社，2011年，第718页。
④ ［汉］刘向撰，向宗鲁校证：《说苑校证》，北京：中华书局，1987年，第18页。

处尊位而不闻已过，则耳目闭塞，奸佞横行；得意而骄纵恣肆，则威严扫地，遭人远拒；虽闻天下直言真言却不慎解赏析，愚知而不行。明主能摒弃“伪、私、放、奢”四患，因为“伪乱俗，私坏法，放越轨，奢败制”四者不除，政无由行：“俗乱则道荒，虽天地不得保其性矣；法坏则世倾，虽人主不得守其度矣；轨越则礼亡，虽圣人不得全其道矣；制败则欲肆，虽四表不能充其求矣。”故明主“崇五政”：“兴农桑以养其生，审好恶以正其俗，宣文教以章其化，立武备以秉其威，明赏罚以统其法。”

此外，尚需注意，政德“上行下效”政治效能的必然体现是“化民成俗”。《周礼》曾言“俗者，习也”，《康熙字典》释为“上所化曰风，下所习曰俗”，元人李果指出“上行下效谓之风，众心安定谓之俗”，这意味着君主臣僚政德修养之得失，就其对被管理者的价值选择、德行修悟的影响而言，可蔚然成“风”；而这样的思想观念、德行修悟一旦固化、模式化，便成了“俗”。诚如庄周所言“大圣之治天下也，摇荡民心，使之成教易俗，举灭其贼心而皆进其独志，若性之自为，而民不知其所由然”（《庄子・天地》），亦如墨翟言“上以为政，下以为俗”（《墨子・节葬下》），还如司马光所说“教立于上，俗成于下”[①]，这些都是对政德可转化为风俗这一文化演进规律的体认。“风”是在上位的政治主体所具有的政德的流行与映射，“俗”是下层百姓等被管理者普遍遵守的习惯和行为法则，“风俗”是君主臣僚长期以来政德修悟的直观体现，由此显见“政俗贯通、德俗交织”的治理境域。

因此，观“风俗”可知一时政治之得失。如《尚书大传》有言“见诸侯，问百年，太师陈诗，以观民风俗”（《尚书大传》卷一《尧典》）；荀况也说“入境，观其风俗，其百姓朴，其声乐不流污”（《荀子・强国篇》）。如此，善于治国者必从分析风俗中体悟政治道德观念，诚如桓谭所言“善治者，

---

① ［宋］司马光：《资治通鉴》卷六十八《汉纪六十》，载罗国杰主编《中国传统道德・名言卷（重排本）》，北京：中国人民大学出版社，2012 年，第 42 页。

视俗而施教，察失而立防”[①]，苏辙也说“帝王之治，必先正风俗。风俗既正，中人以下皆自勉以为善；风俗一败，中人以上皆自弃而为恶”[②]。所以，顾炎武明确指出，善政者在于善观风俗而整顿纲纪：“目击世趋，方知治乱之关必在人心风俗，而所以转移人心，整顿风俗，则教化纪纲为不可缺矣。”[③]总之，上位者有政德，自然能化民成俗；反之，不良的风俗必导致社会混乱无序，甚至文明没落。

4.“教为政本、政教交洽”的治世术道

就理想状态而言，美政良德可转生为良俗善风，实现“德俗交织”，但这并不否认恶政恶习实际存在。因此，在政治实践中，政德要彰显出其“应然”的道德效能，尚需“教化”之功。诚如孟轲所言：“仁言不如仁声之入人深也，善政不如善教之得民也。善政，民畏之；善教，民爱之。善政得民财，善教得民心。”（《孟子·尽心上》）这意味着，善政者必然重视和加强对百姓的“教化”，培育符合君主统治需要的忠臣、孝子和顺民[④]，这是传统政德辐射功能的必然要求。

“教”何以必然？荀子有言：“以善先人者，谓之教；以善和人者，谓之顺。”（《荀子·修身》）所谓“先人”，指“首倡”，即“为人表率”之意；所谓“和人”，指“附和他人”。“教”是“以善先人”之举，其前提在于“善”。在现实世界中，虽人人皆有本然天性的“易简知能”，但并不是所有人皆行善积德，也不是所有人皆愿明善向道，而总是有一部分人先开悟而首倡善德，朱熹在阐论《大学》的“教人之法”时对此有明确论述。在他看来，“自天降生民，则既莫不与之以仁义礼智之性”，

①［唐］魏徵等：《群书治要》，北京：中华书局，2014年，第251页。
②［宋］苏辙：《苏辙集》，北京：中华书局，1990年，第623页。
③［清］顾炎武：《顾亭林诗文集》，北京：中华书局，1983年，第93页。
④ 葛荃：《教化之道：传统中国的政治社会化路径析论》，《政治学研究》2008年第5期。

凡天下之人皆天生内蕴了“仁义礼智”之性，即孟子所言的人皆有“四端之心”，但因人“气质之禀或不能齐”，并非天下人皆“有以知其性之所有而全之”，但“有聪明睿智能尽其性者出于其间，则天必命之以为亿兆之君师，使之治而教之，以复其性”。此等聪明睿智之人即伏羲、神农、黄帝、尧、舜等，“继天立极”，“治而教”天下亿兆之民，“教”天下之人“知其性分之所固有、职分之所当为”。有聪明睿智之圣王的教化，天下生民皆能知本性之固有、职分之当为，从而造就“治隆于上，俗美于下”[①]的良治图景。明太祖朱元璋也深刻认识到“教化”的必要性和重要性：“致治在于善俗，善俗在于教化。教化行，虽闾阎可使为君子；教化废，虽中材或坠于小人。”[②]归根结底，社会重视和推行“教”，就是要“长善而救其失”（《礼记·学记》）。

“教”什么？在中国传统政治智者看来，用以教化世人的观念、理念、信念，本质上是圣人先贤经世心悟的智慧总结，是人性纯粹至真的深切体现，也是世人普遍崇仰但又非一蹴而就即可成为自身德行品质的价值认同和意义思悟。作为善政教化的“教”，其内容自然而然地包括了管仲所言的“国之四维”，“一曰礼，二曰义，三曰廉，四曰耻。礼不逾节，义不自进，廉不蔽恶，耻不从枉。故不逾节，则上位安；不自进，则民无巧诈；不蔽恶，则行自全；不从枉，则邪事不生”（《管子·牧民》）；包括了孟轲所言的“五伦”，“人之有道也，饱食、暖衣、逸居而无教，则近于禽兽。圣人有忧之，使契为司徒，教以人伦：父子有亲，君臣有义，夫妇有别，长幼有序，朋友有信”（《孟子·滕文公上》）；还有《礼记·礼运》所言的“十教”，父慈、子孝、兄良、弟悌、夫义、妇听、长惠、幼顺、君仁、臣忠；也包括了匡衡所说的“四法”，“朝廷者，天

---

① ［宋］朱熹：《四书章句集注》，北京：中华书局，1983年，第1页。

② ［明］谷应泰：《明史纪事本末》卷十四《开国规模》，载罗国杰主编《中国传统道德·名言卷（重排本）》，北京：中国人民大学出版社，2012年，第43页。

下之桢干也。公卿大夫相与循礼恭让，则民不争；好仁乐施，则下不暴；上义高节，则民兴行；宽柔和惠，则众相爱。四者，明王之所以不严而成化也”；等等。

不过，圣王贤君教化臣子百姓，必首当“躬行”，亲力亲为。诚如朱熹所言：“‘道之以德’，是躬行其实，以为民先。如必自尽其孝，而后可以教民孝；自尽其弟，而后可以教民弟，如此类。”[①]这充分体现了“教”之本质，因为“上为下效，然后谓之教”[②]“上行下效，然谓之教”[③]。从中可知，“教”的主动方是在上位之政治主体，而被动方则为在下位的臣僚百姓，“教”是以上位者的思想为转移的。先有上位者的行径，后有下位者的遵循；先有上位者的施教，才有下位者的仿效，“上所施下所效也”[④]而已。故而可说，“教”是社会的特定政治主体基于特定目的和价值取向而对世人展开的思想灌输，“教，文之施也”（《国语·周语》），是以“教”传习明道。因此，汉代的王符视“教”为人君政治之“美”：“人君之治，莫大于道，莫盛于德，莫美于教，莫神于化。”[⑤]“教”是贤主明君让世人知善知恶、明礼达义的必然过程。故有政德的君主臣属必以“教”化民，以德性教化成就世人的良善美德。

是故，中国古代政治智者普遍认同善政者必“教学为先”的政德观。如荀况言：“不富无以养民情，不教无以理民性。”（《荀子·大略》）在他看来，人在现实世界中的所思所感、所作所为非人之质朴本性的率真纯粹、至善无恶，唯有进行归本于天然质性、理想信念的道德教化，才能够让世

---

① ［宋］黎靖德编，王星贤点校：《朱子语类》，北京：中华书局，1986年，第547页。

② ［唐］魏徵等：《群书治要》，北京：北京理工大学出版社，2013年，第597页。

③ ［唐］马总：《意林·政说》，载罗国杰主编《中国传统道德·名言卷（重排本）》，北京：中国人民大学出版社，2012年，第32页。

④ ［汉］许慎撰，［清］段玉裁注，许惟贤整理：《说文解字注》，南京：凤凰出版社，2007年，第226页。

⑤ ［汉］王符：《潜夫论·德化》，载罗国杰主编《中国传统道德·名言卷（重排本）》，北京：中国人民大学出版社，2012年，第13页。

人在潜移默化、润物细无声的思想渗透和道德滋养中，体察人性本真之善，从而“教以理民性”。又如《礼记》，作为上位政治主体的君主臣僚，尽管“发虑宪，求善良”，且“足以谀闻”，但“不足以动众”；尽管“就贤体远”，躬亲前去接近贤者、体恤疏远之人，且“足以动众”，但“不足以化民”。因此，君主臣僚要“学以化民”，“玉不琢，不成器；人不学，不知道”，“古之王者建国君民，教学为先”，“学然后知不足，教然后知困”（《礼记·学记》）。唯有知不足，然后能自求其本心；知困，然后能自强不息。因此，没有良好的教化之功，人难以明了本心之精明纯粹；天下之善治，不可须臾离开教化，是以“天下不可无一日而无政教”[①]。

既然“教”在政治实践中是传递政德的必由之路，那么，中国古代政治智者便明确了“教为政本”的政教观。汉代贾谊较早提出这一理念。他说：“教者，政之本也；道者，教之本也。有道，然后教也；有教，然后政治也；政治，然后民劝也；民劝之，然后国丰富也。”[②] 在贾谊看来，大道为“教”之本，即任何政治教化都应该有其教授的至真道理，即有其合理性的人道价值理念和政道治国观念；唯有合理性的“教”的基本内核和教化方略，即合实践理性、合时代特性和合价值目的性的思想道德规范与内核，才能造就政治安定、社会稳定、人心凝聚的美好社会格局，由此形成“民为诸侯之本、教为政本、道为教本”和“道为教之核、教为政之举、政为民之术、民为国之的”的双向互动关系。董仲舒也有类似论断。他指出，治国大务在“教化”：“夫万民之从利也，如水之走下，不以教化堤防之，不能止也。是故教化立而奸邪皆止者，其堤防完也；教化废而奸邪并出，刑罚不能胜者，其堤防坏也。古之王者明于此，是故南面而治天下，莫不以教化为大务。立太学以教于国，设庠序以化于邑，

① ［宋］王安石：《王文公文集》卷三十四《明州慈溪县学记》，载罗国杰主编《中国传统道德·名言卷（重排本）》，北京：中国人民大学出版社，2012 年，第 23 页。
② ［汉］贾谊：《贾谊集》，长沙：岳麓书社，2010 年，第 106 页。

渐民以仁，摩民以谊，节民以礼，故其刑罚甚轻而禁不犯者，教化行而习俗美也。”[①] 董仲舒还把教化之于政治的重要性与天的四时进行了类比：“天地之数，不能独以寒暑成岁，必有春夏秋冬。圣人之道，不能独以威势成政,必有教化。”[②] 这就把教化与威势（主要指刑罚）的根源都归因于天地之数，因此，“教，政之本也。狱，政之末也”[③]。

总之，“教为政本”的政德理念成为中国古代政治智者的普遍共识。白居易说“政教洽，则不殷忧而四海宁;惩劝行，则不勤劳而万人化”[④]，以教言政，可以使五湖四海的百姓安宁稳定，悉心向善;罗从彦指出“教化者，朝廷之先务；廉耻者，士人之美节；风俗者，天下之大事”[⑤]，朝廷有教化，则士人有廉耻，天下有风俗，是以教化行、廉耻立、风俗美；吕坤亦言“为政先以扶持世教为主，在上者一举措间而世教之隆污、风俗之美悲系焉”，政治主体的言行举止、喜怒哀乐，无不关系社会风化，因此，要避免“乱常之政”，贤德明君当慎言慎行；戊戌变法领袖之一的谭嗣同深刻指出“言政、言学，苟不言教，则等于无用”[⑥]。从他们的言论已然可知，美好政德理想落脚于实践的必由之路是教化，为政当以扶持世教为先，故可说“教为政本”；而教化展开的可能效果是美风良俗的全面铺陈，是善政德政的立体开显，故可说“政教交洽”。

---

① ［汉］董仲舒著，张世亮、钟肇鹏、周桂钿译注:《春秋繁露》，北京:中华书局，2012年，第289页。

② ［清］苏舆撰，钟哲点校：《春秋繁露义证》，北京：中华书局，1992年，第319页。

③ ［汉］董仲舒:《春秋繁露·精华》，载罗国杰主编《中国传统道德·名言卷（重排本）》，北京：中国人民大学出版社，2012年，第22页。

④ ［唐］白居易：《白氏长庆集》卷四十五《策林·不劳而理》，载罗国杰主编《中国传统道德·名言卷（重排本）》，北京：中国人民大学出版社，2012年，第23页。

⑤ ［清］黄宗羲原著，［清］全祖望补修，陈金生、梁连华点校:《宋元学案》（第二册），北京：中华书局，1986年，第1271页。

⑥ 谭嗣同：《谭嗣同全集·上欧阳中鹄十》，载罗国杰主编《中国传统道德·名言卷（重排本）》，北京：中国人民大学出版社，2012年，第24页。

第三节　廉德建设是“为政以德”的新时代要求

2016年1月，习近平总书记在中共第十八届中央纪律检查委员会第六次全体会议上的讲话中指出，“中华民族历来都有珍惜名节、注重操守、干净为官的传统，历来都讲‘为政以德’、‘守土有责’”[①]，要求各级领导干部特别是高级干部要从自身做起，给下级带个好头，坚定不移推进党风廉政建设和反腐败斗争。习近平总书记同时还指出：“领导干部要讲政德。政德是整个社会道德建设的风向标。”[②]因此，政德建设是保持党的先进性和党员干部纯洁性、自律性的重要举措，是切实保障中国特色社会主义制度自信的应然之举。那么，以“为政以德”为代表的中国传统政德思想对政治本质以及政治实践展开逻辑的理性认识，可为丰富和完善新时代政德建设的主旨要义与实践路径提供思想滋养。既然“为政以德”、构建廉洁政府是自古及今治国者关心和重视的问题，那么，推动新时代廉政建设，当从中国传统政德中、从中华优秀的廉耻伦理道德中，汲取思想养分。

1. 培育品行诚信的廉风

廉有侧边和棱角的意思。《广雅·释言》曰：“廉，棱也。”廉风要求品德高尚，行为端正，若品德不善，行为不端，那么歪风邪气就会甚嚣尘上，污染社会风气。唯有奉行诚信，才能消除歪风邪气。诚就是不欺骗、不虚伪、不作假、不冒牌、不坑人，而讲诚实、真诚、诚意、真心、真言、真行、真实。诚是做人的根本，也是一切道德价值的基石和改善社会风气的利器。“诚者，天之道也；思诚者，人之道也。”（《孟子·离娄上》）天道运行，暑往寒来，日往月来，春生夏长，秋收冬藏，真实无妄。人道效法天道

① 习近平：《习近平谈治国理政》（第二卷），北京：外文出版社，2017年，第167页。
② 鄯爱红、李淑英：《领导干部必须讲政德》，《红旗文稿》2018年第10期。

的诚信，以成就人的德业、事业、学业、善业。无诚便无德，国家就会出现乱象，社会风气就会败坏。无诚便无信，无诚信就是虚伪。天不讲信，不能构成四季；地不讲信，草木不能长大；人不讲信，就会祸乱家国。君主讲信，国家安宁；官员讲信，社会和谐；个人讲信，立身于世。言而有信、对人诚实无欺是信的基本要求。孔子把信作为做人的重要道德规范。《论语·颜渊》记载，子贡问怎样治理国家："子贡问政。子曰：'足食，足兵，民信之矣。'子贡曰：'必不得已而去，于斯三者何先？'曰：'去兵。'子贡曰：'必不得已而去，于斯二者何先？'曰：'去食。自古皆有死，民无信不立。'"在孔子看来，没有人民的信任，政府就维持不下去。信任比国家的军备和人的生命更重要，一个国家的命运取决于民心的向背、人民的信任度。

诚信的廉风，可荡涤社会的污泥浊水，清除社会的贪风淫风，驱尽社会的歪风邪风，以营造道德高尚、诚实守信、刚正不阿、直言不讳的良好廉风。

2. 坚守贫贱不移的廉志

孟子说："志，气之帅也。"意志是人的气质的统帅。换言之，意志是改善社会风气的支配者。王守仁说："志不立如无舵之舟，无衔之马，漂荡奔逸，终亦何所底乎？"因此他认为"志不立，天下无可成之事"（《教条示龙场诸生·立志》，《王文成公全书续编》卷二十六）。一个人也罢，一个民族国家也罢，总是要有所"志"，也就是有个理想目标，总要有个奋斗的方向，否则就是做无用功，甚至偏离方向。《盐铁论》载："古之君子，守道以立名，修身以俟时，不为穷变节，不为贱易志，惟仁之处，惟义之行。"[①] 这种节操，可称为德操，也就是志气、节气，是穷不变

① ［汉］桓宽撰，王利器校注：《盐铁论校注（定本）》，北京：中华书局，1992 年，第 209 页。

节、败不弃志的决心与勇气。荀子说："权利不能倾也，群众不能移也，天下不能荡也。生乎由是，死乎由是，夫是之谓德操。"(《荀子·劝学》)权力再大不能使你屈服，人再多不能使你改变意志，天下的事情不能使你动摇。活着的时候坚持去做，到死也不改变，这就是品德节操。如是，财富不以其道得之不取，不义而富、无名而贵之事不为。应视不义而富且贵，于我如浮云。这是因为"志正则众邪不生"，贪赃枉法、贿赂公行、酒色财气、金钱交易，都与意志不廉正的各种邪念、欲念有关。意志廉正、刚正，邪念、邪气就不会产生。人要树立"澄清天下之志"，使社会的污浊风气得以澄清，国家的贪官污吏得以清除，担负起为人民谋幸福、振兴中华的重任。

在物欲横流、道德失落的尘世中，穷当不坠青云之志，"不戚戚于贫贱，不汲汲于富贵"。处贫贱而坦然自若，不屑于急切地追求富贵。如果坠入追求富贵的深渊，乃是自掘身败名裂的陷阱。要警惕"利傍有倚刀，贪人还自贼"，"罪莫大于多欲"(《老子》第四十六章)。"欲多则心散，心散则志衰，志衰则思不达也。"(《鬼谷子·本经阴符七术·养志法灵龟》)贪欲太多，人心就散了，心散而不敬畏，意志自然衰败，意志衰败就肆无忌惮，欲念邪念就泛滥成灾，什么坏事丑事都干得出来，贫贱不能移的廉志就不能坚守。所以，为官为人应"财贿不以动其心，爵禄不以移其志"(《三国演义》第二十七回)，财物贿赂不能动摇其廉洁之心，高官厚禄不能改变其净洁之志。

3. 尊重守节爱民的廉士

古代君子和英雄，都有过人的节操。《小学》记载："仁者不以盛衰改节，义者不以存亡易心。"仁爱的人不因形势的盛衰而改变自己的节操，正义的人不因世事的存亡而改变自己的心志。廉士的人品像玉一样洁白，像竹一样正直。"玉可碎而不可改其白，竹可焚而不可毁其节"，比喻廉士君子在任何凶恶的环境中，都能保持自己的节操，至死不渝。“玉以洁润，丹紫莫能渝其质；松表岁寒，霜雪莫能凋其采。”（《隋书·苏威传》）玉石洁净油润，朱砂不能改变它的本质；松树不畏严寒，霜雪不能毁掉它的神采。廉士的品格由此可见一斑，真可谓“凌冬不改青坚节，冒雪何伤色转苍”（宋·朱淑真《竹》）。竹子在天寒地冻的严冬仍不改变它青色的骨节，雪花飞舞又怎能妨碍竹色更显苍翠，以此赞扬廉士坚贞不屈的崇高品质。

廉士之所以有崇高的节操，其根源是有一颗爱民之心。爱民之心就是仁爱之心，“民之归仁也，犹水之就下”（《孟子·离娄上》）。仁作为众善之源、百行之本，是廉士所遵循的最重要的道德原则。孔子诠释仁的基本内涵是爱人，后来孟子、荀子、董仲舒继承这个思想，释“仁者，爱人”，或“仁者，爱人之名”。爱人为仁，也被先秦时期的道家、法家所认同。《庄子》曰：“爱人利物之谓仁。”《韩非子》云：“仁者，谓其中心欣然爱人也。”这里爱人之仁，可以是泛指，即孔子所说的“泛爱众，而亲仁”。于是董仲舒把仁说成是“仁者所以爱人类”，韩愈释为“博爱之谓仁”。爱人首要的前提是把他人当作人来看待，“仁者，人也”。其次是“以他平他谓之和”（《国语·郑语》），我与他、他与他之间是平等的，应互相尊重。最后是爱护、关怀、帮助他者，“夫仁者，己欲立而立人，己欲达而达人”。仁者自己站起来了，建功立业了，也帮助他者站起来，建功立业；自己发达了，也帮助他者发达。

孔子希望统治者爱民、养民、利民、富民、惠民、教民，博施于众。孟子为此提出了一个具体实施方案：“不违农时，谷不可胜食也；数罟不入洿池，鱼鳖不可胜食也；斧斤以时入山林，材木不可胜用也。谷与鱼鳖不可胜食，材木不可胜用，是使民养生丧死无憾也。养生丧死无憾，王道之始也。”（《孟子·梁惠王上》）在五亩土地的住宅四周种桑树，这样五十岁以上的人就可以有丝绸穿了；饲养鸡狗猪等，七十岁以上的人就都有肉吃了；一家给一百亩田地，不妨碍他们生产，一家人就可以吃饱了。如是“仰足以事父母，俯足以畜妻子，乐岁终身饱，凶年免于死亡”（《孟子·梁惠王上》）。这是农业社会生产生活的一种理想状态，是仁者爱人的具体体现，是廉士道德节操和人格的落实。

4. 坚持清白高洁的廉洁

廉士、廉吏、廉官都以不贪为戒。古人认为君主贪必亡国，臣贪必亡身。贪是人犯罪的起始、万恶的渊薮。一有贪念，便染洁为污，塞智为昏，变恩为惨，变廉为贪，毁了一生。古人深深体会到贪是人之大敌，国之大敌，所以管子把礼义廉耻作为国家的四维：无礼，社会动乱无序；无义，国家有危险；无廉，国家会倾覆；无耻，国家就灭亡。廉耻关系国家的生死存亡。失廉耻就无所不取，无所不贪。廉洁的基本含义是不苟取，不贪得。所以古人讲：“廉者常乐于无求，贪者常忧于不足。”人为贪欲所蔽，是没有满足的时候的，利欲熏心，欲壑难填，其下场只能是身败名裂。

包拯言：“廉者，民之表也；贪者，民之贼也。”（《孝肃奏议集·乞不用赃吏》）廉洁清白的官吏，是造福人民的表率；贪污受贿的官吏，是残害人民的盗贼。因此，历代“以不贪为宝”。《左传·襄公十五年》记载：“宋人或得玉，献诸子罕。子罕弗受。献玉者曰：‘以示玉人，玉人以为宝也，故敢献之。’子罕曰：‘我以不贪为宝，尔以玉为宝。若以与我，皆丧宝也，不若人有其宝。’稽首而告曰：‘小人怀璧，不可以越乡，纳此以请死也。’子罕置诸其里，使玉人为之攻之，富而后使复其所。”每个人心中都有“宝”，宋人的“宝”是玉，而子罕的“宝”是“不贪”。一个人对“宝”的认知、对德操的认知是不同的，其所取所予自然不同，一种物质追求的“宝”未必就是贤者智者所认可的宝，更非廉洁高德的名臣良吏所认可的宝。“不贪为宝”，人人应该珍惜，人人应该遵守，决不能丢弃。

廉与节俭相依不离。节俭是养廉的基础，花费无度，入不敷出，则贪心生矣，贪心生则罪恶之手伸矣。“俭则无贪淫之累，故能成其廉。”魏武帝时，毛玠为东曹掾，典选举，以俭率人，天下之士莫不以廉节自励，虽贵宠之臣，舆服不敢过度。唐代宗大历末年，杨绾为相，他“质性贞廉，车服俭朴，居庙堂未数日，人心自化”[①]。中书令郭子仪，闻绾拜相，坐中音乐减散五分之四。京兆尹黎幹，每出入，驺从百余，即日减损，唯留十骑。节俭可杜绝靡费，防止生活糜烂。如果官吏以身作则，律己俭朴，便能影响百姓。

中国历代政府无不倡廉惩贪。汉元帝时，贡禹言：“孝文皇帝时，贵廉洁，贱贪污，贾人赘婿及吏坐赃者皆禁锢，不得为吏。赏善罚恶，不阿亲戚。”[②]汉代凡犯贪赃罪被劾，或死狱中，或自杀；唐代贪赃枉法的官吏都于朝堂处决；宋代，“故尤严贪墨之罪”，即使遇大赦，“官吏受赃者不原”；元代至元十九年，“敕中外官吏，赃罪轻者决杖，重者处死”[③]。包拯曾训诫子孙：“有犯赃者，不得归本家，死不得葬大茔。”[④]古代中国虽没有彻底清除贪赃枉法之徒，但政府严惩贪赃，试图进行廉政建设，对稳定时局、维护统治有着积极效用和重要价值。

5. 坚守廉明公正的廉正

贾谊《新书・道术》说，“兼复无私谓之公，反公为私。方直不曲谓之正，反正为邪”。[⑤]公与私相对，正与邪相对。公正才能廉明，公正廉明才不会偏私，它体现于社会生活的各个方面：政治、经济、文化、考试、用人、分配、治狱、赏罚、评价等。因此，明代思想家吕坤认为公正二

---

① ［清］顾炎武：《日知录集释》，长沙：岳麓书社，1994 年，第 487 页。
② ［清］顾炎武：《日知录集释》，长沙：岳麓书社，1994 年，第 492 页。
③ ［清］顾炎武：《日知录集释》，长沙：岳麓书社，1994 年，第 491 页。
④ ［清］顾炎武：《日知录集释》，长沙：岳麓书社，1994 年，第 491 页。
⑤ ［汉］贾谊撰，阎振益、钟夏校注：《新书校注》，北京：中华书局，2000 年，第 303 页。

字是撑持世界的，没了这二字，便塌了天。公正是撑持国家和世界的支柱。陈子昂在《论为政之要》中说："夫尚德行者无凶险，务公正者无邪朋，廉者憎贪，信者疾伪。"[①] 尚德清廉的人憎恨贪污，诚信公正的人厌恶虚伪不真。晏婴说，"婴闻之，廉者，政之本也"，"廉之谓公正"（《晏子春秋·内篇·杂下》）。陈子昂说，为什么德凶、正邪、廉贪、信伪相对立？因为德与凶势不相入，正与邪势不相利，廉与贪势不相售，信与伪势不相和，这种趣向的矛盾得不到化解。

历史上，清廉公正相辅相成，清廉方能保持公正，公正必定清正廉明。因此，古来公正和廉明并称。这就是"正以处心，廉以律己"。只有心存公正而不偏私，即使是亲人朋友，也不存私心、偏心，才能秉公办理，并以廉洁、清廉约束自己，克己奉公。百姓荡涤污秽而清明，形神和顺，耳目清楚，"嗜欲之原灭，廉正之心生，莫不优游而自得，玉润而金声"（《后汉书·班彪班固传》）。嗜好耳目口鼻的私欲的源头消灭了，廉明公正思想就会产生，人就活得悠闲自得、滋润和美。贪官污吏、非法暴富者，即使积累了大量财富，也是提心吊胆、活得很累的。

清清白白、堂堂正正地做人，心地舒坦、悠然自得地生活，何乐而不为呢！清廉而心地洁白，"心无染著，欲境是仙都；心有系恋，乐境成苦海"（《菜根谭》）。公正无私，才能堂堂正正做人。"公道达而私门塞矣，公义明而私事息矣。如是，则德厚者进而佞说者止，贪利者退而廉节者起。"（《荀子·君道》）公道与私门、公义与私事、德厚与佞说、贪利与廉节相对相关，荀子作出了达与塞、明与息、进与止、退与起的不同评价，体现了他的是非观、好恶观和价值观。

---

① ［唐］欧阳修、宋祁：《新唐书》，北京：中华书局，1975 年，第 4075 页。

6. 始终洁身谨慎的廉谨

《史记》记载：孝文帝时申屠嘉为丞相，“嘉为人廉直，门不受私谒”。孝景帝时，申屠嘉卒，继任丞相“及今上时，柏至侯许昌、平棘侯薛泽、武疆侯庄青翟、高陵侯赵周等为丞相。皆以列侯继嗣，娖娖廉谨，为丞相备员而已，无所能发明功名有著于当世者”[①]。司马迁赞“申屠嘉可谓刚毅守节矣”（《史记》卷九十六《张丞相列传》）。由于申氏廉明正直，继任丞相都能清廉谨慎。

修己以清心为要，为官以洁身为要。清心寡欲，不为私欲、私利牵累，而能诚意正心；诚意正心，而能不苟取、不贪，便能洁身自好，不同流合污。当然，洁身自好就要“戒慎乎其所不睹，恐惧乎其所不闻，莫见乎隐，莫显乎微，故君子慎其独也”（《礼记·中庸》）。在别人看不见、听不到的情况下，总是十分谨慎和惧怕，尽管很隐蔽、很细微，也没有表现和显露出来，君子独处时所做所想都要十分谨慎。俗话说，苍蝇不叮无缝的蛋，自己若不洁身自好，有了一点私心、私欲，贿赂的罪恶之手就会伸向你，即使在别人看不到、听不到的环境中，也要坚决守住底线，保持自身的纯洁。因为若要人不知，除非己莫为，再小的恶总有一天也会显露出来。“尺蚓穿堤，能漂一邑；寸煙泄突，致灰千室。”一条小蚯蚓挖穿的小洞能使大堤崩决，淹没城镇；小烟囱的火星会把千家万户变为灰烬。开始接受的是小恩小惠，随后便大贿大贪了，到头来身败名裂，祸害子孙。司马光《家范》载：涿郡太守杨震，秉性公正廉洁，子孙经常粗食步行。杨震的亲朋和长者劝杨震为儿孙置办产业，杨震不肯，说：“使后世称为清白吏子孙，以此遗之，不亦厚乎！”（《家范》卷二《留下清白给儿孙》）因此，“谨慎，保家之本”，也是保国的重要原则。“祸不入慎家之门”，也不入慎国之门。洁身谨慎于己、于家、于国、于社会都大有裨益。

---

① ［汉］司马迁：《史记》，北京：中华书局，1959 年，第 2685 页。

7. 倡导廉逊知礼的廉让

廉风、廉志、廉士、廉洁、廉正、廉谨落实到行动上，就是与人交往时要廉让。孟子认为，人都有辞让之心，“无辞让之心，非人也”，“辞让之心，礼之端也”。它与仁义智的恻隐之心、羞恶之心、是非之心被称为“四德”和“四端”。晏婴说，“廉者，政之本也；让者，德之主也”，“让之谓保德”（《晏子春秋·内篇·杂下》）。廉洁是政治的根本，辞让是道德的主体。四端好比人的四肢，把它们扩充起来，便可以安定天下。

礼的发端是辞让，礼作为四德、五常之一，四维之首，具有十分重要的价值和功能，“礼，经国家，定社稷，序民人，利后嗣者也”（《春秋左传·隐公十一年》）。《礼记·曲礼上》记载：道德仁义，没有礼就不成功；教训正俗，没有礼就不完备；分争辩讼，没有礼就不能决断；君臣上下、父子兄弟，没有礼就不能定位；宦学事师，没有礼就不亲切；班朝治军、莅官行法，没有礼的威严就不能实行；祷祠祭祀、供给鬼神，没有礼就不虔诚庄敬。

顾炎武的《日知录》记载，薛谦光为左补阙时上疏：古来取士，先观察其名行的渊源，考察其在乡里的声誉，崇尚礼让以律己，显示节义以标识诚信。今之举人有乖事实，欲称举人，皆称觅举。所谓觅举，指自求的称谓。“夫竞荣者必有争利之心，谦逊者亦无贪贿之累。自非上智，焉能不移？在于中人，理由习俗。若重谨厚之士，则怀禄者必崇德以修名。”[①] 如果竞荣的人争利之心盛，那么廉让、廉洁的道德就不具有了。唯有忠实谨厚的人，无贪、无贿赂的人，才是谦逊、廉让的人。

8. 培育清廉知耻的廉耻

清廉者必知耻，知耻者必清廉，知耻是体，清廉是用。耻，《说文解字》

---

① ［清］顾炎武：《日知录集释》，长沙：岳麓书社，1994 年，第 479 页。

曰:“耻，辱也。”它有耻辱的意思，也有羞愧的意蕴。孔子的学生有子说:“恭近于礼，远耻辱也。”(《论语·学而》)恭敬符合礼制，就能免受耻辱。孟子说:“耻之于人大矣。”耻辱对人的影响很大。因此，“人不可以无耻，无耻之耻，无耻矣”(《孟子·尽心上》)。人不知羞耻的那种羞耻，真是无耻呵!

《国语》记载：吴越战争，越国战败，忍受奇耻大辱，后经卧薪尝胆，自强不息，十年生聚。越国父老兄弟对越王勾践说：“昔者夫差耻吾君于诸侯之国，今越国亦节矣，请报之。”勾践辞谢道：“过去战争失败，不是你们的罪过，是我的罪过，哪能要你们与我共同承受耻辱呢？”当决定与吴国决战时，勾践召集众将士向百姓宣誓：“寡人闻古之贤君，不患其众之不足也，而患其志行之少耻也。”(《国语·越语上》)勾践不担心兵力不足，而忧虑士兵们作战意志不强而寡廉鲜耻。管子讲国的四维，把廉耻作为四维中的两维。荀子将廉耻连用：“偷儒惮事，无廉耻而嗜乎饮食，则可谓恶少者矣。”(《荀子·修身》)荀子把儒分为大儒、小儒、俗儒、陋儒、散儒、腐儒、偷儒、雅儒等。偷儒怕事，没有廉洁知耻的思想，而嗜好饮食，是谓恶少。恶少与端正朴实、尊敬长者、热爱学习、谦虚敏捷的君子相对应。

人有廉耻之心，便会分辨是与非。“人有耻，则能有所不为”，人就知道什么可为，什么不可为。廉耻是道德主体对于自身意志的制约、自身行为的约束，由自愧心理所形成的自尊、自信、自律、自制的道德价值。廉耻是对贪婪、腐败、丑恶、堕落现象的憎恨与对廉洁、清正、善良、完美的追求。它是改恶从善的动力、奋发图强的助力。孟子说：“不耻不若人，何若人有。”(《孟子·尽心上》)不以赶不上他人为羞耻，又怎样赶上他人呢？这就激发人们赶超他人的志气和积极向上的勇气。陆九渊的《人不可以无耻》一文就把知耻作为美德。他说：“至于甘为不善而不之改者，是无耻也。夫人之患莫大于无耻。人而无耻，果何以为人哉！”[①]人的忧患没有比无耻更大的了，人若无耻就与禽兽没有差别，那还是人吗？廉耻是人之为人的根本价值。

正由于人最大的忧患是无廉耻，所以要特别注重倡导廉耻。顾炎武说：“廉耻，立人之大节。盖不廉则无所不取，不耻则无所不为。人而如此，则祸败乱亡亦无所不至。况为大臣，而无所不取，无所不为，则天下其有不乱，国家其有不亡者乎？”[②]人若无廉耻，就丧失了主体自制、自律能力，肆无忌惮地无所不取、无所不为，必然导致祸败乱亡；大臣官吏若如此，国家就会灭亡。国家必须重视廉耻教育，使百姓士人有廉耻，天下就会移风易俗。“故士大夫之无耻，是谓国耻。”应该说，做人、治国本乎廉耻。做人无廉耻，就不可称之为人，治国无廉耻，国将乱亡。治军亦本于廉耻，若无廉耻，军心涣散，叛变投敌，无所不为，此乃败军之象。《尉缭子》讲：“故国必有礼信亲爱之义，而后民以饥易饱；国必有孝慈廉耻之俗，而后民以死易生。故古率民者，必先礼信而后爵禄，先廉耻而后刑罚，先亲爱而后托其身焉。”国家必须讲究礼信亲爱大义，这样就可以战胜饥困而换来温饱；国家必须有孝慈廉耻的风气，这样就可以避免危亡而换来生存。古人带领士兵、人民，必须先以礼义信用教育兵民，然后赐予官爵俸禄；必须先进行廉耻教育，然后才用刑罚；必须先亲近爱护兵民，然后才用法纪约束兵民。这样的队伍，驻守时固若金汤，行动时如猛虎离山，因而能战无不胜。

廉耻于政治、经济、文化、军事有重要价值，与个人、民众、社会、国家有十分紧密的关系。在日常交往中，廉耻是体现人的道德情操、德行人格、生活作风、价值观念的标志或符号。

总之，品行诚信的廉风，贫贱不移的廉志，守节爱民的廉士，清白

---

① ［宋］陆九渊：《陆九渊集》，北京：中华书局，1980年，第376页。
② ［清］顾炎武：《日知录集释》，长沙：岳麓书社，1994年，第481—482页。

高洁的廉洁，廉明公正的廉正，洁身谨慎的廉谨，廉逊知礼的廉让，清廉知耻的廉耻，乃立身之本、立国之本、立世之本，本丧就无立身之地、立国之地、立世之地。治身、治家、治国、治世，唯有遵守上述八个方面，才能成功;治政、治经、治文、治军，只有坚守此八个方面，才能完善。“为政以德”既然要求为官者有道德有修养，培养其廉德则是必然和应当的。为官治政之人不能做到“廉”，自然不会有清明的政治。

第四章

革故鼎新

习近平总书记在文化传承发展座谈会上的讲话中指出，中华文明是革故鼎新、辉光日月的文明，“创新性”是中华文明的突出特性之一。中华民族始终以“苟日新,日日新,又日新”的精神不断创造自己的物质文明、精神文明和政治文明，铸就了以伟大梦想精神、伟大奋斗精神、伟大团结精神和伟大创造精神为内核的中华民族精神。中国共产党带领全国各族人民艰苦奋斗、踔厉奋进，创造了中华民族从站起来、富起来，到强起来的伟大成就,不能不说得益于中华民族“革故鼎新”的伟大民族精神。“革故鼎新”源于《周易》的《革》卦和《鼎》卦，表达了破除旧观念、创造新思想，批判与继承相统一的思想，它是中华民族、中华文化源远流长、绵延不绝、创新迭显的动力基点。

第一节 “革故鼎新”祛故取新、改革创新的意蕴本旨

“革故鼎新”一词始见于《故开府仪同三司上柱国赠扬州刺史大都督梁国公姚文贞公神道碑》:“夫以革故鼎新，大来小往，得丧而不形于色，进退而不失其正者，鲜矣！”[①] 此中“革故鼎新”意为革除旧事物，推崇新事物。

追溯其本源,“革”字始见于商周时期的甲骨文与金文的象形文字。《尚书 · 禹贡》曰“齿、革、羽、毛”。在大禹时代，“革”指各州贡赋的品种之一，是指褪去羽毛的皮。《尚书·尧典》曰:“日永，星火，以正仲夏。厥民因,鸟兽希革。”在天地自然运行中,鸟兽一般在夏季顺天时以“革”，即褪去冬季厚重的羽毛。《说文解字》中记载 :“兽皮治去其毛曰革。凡

① ［清］董诰等 :《全唐文》，北京 : 中华书局，1983 年，第 2328 页。

革之属皆从革。”[①]“革”有更改之义，引申为“更新”。

当“革”从自然状态引用到人为世界中时，便有了“变更”之意。《尚书·多士》云，“惟尔知，惟殷先人，有册有典，殷革夏命”，“革”就意味着“革命、更新”。在《周易》之《革》卦（䷰，离下兑上），《革·象》曰：“泽中有火。”孔颖达疏曰：“革者，火在泽中，二性相违，必相改变，故为革象也。”[②]《易·杂卦》：“革，去故也。”从卦象可以看出，水火相息、势不两立，要么泽水浇灭离火，要么离火烧干泽水。《革·彖》中指出：“汤武革命，顺乎天而应乎人。”[③]这表明，“革”意味着革除旧的落后的事物与做法。因此“革”在后世的发展过程中被用作国家、王朝的重大改革与变法之意，意在革除陈旧不合时宜、不合自然之法。如《新唐书·张九龄传》载，“国家赖智能以治，而常无亲人者，陛下不革以法故也”[④]，指出国家以有智慧的能人来进行治理，但是没有亲民爱人之人，究其原因是皇帝并未按照法则予以改革；《明史·西域传四·别失八里》云“天用是革其命，属之于朕”[⑤]，苍天察觉元朝后世之君骄奢淫逸，恃强凌弱，民不聊生，所以革除元朝国运，任命于明；《梁书·武帝纪上》也说：“飞鸿满野，长彗横天，取新之应既昭，革故之征必显。”[⑥]由此可见，“革”既有更新、改革之意，也有革除、消除之意。

在中国传统哲学思想中，“革”有“顺天应人”之意，蕴含着“天地革而四时成”的自然顺应思想。对于“时”的感知，是先民们深刻认识环境变化的最初来源。天运而不已，日往则月来，寒往则暑来，水流

① ［汉］许慎撰，［清］段玉裁注，许惟贤整理：《说文解字注》，南京：凤凰出版社，2007年，第192页。

② ［清］阮元校刻：《十三经注疏》，北京：中华书局，2009年，第124页。

③ ［清］阮元校刻：《十三经注疏》，北京：中华书局，2009年，第124页。

④ ［宋］欧阳修、宋祁：《新唐书》，北京：中华书局，1975年，第4426页。

⑤ ［清］张廷玉等：《明史》，北京：中华书局，1974年，第8606页。

⑥ ［唐］姚思廉：《梁书》，北京：中华书局，1973年，第29页。

而不息，物生而不穷，天地、社会、人生，无时无刻不在变化之中。据文献记载，在上古虞夏之际，先王们无一不重视“时”。如：黄帝“播时百谷”；帝颛顼“履时以象天”；帝喾“动也时”；帝尧“舜时而仕，趋视四时”；帝舜“敦敏而知时”；禹“履四时”。有学者指出：“只要我们不带形而上学偏见地阅读先秦，特别是战国之前的文献，就会强烈地感到‘时’的突出地位。在那样一个塑造中华文明特征的生机勃勃的‘时’代中，最智慧的人们大都有一种原发的时间体验；而这在别的文明传统中是罕见的。”[①] 唯物史观告诉我们，社会存在决定社会意识。在农业文明背景下，在农业生产的过程中，需要尽可能精确掌握四时变化知识，以确定播种和收获的时机。《周易·革卦·象》说：“革，君子以治历明时。”[②] 君子要掌握变化，首要的是观察日月星辰的变革之象，制定历法，明确四季更变的秩序。“天地革而四时成”，意味着四季的形成是天地自然变革的结果，而人的作用则在于认知天地的变化现象，把握自然变革的规律，进而有序地安排生产和生活。治历明时，标志着中国先民迈出认知变化、把握变革的关键一步，是从认知天地之道、把握自然规律开始的[③]，诚如西汉文学家扬雄的《太玄·玄摛》所言，“因而循之，与道神之。革而化之，与时宜之。故因而能革，天道乃得。革而能因，天道乃驯”。[④] 所以说，“革”蕴含着在继承中革新、在革新中继承的“变通”思想。

“鼎”也属象形文字，在商代甲骨文中的形象为鼎，是古代蒸煮食物的一种容器，有足、有腹、有耳，也是古人在宗庙祭祀时使用的一种礼器。《说文解字》载：“鼎，三足两耳，和五味之宝器也。昔禹收九牧之金，

① 张祥龙：《中国古代思想中的天时观》，《社会科学战线》1999 年第 2 期。

② ［宋］朱熹：《周易本义》，北京：中华书局，2009 年，第 178 页。

③ 宋立林、李文文：《革故鼎新，生生不息》，《百年潮》2023 年第 4 期。

④ ［汉］扬雄撰，［宋］司马光集注，刘韶军点校：《太玄集注》，北京：中华书局，1998 年，第 190 页。

铸鼎荆山之下，入山林川泽者，离魅魍魉莫能逢之，以协承天休。”[①]“鼎”除了指烹饪器，还指古代统治者用以象征权力的法象器。夏朝建立之初，“禹收九牧之金，铸九鼎”。大禹用九州进贡来的“金”（当时称铜为金）铸成九座大鼎，并将牛鬼蛇神铸于鼎上，承接天意，保护民众不受野兽与鬼怪侵袭。从此九个青铜制造的大鼎便成为夏、商、周三个朝代的王权象征和传国之宝，诚如《左传·宣公三年》所言：“鼎迁于商，载祀六百。商纣暴虐，鼎迁于周。”《春秋公羊传·桓公二年》也记载，“礼祭，天子九鼎，诸侯七，卿大夫五，元士三也”。上古时代，随着“巫术文化”与“王权”的发展，“礼乐之制”逐渐取代了传统的“巫觋占卜”，鼎也从祭祀用品彻底转变成权力的象征。

“鼎”由烹饪食器衍生为政权法器的过程中，萌生出“取新”的含义。《周易·序卦传》曰：“革物者莫若鼎，故受之以鼎。”[②]“革”变事物没有“鼎”化生为熟显著，所以“革”卦后面是“鼎”卦。鼎具有“取新”之义，在于它能发挥煮器的最基本的“化生为熟”功能。《周易》中《鼎》卦（䷱，巽下离上）曰：“鼎，象也。以木巽火，亨饪也。圣人亨以享上帝，而大亨以养圣贤。”[③]“鼎”表示用木柴烧火进行烹饪。在巫术文化中圣人烹饪食物祭祀天帝，进而大规模地烹饪以养圣贤，令其为君主效力。《鼎·象》曰：“木上有火，鼎。君子以正位凝命。”[④]“鼎”的木上之火，徐徐新生，化生为熟，有烹饪成新之法象，故君子应该摆正位置，明确开创立新之使命。国家治理应该以鼎养人，以仁义之道教化天下。由此可见，从治国理政角度出发，“鼎”所包含的创新理念必须以教养圣贤之士、选举贤能之君为前提。“鼎”从盛放烹饪食物的器皿、国家政权的象征到开创立新、

---

① ［汉］许慎撰，［清］段玉裁注，许惟贤整理：《说文解字注》，南京：凤凰出版社，2007年，第558页。

② ［清］阮元校刻：《十三经注疏》，北京：中华书局，2009年，第201页。

③ ［清］阮元校刻：《十三经注疏》，北京：中华书局，2009年，第125页。

④ ［清］阮元校刻：《十三经注疏》，北京：中华书局，2009年，第125页。

教化圣贤的意义变革过程是由具象思维过渡到抽象思维的过程。

“革故鼎新”一词由先秦时期《周易》中的《革》卦与《鼎》卦发展为“去故创新”之意，是对《周易》中天道、地道、人道运行总体规律的把握与认知。《周易·系辞下》指出：“《易》之为书也不可远，为道也屡迁，变动不居，周流六虚。上下无常，刚柔相易，不可为典要，唯变所适。”[①]“革故鼎新”由《周易》中的“变通”思想推理而来。按照《周易·序卦》记载，《革卦》在《鼎卦》之前，《井卦》之后，“井道不可不革，故受之以《革》。革物者莫若鼎，故受之以《鼎》”[②]。井道不可不革除污垢，所以后接《革》卦。鼎可以化生为熟，使水火不相害，是最好的革除旧事物的器具，故后接《鼎》卦。宋儒郑汝谐指出：“革以改命，鼎以定命，知革而不知鼎，则天下之乱滋矣。”[③]因此，就其本质而言，“革”与“鼎”是《易经》中“保合太和”三极之道并行不悖、并育相生的活力之源。[④]

“革”启示我们，在事物必须变革时，要树立勇于改革、与时俱进的理念，采取破朽除旧、顺天应民的措施，以扶正祛邪，健康发展。“鼎”则启示我们要正位凝命、务实创新，进而巩固改革成果。“革故鼎新”已经作为一种变通日新、生生不息的民族精神存在于中华民族的发展进程中，《周易·系辞上》曰“日新谓之盛德”，“革故鼎新”所蕴含的“祛故、取新”“改革、创新”的创新发展理念、反思自省思维、人本有为思想，成为中华民族生生不息的活力源泉。

受革故鼎新精神的影响，历史上出现了强调“礼法以时而定，制令各顺其宜”的商鞅、主张“天变不足畏，祖宗不足法，人言不足恤”的王安石等变法革新的先锋，还有推行胡服骑射的武灵王、主张改制易俗

---

① ［清］阮元：《十三经注疏》，北京：中华书局，2009 年，第 15 页。

② ［宋］朱熹：《周易本义》，北京：中华书局，2009 年，第 269 页。

③ 李光地：《康熙御纂周易折中》，成都：巴蜀书社，2013 年，第 321 页。

④ 翟奎凤：《君子以正位凝命——〈周易〉鼎卦大象传诠释》，《湖南大学学报（社会科学版）》2017 年第 2 期。

的拓跋宏等积极推动社会改革的典范。他们身上那种反对禁锢、锐意进取的创新精神和挑战精神，鼓舞着一代又一代中华儿女，是支撑中华民族持久发展的强大动力。

第二节　“革故鼎新”是为人之道、入世之道和自然之道

“革故鼎新”是中华民族传承五千余年的民族精神，体现着为人之道、入世之道和自然之道。“革故鼎新”意味着革除旧事物、发展新事物。这既是个人修养提高的必然过程，也体现着一个人的精神境界，诚如《大学》所言，“苟日新，又日新，日日新”，每个人当成长为时代的“新人”。此外，“革故鼎新”还意味着时代和国家政权的变革，是社会进步、文化演进和文明发展的必然。

1.“革故鼎新”是人自我修养的精神境界

从人的本质看，人只有“日新其德”才能称之为刚毅强健，诚如《周易》所说：“大畜刚健笃实辉光，日新其德。刚上而尚贤，能止健，大正也。”①人学会吐故纳新、革故鼎新，既是修养的过程，也是一种修养的勇气。

须知，修身是人生完善的关键一步。《大学》有明确的德行修养排序：“大学之道，在明明德，在亲民，在止于至善。知止而后有定，定而后能静，静而后能安，安而后能虑，虑而后能得。物有本末，事有终始，知所先后，则近道矣。古之欲明明德于天下者，先治其国；欲治其国者，先齐其家；欲齐其家者，先修其身；欲修其身者，先正其心；欲正其心者，先诚其意；欲诚其意者，先致其知；致知在格物。物格而后知至，知至而后意诚，

① ［清］阮元校刻：《十三经注疏》，北京：中华书局，2009年，第80页。

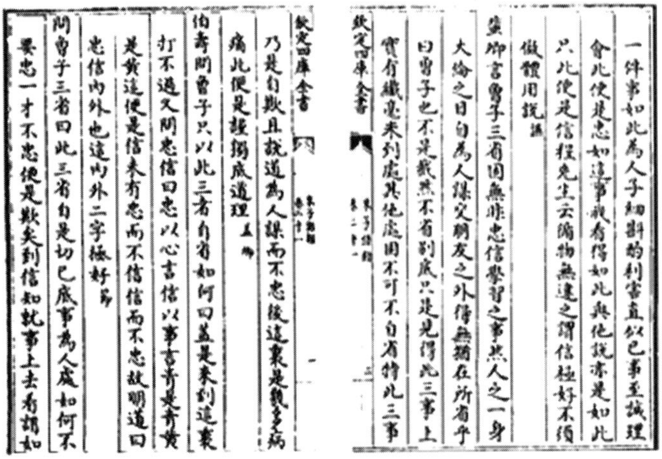

一件事如此為人子細斟酌利害直似己事至誠理
會如此便是忠如這事我看得如此與他說亦是如此
只如此便是信程先生云循物無違之謂信極好不須
做體用說 語類
黄卿言曾子三省固無非忠信學習之事然人之一身
大倫之目自為人謀交朋友之外得無猶在所省乎
曰曾子也不是截然不省别底只是見得此三事上
實有纖毫未到處其他處固不可不自省特此三事
欽定四庫全書

欽定四庫全書
乃是自欺且說道為人謀而不忠從這裏是箇大病
痛此便是謹獨底道理
伯壽問曾子只以此三者自省如何曰蓋是來到這裏
打不過又問忠信曰忠以心言信以事言青是青黄
是黄這便是信未有忠而不信信而不忠故明道曰
忠信内外也這内外二字極好
問曾子三省曰此三者自是切己底事為人底如何不
要忠一才不忠便是欺矣到信如就事上去看謂如

《钦定四库全书·论语三·学而篇中》部分书影

意诚而后心正，心正而后身修，身修而后家齐，家齐而后国治，国治而后天下平。自天子以至于庶人,壹是皆以修身为本。其本乱而末治者否矣，其所厚者薄，而其所薄者厚，未之有也！”[①]“修身”是治国者、贤者成长的重要因素，“修身以自省”就是对自身的“革故鼎新”。《大学》中还指出，人应该努力学习礼乐以提升自己的修养，并提出了“苟日新，又日新，日日新”的自我革新思想；孔子也认为人应该“温故知新”（《论语·为政》)、“见贤思齐”（《论语·里仁》)、“内省不疚”（《论语·颜渊》)，只有这样才能够实现“日新”的变革，人才能够认知自己，达到“仁”的境界。孟子提出了“故天将降大任于是人也，必先苦其心志，劳其筋骨，饿其体肤，空乏其身，行拂乱其所为，所以动心忍性，曾益其所不能”（《孟子·告子下》）的修身名言，揭示一个人“不经一番寒彻骨，怎得梅花扑鼻香”的自我努力、自我奋斗、自我改造的心路历程。唯有实现自我的革故鼎新，才能实现成就斐然的人生。荀子也说:“君子博学而日参省乎己，则知明而行无过矣”（《荀子·劝学》)，“见善，修然必以自存也；见不善，

① ［宋］朱熹 :《四书章句集注》，北京 : 中华书局，1983 年，第 3—4 页。

愀然必以自省也”（《荀子·修身》）。在荀子看来，君子应该时常反省自己，以此时时提醒自己走正道、勿有过。这承继和弘扬了曾参“吾日三省吾身：为人谋而不忠乎？与朋友交而不信乎？传不习乎？”（《论语·学而》）的传统。

当然，先秦时期儒家之外的其他思想智者也把自我革新作为人生修养的重要因素。比如，吕不韦强调，人生于世应时刻追求更为高尚、长远的成长，人应该有远大的志向，因此必须对自己进行“革新”，“良剑期乎断，不期乎镆铘；良马期乎千里，不期乎骥骜”（《吕氏春秋·察今》）。至于自己是否为“莫邪”名剑、“骥骜”良马，结果未必重要，但作为过程的“磨砺”“革新”至为重要。

君子为学务必学会自省，也就是从“过去”的认知中不断走向“未来”，从之前的“旧认知”不断过渡到“新认知”。“自省”是“反求诸己”、归同于己的过程。《孟子·离娄上》言：“爱人不亲，反其仁；治人不治，反其智；礼人不答，反其敬。行有不得者皆反求诸己，其身正而天下归之。”不怨天不尤人，遇事首先反省自己、反求诸己，从自身的处世方式和思维方式中寻找原因。当然，“错”未必在自身，但反省的主导权和主动权在自身，这就是孟子所主张的“万物皆备于我矣。反身而诚，乐莫大焉。强恕而行，求仁莫近焉”（《孟子·尽心上》）之意。自省是自我的主动照察省思，无须别人强求于我，我自有之，以我之自察，坦坦荡荡，清清白白，浩然天地。就修养境界而言，严于律己，宽以待人，是君子美德。宋代朱熹指出：“曾子以此三者日省其身，有则改之，无则加勉，其自治诚切如此，可谓得为学之本矣。”[①] 人自省的过程，就是革除自身弊病的过程。在朱熹这里，“自省”已然成为“为学之本”，君子凡事皆从修己、律己、严己出发，克念始终，迁善改过，成为与天道融贯之人。程颐也说“君

---

① ［宋］朱熹：《四书章句集注》，北京：中华书局，1983 年，第 48 页。

子之学必日新。日新者，日进也。不日新者必日退，未有不进而不退者”，明确了君子应该“日新”。明代大儒、心学集大成者王阳明认为，人应该认识到自己的不足并加以革新，“古之圣贤时时自见己过而改之，是以能无过，非其心果与人异也”。[①] 人非圣贤，孰能无过？贵在知过改过，一个人善于和敢于“迁善改过”，已然表明他的先进性和高尚性。只有在内心真诚忏悔才能够实现“革故鼎新”，才能够真正地“克己复礼”。就此而言，做好自我的“革故鼎新”，本身就是修行，就是一种高尚的精神境界。

2.“革故鼎新”是国家变革和社会进步的必然举措

“革故鼎新”“变法图新”贯穿于中国历代王朝演进的始终。早在《尚书·盘庚》就有言“人惟求旧，器非求旧，惟新”，认为人追求“器”的“新”是顺应天道的必然选择。《周易》亦曰“变而通之以尽利”（《系辞传上》），治国理政与天道都应该变革旧事物，让新鲜事物流通起来，从而使天下万物得“利”。《周易·系辞上》还说“化而裁之存乎变，推而行之存乎通”，“变革”在于将不合时宜的旧事物进行裁撤，新事物沿“变”的规律推广就能“通”；“终日乾乾，与时偕行”，应该始终坚持变革，并且“因时而行”，以最新的形势作为变革鼎新的语境条件。

先秦时期的政治智者充分认识到社会变革和时代变革的必要性与必须性。《吕氏春秋·察今》就指出：“世易时移，变法宜矣”，“释先王之成法，而法其所以为法”。社会发展不是故步自封的，而是不断革新、勇往直前的，面对新的问题和时代需求，治国者当寻求政治、法度、思想、文化等方面的变革，不应简单地效法先王之法，而应学习先王制定法律的方法。《左传·昭公三十二年》指出“社稷无常奉，君臣无常位”，天下非一家一姓之天下，乃天下人之天下，天下王朝的更迭乃是天道自然。当然，

① ［明］王守仁撰，吴光等编校：《王阳明全集》，上海：上海古籍出版社，2014 年，第 193 页。

王朝之所以能延续、中华文化之所以绵延不断，关键在于“维新”，在于不断创新，创造出新的思想、新的制度。《诗经·大雅·文王》亦云：“文王在上，於昭于天。周虽旧邦，其命维新。”周朝虽为旧朝，但是一直都在不断革新，从而成就了八百余年的王朝。对王朝更迭的必然规律和文化传承的规律，孔子做出了清晰推断。他说：“殷因于夏礼，所损益可知也；周因于殷礼，所损益可知也；其或继周者，虽百世可知也。”（《论语·为政》）从孔子的论述中可以看出，社会变迁、文化演进是必然的，而且要在前人的基础上继承才能够实现革新，“损益”是实现革故鼎新的基本原则，从而明确地表明了文化之间、前后朝代之间在思想观念、文化制度等方面既传承弘扬又革新创造的因循关系。道家的智者庄子也充分认识到文化变迁、国家社会变革的必然性。在庄子看来，“物之生也，若骤若驰。无动而不变，无时而不移”（《庄子·外篇·秋水》），世间万物都在因时而变且不能停止。其原因就在于，世间万物，“一受其成形，不亡以待尽。与物相刃相靡，其行尽如驰，而莫之能止”（《庄子·内篇·齐物论》）。进而庄子认为，“礼义法度者，应时而变者也”（《庄子·外篇·天运》），国家法度必须随着时间改变。

法家代表韩非是先秦时期“革故变法”的奠基者。他说：“世异则事异，事异则备变。”（《韩非子·五蠹》）韩非认为，中国历史可分为三个阶段，随着时代的变迁，每个阶段对政治的要求是不一样的，“上古竞于道德，中世逐于智谋，当今争于气力”（《韩非子·五蠹》）。在韩非看来，“时移而治不易者乱，能众而禁不变者削。故圣人之治民也，法与时移而禁与能变”（《韩非子·心度》），所以，不同时代的治国者应因时而变、因势而变。在论及是否应该“法古”时，韩非认为，“圣人不期修古，不法常可，论世之事，因为之备”，“凡人难变古者，惮易民之安也”。（《韩非子·五蠹》）因此，治国者应按照当前形势变革法度，不能因为忌惮民众的忧虑而不变革。

韩非思想的继承者商鞅，充分体现了革故鼎新的政治智慧。他指出："苟可以强国，不法其故；苟可以利民，不循其礼"，"治世不一道，便国不法古。故汤武不循古而王，夏殷不易礼而亡。反古者不可非，而循礼者不足多"(《商君书·更法》)。商鞅主张治国者不应循古守旧，而应根据时代变迁寻求变法。所以，他在秦国施行变法，实行县制、奖励耕织和军功等一系列新举措，使秦国的经济与军事实力迅速壮大起来，为秦始皇统一六国奠定了基础。之后，秦、汉封建王朝继续实施一系列改革与革新措施，如秦始皇进行了法制建设和郡县制度改革，汉武帝推行了法家改革和五铢钱铸造等，这些都是国家改革、文化创新的"革故鼎新"实践。

应该说，两千余年的中国封建社会，一直注重社会政治领域和国家建设上的"革故鼎新"。汉代扬雄言："夫道有因有循，有革有化。因而循之，与道神之。革而化之，与时宜之。故因而能革，天道乃得。革而能因，天道乃驯。夫物不因不生，不革不成。故知因而不知革，物失其则。知革而不知因，物失其均。"[①] 凡是符合现代、当今需要的传统文化便应因循，曰"可"；凡是不适应现代、当今需要的传统文化便应革化，曰"否"，决不可因为是古人、先人所创文化便要全盘摒弃。"革故鼎新"是推进社会进步的必然要求，只是革除旧物时不能一味地全盘否定，还要注意适度因循传承，因为"物不因不生，不革不成"。刘安也反复申明变法革新的道理，《淮南子·泛论训》就说："先王之制，不宜则废之，末世之事，善则著之：是故礼乐未始有常也。故圣人制礼乐，而不制于礼乐……苟利于民，不必法古；苟周于事，不必循旧。……故圣人法与时变，礼与俗化，衣服器械，各便其用，法度制令，各因其宜。故变古未可非，而

① ［汉］扬雄撰，［宋］司马光集注，刘韶军点校：《太玄集注》，北京：中华书局，1998 年，第 190 页。

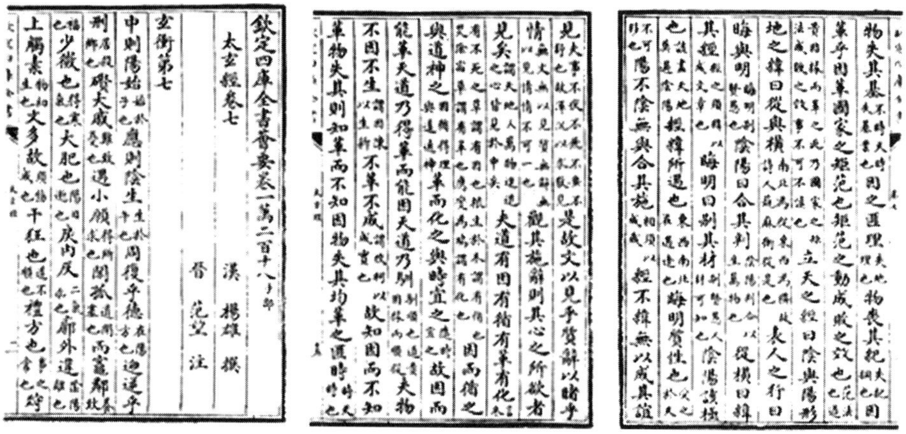

《钦定四库全书 · 太玄经卷七》部分书影

循俗未足多也。”[①] 不合时宜的文化制度务必革新去弊，而属于人们共同认可并能够继续彰显生命力的文化制度则可以因循传承。宋代的徐禧也有相同认识：“天下之治，有因有革，期于趋时适治而已。”[②] 意思是说，治理天下的办法，有继承有变革，但都是为了能符合时代需要，达到治理目的。当然，变革要从源头抓起，诚如朱熹所说，革弊，须从源头理会。

“革故鼎新”“变法革新”固然是王朝进步发展的基本原则，但应有相应的新制度保护改革成果。三国时的王弼在给《鼎》卦作注时指出：“革去故而鼎取新，取新而当其人，易故而法制齐明……鼎者，成变之卦也。革既变矣，则制器立法以成之焉。变而无制，乱可待也。”[③] 意思是说，一个政权在采取了变革措施后，应建立新的制度维护变革的成果，并且将变革成果制度化，否则大乱在所难免。

近代以来，中国面临着积贫积弱的局面，“革故鼎新”思想也一直激励着中华民族的有识之士。如，谭嗣同在《治言》中指出，中华民族历

① 何宁：《淮南子集释》，北京：中华书局，1998 年，第 921—922 页。
② ［元］脱脱等：《宋史》，北京：中华书局，1985 年，第 10731 页。
③ ［魏］王弼撰，楼宇烈校释：《周易注》，北京：中华书局，2011 年，第 270 页。

经了“道道之世”“法道之世”和“市道之世”的“革故”与“鼎新”的过程：“夏以后治乱损益不一，其大经大法，阅商、周未之有改，是曰道道之世。由是二千年，至于秦而一变。尽取先王之法度弁髦而敝屣之……故秦以后，治乱损益不一，其大经大法，阅汉、晋、隋、唐、宋、元、明未之有改，是曰法道之世。由是二千年，至于今而一变。……降一统而列邦，降朝请而盟会，降信义而货币，降仕宦而驵侩，而上国固已朒矣，而生民固已荼矣。此三王之所逆亿而不能，而汉、晋以下所色然惊其未闻者也。是曰市道之世。此天之三变也。”[①] 因此，中国应该积极变革以救国图强。新文化运动的发起者与倡导者陈独秀，在《青年杂志》创刊号上发表《敬告青年》一文，指出：“以人事之进化言之，笃古不变之族，日就衰亡；日新求进之民，方兴未已。”[②] 无论是一个人，还是一个民族，唯有不断创新，不断创造，才能不断进步。

中国共产党人高度重视“革故鼎新”思想。如毛泽东说：“马克思这些老祖宗的书，必须读，他们的基本原理必须遵守，这是第一。但是，任何国家的共产党，任何国家的思想界，都要创造新的理论，写出新的著作，产生自己的理论家，来为当前的政治服务，单靠老祖宗是不行的。”[③] 毛泽东将马克思主义基本原理同中国具体实际相结合，推动创造并形成了毛泽东思想。邓小平同志坚持与时俱进、勇于实践，带领党和人民开启了改革开放的历史进程，坚持解放思想、实事求是，推动创立邓小平理论，开拓了马克思主义的新境界。习近平总书记多次强调革故鼎新思想的重要性。他在党的二十大报告中指出，“经过不懈努力，党找到了自我革命这一跳出治乱兴衰历史周期率的第二个答案，自我净化、自我完善、

---

① ［清］谭嗣同：《谭嗣同集》，长沙：岳麓书社，2012 年，第 246 页。

② 陈独秀：《陈独秀文集》（第一卷），北京：人民出版社，2013 年，129 页。

③ 中共中央文献研究室编：《毛泽东文集》（第八卷），北京：人民出版社，1999 年，第 109 页。

自我革新、自我提高能力显著增强”[①]。他在文化传承发展座谈会上的讲话中指出，“中华文明是革故鼎新、辉光日新的文明，静水深流与波澜壮阔交织”[②]。党百年来的奋斗史就是一部不断创新、与时俱进的历史。中国共产党人面对新矛盾新挑战，以非凡的斗争勇气和智慧，砥砺前行，革故鼎新，实现了中华民族从站起来到富起来再到强起来的历史性飞跃。

3.“革故鼎新”是文化传承与创新的必然进路

中华文化是世界上唯一没有中断的文化，无论是抵御外侮，还是朝代更迭，中华文明都屹立不倒，体现了“中华文明具有突出的连续性”的特性。一脉相承的中华优秀传统文化塑造了民族精神，凝聚了民族信念和价值。中华优秀传统文化博大精深，得到了全国各民族人民的认同，并在长期的共同生活和社会实践的基础上形铸了积极进步的思想观念、道德规范、理想信念、境界追求，形成了人们普遍认同的宇宙观、天下观、社会观和道德观。其中，“革故鼎新”是推动中华文化传承、发展和创新的根本方法和必然进路。

中华文化的一脉相承特性是文化发展“历时性”的凸显，是“革故鼎新”理念下文化“前后因循”规律使然。所谓历时性，是指主体产生、演进、新生的历程。文化发展的历时性，是指民族文化、区域文化和国家意识形态文化演进、变迁的历程，体现出文化系统自身的延续性和传承性。中国历史上无论是汉族朝代的更迭，如隋、唐、汉，还是汉族与少数民族朝代的改弦，如宋与元、元与明、明与清，抑或当政者如何变化，以儒、释、道文化为主体，以各少数民族文化为补充的中华文化始终一脉相承、熠熠生辉，它所遵循的“正道”是中华文化古今融通、前后因循的哲学智慧。秦始皇时代的博士淳于越与丞相李斯曾有“事不师古而

① 《习近平著作选读》(第一卷)，北京：人民出版社，2023 年，第 12 页。
② 习近平：《在文化传承发展座谈会上的讲话》，《求是》2023 年第 17 期。

能长久者，非所闻也”与“今诸生不师今而学古，以非当世，惑乱黔首”的“师古”与“非今”之辩。李斯将古今割裂，是今而非古，造成了“焚书坑儒”的文化之燹。秦的种种过错，归根到底就是“不语古”。古今之间当是既传承又融合的。汉代则积极吸取前朝经验，强调古与今、传统与现代的冲突融合，做出了“通古今之变”的历史反思。扬雄所言的“道有因有循，有革有化。因而循之，与道神之。革而化之，与时宜之。故因而能革，天道乃得;革而能因，天道乃驯”就是对文化发展规律的阐释，更是对“革故鼎新”思想内涵的深层解读。凡是符合现代、当今需要的传统文化便应因循，“可”；凡是不适应现代、当今需要的传统文化便应革化，“否”。

作为中国历史文化主流的儒学，造就了中国两千多年封建社会的风俗习惯和民族心理结构，体现着一脉相承性。周公制礼作乐，奠定了儒家的致思路向。百家争鸣时期，孔子开创的儒家学说，重视人与人、人与社会、人与自然的关系问题，以“仁者，人也”提领学问之道，高扬主体人格、独立精神和理性自觉，以“和而不同”的中庸、中道论为哲学方法、生活法则和社会理想，使之成为儒家知识精英的行为操守和道德境界。继起者孟子以四端之“仁义礼智”论人性本善,以“不忍人之心”说仁政,借“浩然之气”谈“大丈夫”理想人格，将始自孔子的“摄礼归仁”“摄礼归义”整合为“仁义礼智”一体浑融的仁本学。汉代董仲舒提倡思想大一统的政治方针，政治儒学走上历史舞台，并成为国家的主流意识形态。虽然魏晋南北朝时期儒学地位一落千丈,但唐代韩愈、柳宗元等人提倡“古文运动”,儒学开始复兴。至宋元明时期，以周（敦颐）、程（程颢、程颐）、张（载）、朱（熹）、陆（九渊）、王（阳明）等为核心的“新儒学”承续孔孟心性人学，开拓了理学、气学、心学等路向，儒学迎来第二次大发展。不过，明末至清代，启蒙思潮勃发，随着以黄宗羲为代表的儒家民本理念、以王夫之为代表的朴素唯物主义和实践观等的发展，儒学开始跌落。鸦片战争以后，西学东渐步伐加快，觉醒的知识分子广泛传播各种进步思潮，儒学的危机最终促成了一场哲学革命，诚如冯契所言："中国近代经历了空前的民族灾难和巨大的社会变革，同时在文化领域，也经历了一场'古今'、'中西'之争和一次伟大的哲学革命。"现代虽有以熊十力、牟宗三、杜维明等为代表的"现代新儒家"将西方哲学与儒学融通，力图由"内圣"开出"新外王"，但终究不能挽救儒学退出主流意识形态的命运。

当然，在随历史时代唯变所适的过程中，儒学的理论思维形态也随着历史时代的人文语境、冲突危机的变化而变化，随着理论思维的核心话题、诠释经典文本的转换而转换，随着儒学文化价值理想、精神境界诉求的转变而转变。[①] 只是，儒学文化价值系统的逻辑演变是系统的、有序的，其理论思维形态的创新和转生，都是对以往既定的、固化的理论思维逻辑体系、价值观念、思维方法的冲决。这个冲决使儒学的发展经历了先秦的元创期、两汉的奠基期、魏晋南北朝的发展期、隋唐的深化期、宋元明清的造极期和当代的创新期。随着这六个历史时期的变化，儒学文化价值系统的核心话题、诠释文本、理论思维形态，以及其价值理想、精神境界的追求均大相径庭。先秦儒学以思议"道德之意"为核心话题，其诠释文本为"六经"，铸就了人文性的元典儒学，其价值理想是追求一个没有杀戮、没有战争的和平、安定、统一的生存世界；两汉经学思议"天人相应"的核心话题，其诠释文本为《春秋公羊传》，其理论思维形态从人文性的元典儒学转变为独尊性的经学儒学，其价值理想是追究人之所以生存的根源、根据，回应人为什么生存的天人感应及其相互制约问题，追求大同世界的人人安居乐业，不受社会动乱、战争之苦；魏晋玄学在会通儒道中，思议"有无之辩"的核心话题，其诠释文本为"三玄"，其理论思维形态从独尊性的经学儒学转变为思辨性义理的玄学儒学，其价

---

① 张立文：《中国哲学的创新与和合学的使命》，《中国人民大学学报》2003 年第 1 期。

值理想是回应人为什么活着、人活着有没有意义、以什么样的方式实现人生价值、能否实现人生价值等问题，追求“玄远”的自由人生；隋唐儒学在儒释道三教融突中，由魏晋“有无之辨”向“性情之原”的核心话题转变，其诠释文本为佛经和道经，其理论思维形态亦从思辨性义理的玄学儒学向原道性复性的道统儒学转生，其价值理想是追究人生从何而来、死到何处去的灵魂安顿、终极关切问题；宋元明清理学在融突而和合儒释道三教中,由隋唐“性情之原”向“理气心性”的核心话题转变，其诠释文本是“四书”，标志着儒学价值自觉意识、智能创新意识、历史责任意识、忧国忧民意识的大发扬和大提升，其理论思维形态随之从原道性的道统儒学向“理一分殊”性的理学儒学转生，其价值理想是追求“为天地立心，为生民立命，为往圣继绝学，为万世开太平”的理想世界；在当今全球化、信息化时代，核心话题由宋元明清的“理气心性”向“和合学”转变，其诠释文本是《国语》，辅以《墨子》《管子》，标志着儒学文化价值系统在化解人类所共同面临的冲突和危机中有着特殊的意义和作用，其理论思维形态由理学儒学向和合学儒学转变，其价值理想和精神境界是追求天和地和人和、天美地美人美、天地人共和乐和美的和合世界。

儒学唯变所适的特质，是儒学文化价值系统之所以能“终日乾乾，与时偕行”的支撑，是儒学之所以能自强不息、厚德载物的能量。儒学唯变所适的特质使其能冲破“天不变，道亦不变”的网罗，与时俱进，随历史时空的变迁而周流六虚，革故鼎新，永葆青春活力，涵养新时代的中国精神。

中华优秀传统文化是中华民族的“根”和“魂”，是中华民族的文化基因和精神家园,是促进中华民族生生不息、发展壮大的宝贵资源。那么，新时代中国特色社会主义文化建设务必增强和坚定文化自信、历史自信，充分体悟中华民族的历史发展进程，悉心总结和凝练中华文化发展史上的成功经验、先进理念以及失败教训，坚守“革故鼎新”“前后因循”的文化演进规律，不断推进中华优秀传统文化在中国式现代化建设各项事业中的创造性转化和创新性发展。

第三节 “革故鼎新”是中华民族“精神强力”的内在根据

就一个民族来说，“精神强力”是民族精神的核心价值之一。民族的精神强力是对这个民族的生命存在的过去、现在、未来三维的体贴和设想，是对这个民族的存在身份的尊严、价值、意义的理解和把握，是对这个民族的价值理想、终极关怀、精神家园的强力追求和预设。它是这个民族在长期共同生活和社会实践中孕育的大体认同的文化理念、学术思想、心理意识、思维方式、精神灵魂。民族精神、强力意向是民族的脊梁、民族的主心骨、民族之根和民族之魂的表征。一个无脊梁的民族是不能挺立于世的，它只能卑躬屈膝于别人或强者；一个无主心骨的民族，是一个未自觉的和没有独立的主体之见的民族，永远只能听人指使；一个无根的民族，是不可能枝繁叶茂的，更不可能生生不息；一个无魂的民族，就是没有生命的民族，民族之魂的丧失意味着一个民族失去了生命存在的价值。

精神强力是一个民族的意识、气质、灵魂、神韵、品格的觉解，也是这个民族的伦理道德、价值观念、思维方法、行为方式、审美情趣、风俗习惯、宗教信仰的体现，更是这个民族的生命智慧、生存理念、主导意识的张扬。民族的精神强力潜移默化地指导着、决定着这个民族的价值追求、为人处世、行为选择、审美导向、评价指向等。中华文化的精神强力，主要表现为变易生生的生命力、自强不息的凝聚力和日新盛德的创新力三个维度。

1. 变易生生的生命力

精神生命力是民族生命力的核心，民族生生不息的生命力就源于此。当精神强力确认自身与时偕行、唯变所适时，便是意识到了自身生命力的合理性。合理性不仅为精神生命力增益强力，而且为精神生命力的能动力、持续力、感应力、和合力作出觉解。

精神生命力是动态性的变易生生力。“天地之大德曰生”。变易生生是宇宙间最基本、最一般的本性或最普遍的、最根本的原理。变易生生既度越了《易》道的变易，亦度越了此在“在”者的变易。变易虽以存在为承担和载体，但变易所追求的是生生。故曰：“生生之谓易。”生生是阴阳五行的变易转生，是新生命力的化生。这种变易生生的生命力被人们接受和理解后，便体现在百姓日常的交往实践活动中，从而升华为中华民族的精神强力。

变易生生的生命力在中国古代被认为是一种“流”力。“子在川上曰：‘逝者如斯夫！不舍昼夜。’”（《论语·子罕》）这种流力是一种前后相继、持续不断、不舍昼夜、永不止息的生命力。孔子在这里所说的川（河流），不是指某一殊相的川，而是川的共相概念；也不是仅仅指川的变易生生

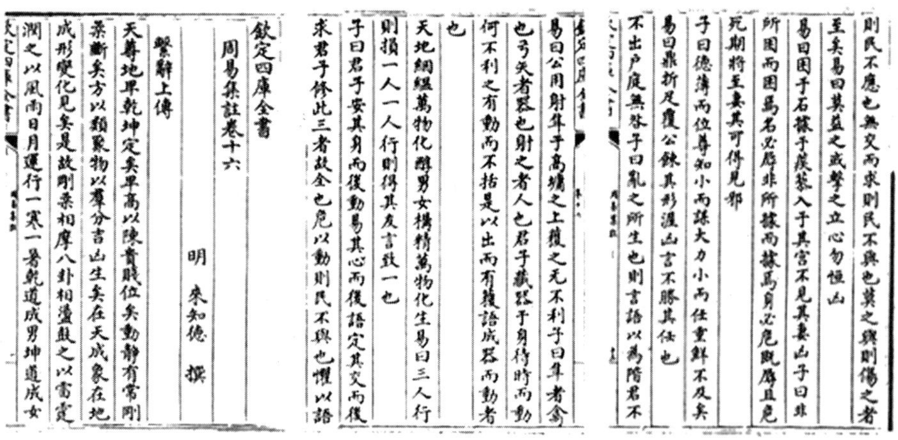
欽定四庫全書
周易集註卷十六
明 來知德 撰
繫辭上傳
天尊地卑乾坤定矣卑高以陳貴賤位矣動靜有常剛柔斷矣方以類聚物以羣分吉凶生矣在天成象在地成形變化見矣是故剛柔相摩八卦相盪鼓之以雷霆潤之以風雨日月運行一寒一暑乾道成男坤道成女

易曰公用射隼于高墉之上獲之无不利子曰隼者禽也弓矢者器也射之者人也君子藏器于身待時而動何不利之有動而不括是以出而有獲語成器而動者也
天地絪縕萬物化醇男女構精萬物化生易曰三人行則損一人一人行則得其友言致一也
子曰君子安其身而後動易其心而後語定其交而後求君子脩此三者故全也危以動則民不與也懼以語

則民不應也無交而求則民不與也莫之與則傷之者至矣易曰莫益之或擊之立心勿恒凶
易曰困于石據于蒺藜入于其宮不見其妻凶子曰非所困而困焉名必辱非所據而據焉身必危既辱且危死期將至妻其可得見邪
子曰德薄而位尊知小而謀大力小而任重鮮不及矣易曰鼎折足覆公餗其形渥凶言不勝其任也
不出戶庭無咎子曰亂之所生也則言語以為階君不

《钦定四库全书·周易集注卷十六》部分书影

的持续流力，而是提升为天地间万事万物的变易生生的生命力。在这个意义上，朱熹诠释说："天地之化，往者过，来者续，无一息之停，乃道体之本然也。"（《论语集注·子罕》）虽朱熹把持续变易生生的生命力归宗于"道体"，但在这里，"道体"并非是天地之化、川流不息的主宰者，而是一种自然而然的本然品格。朱熹又引程颐的话："此道体也。天运而不已，日往则月来，寒往则暑来，水流而不息，物生而不穷，皆与道为体，运乎昼夜，未尝已也。是以君子法之，自强不息。"（《论语集注·子罕》）这里把持续变易生生的生命力普遍化，因为只有普遍化的认定，才能上升为道体的本然。程、朱均认为："自汉以来，儒者皆不识此义。此见圣人之心，纯亦不已也；纯亦不已，乃天德也。有天德，便可语王道。"（《论语集注·子罕》）与汉儒的名物训诂不同，程、朱为义理诠释，从形而上道体视域体认孔子"川上曰"的意蕴。这与古希腊赫拉克利特的"万物皆流"的意义相近。尽管孔子和赫氏的变易生生、流变学说主要是一种天才的洞见而非一种理论的论证，但作为一种对宇宙万事万物现象背后的根本属性的体认和把握，它揭示了生存世界处于永恒变易、流变无常之中，任何事物都是即在即逝，从而使变易生生的生命力不断持续下去。

变易生生的生命力是在不断冲突、碰撞、震荡的融合、絪缊、交感中增益加强，而体现其精神强力的。"天地絪缊，万物化醇，男女构精，万物化生。"（《周易·系辞下》）中华文化认为天地、男女是阴阳两极或称两端，是冲突的，但两者通过絪缊、构精即融合、交感的形式，而使万物化醇、化生。融合、交感为什么会促使变易生生？"天地交而万物通也，上下交而其志同也。"（《周易·泰·彖传》）交感是使天感地应、男感女应、感应交通。变则通，通则久。通才使变易生生的生命力持续不断，因此，感应力是精神强力的变易生生的生命力的动力之一。

然而，天地、男女的絪缊、构精的融合、交感，只有在"和"的因缘情境下，才能得以实现。"夫和实生物，同则不继。以他平他谓之和，故能丰长而物归之。若以同裨同，尽乃弃矣。”（《国语·郑语》）怎样“和实生物”？“故先王以土与金木水火杂，以成百物。”（《国语·郑语》）五行之间是他与他者的关系，他与他者之间是平等的、平衡的、公平的，而不是二元对立的非此即彼的关系，也非势不两立的互相吃掉或你死我活的关系。金木水火土的相克相生的“杂”（韦昭注：合也），是既冲突又融合而和合化生新事物。假如不是冲突、融合而和合，而是“同”，譬如“二女同居”，或以水裨水，就不能化生新生儿或新事物，这就断了变易生生的生命力。“以他平他”的融突和合力，是精神强力的变易生生的生命力的所以然的合理性的根源和主旨。

2. 自强不息的凝聚力

假如说变易生生的生命力是精神强力永续不灭、永葆活力的基因的话，那么，自强不息的凝聚力则是精神强力永不离散、永远兴旺的活水。凝聚力原是物理学的概念，其本义是指物质结构中同一物质内部分子、原子、基本粒子之间的内聚力和吸引力。[①] 当其引入社会学和管理学时，是指个体、团体、国家、社会凝聚在一起的能动力、协调力、吸引力；当其引入民族这一特殊群体时，是指在特定社会和自然长期相互交往活动情境中，并在一定经济、政治、文化实践活动中所形成的认同力、向心力、亲和力。民族凝聚力是精神强力的理性力，精神强力是民族凝聚力的核心力。

中华民族是一个多民族的国家，各民族的宗教信仰、语言文字、风俗习惯、审美情趣各异。2021 年 8 月，习近平总书记在中央民族工作会议的讲话中指出：“我国是统一的多民族国家，中华民族多元一体是我国的一个显著特征。我国辽阔疆域是各民族共同开拓的，悠久历史是各民

---

① 李宗桂主编：《儒家文化与中华民族凝聚力》，广州：广东人民出版社，1998 年，第 8 页。

族共同书写的，灿烂文化是各民族共同创造的，伟大民族精神是各民族共同培育的。”[①] 历史上中国虽经历过所谓“合久必分，分久必合”的时期，但分时的杀人盈野，路有饿殍，室庐扫地，井市成墟，千里萧条，阒其无人的惨苦，是人所不能忍受的。于是，人民祈求和合，和合时的太平生活、安居乐业、男耕女织、工商繁荣，是百姓的愿望。这种祈求和合的愿望转换、升华为普遍的认同意识，便喷发出一种精神力量，而汇集成民族自强不息的凝聚力。

世界各民族、国家，在其自身能动力的推进下，在与自然地理环境的地缘、物缘及社会氛围的血缘、亲缘、情缘交往互动中，由于共同的生产生活方式、物资交换方式等，把各成员、团体沟通起来，凝聚在一起，各成员、团体便成为整个民族、国家网络结构中的基本凝聚点。精神强力的凝聚力，就是其基本凝聚点的总和。

由于各民族有差分，乃至冲突、对抗，因此需要运用精神强力的协调力，转冲突为融合，转对抗为对话，转差分为整合。一言以蔽之，转离散力为凝聚力。假如“内者父子兄弟作怨恶，离散不能相和合。……天下之百姓，皆以水火毒药相亏害”（《墨子·尚同上》），则这种互相之间的怨恶、亏害而势不两立，是对国家、民族凝聚力的直接的损害和消耗。“内之父子兄弟作怨仇，皆有离散之心，不能相和合。”（《墨子·尚同中》）离散之心的“心”，可作精神、心灵讲。如此，心的解蔽就成为精神协调、和合的首要问题。但是，父子仍然是父子，兄弟仍然是兄弟，这种血缘亲情纽带关系，既不能割断，也不能否认，而具有强大的凝聚民心的功能，并可通过协调、和合来化解怨恶或怨仇。

自强不息的凝聚力是为思想、情感、价值共同的主体取向所吸引的。换言之，凝聚力之所以具有凝聚力，是因为它具有强大的吸引力，在与

① 习近平：《习近平著作选读》（第二卷），北京，人民出版社，2023 年，第 508 页。

离散力的较量中，吸引力大于离散力，也就是说具有精神的强力性。吸引力之所以大于离散力，是因为人对某一价值理想、精神家园、终极关怀的共同尊崇或信奉，是因为人对一定价值标准、伦理道德、行为规范、风俗习惯的共同遵守和践行，是因为人对某一民族、国家特殊的热爱的情感，是因为人对某种互相依存的共同利益的尊重和维护。上述四因素使得精神强力的天秤向吸引力倾斜。

我们可以体认到吸引力的共同性，即自强不息凝聚力的共同性。这种共同性亦是精神强力的认同力。“认同”原是指儿童在成长过程中对社会行为的模仿，引入文化学后，文化认同是指对某种文化生存方式、发展模式以及对文化基本内涵、价值、规范的赞同和遵循。文化认同是一种归属意识、身份定位意识，这种意识从精神强力层面来说，犹如一种强烈的寻根精神、认祖归宗精神，从而构成自强不息的凝聚力。

寻根精神、认祖归宗精神，体现了一种崇高的、无限的向心力和亲和力，它是凝聚力的基础和取之不竭的力量源泉。这种向心力、亲和力与吸引力融合一起，对内对外均构成了精神强力状态。对内而言，中华民族地域广袤，民族众多，在历史长河中，形成了各具特色的地域文化和地域精神，以及民族文化和民族精神。但由于长期统一的、共同的国体政体，统一的主导文化思想，共同的意识形态，共守的精神理念，共认的中华儿女，各民族、各地域平等地和平共处共荣，构成了强大的向心力、亲和力。对外而言，中华民族在与外来文化、思想、精神的交流活动中，以积极开放的心态，海纳百川的胸怀，走出去、请进来，学习吸收外来文化、思想、精神。像佛教、伊斯兰教以及基督教等，都在其传播中与中华传统文化相融冲突。特别是佛教文化，在与中国传统的儒道文化、思想、精神相融冲突中，孕育和合为宋明理学，而达“造极”。在隋唐时期，甚至出现佛盛儒衰的局面。佛教文化、思想、精神在中国化的过程中，形成了中国化的佛教，并发展到了登峰造极的境界；相反，作为佛教诞生国的印度，在八九世纪时佛教便逐渐衰败，到十四世纪则几乎湮灭。由于在中国的发展，佛教才得以壮大强盛，这既凸显了中华文化、思想、精神的亲和力和整合力，亦体现了精神强力的自强不息的凝聚力。

我们说拂去西方文化对中华民族文化、思想、精神的遮蔽，拭去西学的尘埃，重新发现中华民族文化、思想、精神的真容，显露中华民族文化、思想、精神的自我身份，绝不是保守民族文化、思想、精神，而拒斥与外来文化、思想（包括西方文化、思想）的交流、对话、互动、参照和吸收。其实，多元的异质文化、思想、精神的交流、对话、互动、吸收，是当代文化、思想发展繁荣的必由之路。2014 年，习近平主席在法国巴黎联合国教科文组织总部的演讲中提到："文明因交流而多彩，文明因互鉴而丰富。文明交流互鉴，是推动人类文明进步和世界和平发展的重要动力。"[①] 一个民族的文化、思想，若自我封闭，自我设限，则只能使民族文化、思想的生命智慧枯萎，既不能发展自我，也不能在世界文化、思想之林中获得话语权。在经济全球化、科技一体化、网络普遍化的今天，只能走民族文化的全球化、全球文化的民族化的道路，这是精神强力的自强不息凝聚力的另一表现形式。

3. 日新盛德的创新力

精神强力的变易生生的生命力和自强不息的凝聚力，有赖于日新盛德的创新力。换言之，精神强力的创新力是生命力和凝聚力的基础和动力源。无此，生命力就会老化、枯竭以至死亡，凝聚力就会消耗、松懈以至离散。日新而日日新的创新力，把营养液源源不断地输入生命，使其永葆健康及青春；而具有悠久力、青春力，就会把聚合起来的能量永

---

① 习近平：《习近平著作选读》（第一卷），北京，人民出版社，2023 年，第 228 页。

不停息地输向凝聚，使其永久地保持强大的凝聚力，而具有导向力、感召力。

“日新之谓盛德”。“日新者，久而无穷也”（《周易本义·系辞传上》），即日新则悠久而无穷尽。吴澄说：“日日而省之，日日而改之，是之谓日日新，又日新。”[①] 日日反省，日日改革，才能不断创新。在这里，日新一是指“与时偕行”。《周易·乾·文言》在解释九三爻辞“君子终日乾乾，夕惕若厉”时说：“与时偕行。”在解释上九爻辞“亢龙有悔”时说：“与时偕极。”君子终日勤勉，晚上忧惧地反省检查自己的思想行为，就能不负时代使命，与时俱进；假如不能与时变通俱进，唯变所适，到了极限就要走向消亡。“与时偕行”可以做到“知进退存亡而不失其正者，其唯圣人乎”！知其进退存亡的理势，而不失正道，就能与时代同步前进，具有无穷发展的悠久力。二是指革故鼎新。朱熹解释说：“革，变革也……变革之初，人未之信，故必巳日而后信。又以其内有文明之德，而外有和说之气，故其占为有所更革。”[②] 只有营造内外文明、和悦的氛围，变革才能亨通成功。由此推及天地社会，“天地革而四时成，汤武革命，顺乎天而应乎人，革之时大矣哉”（《周易·革·彖传》）。由宇宙天地的变革而成四时的变化，商汤、周武王革夏桀、商纣的命，治理天下，都是顺天应人的。

“与时偕行”“与时偕极”“革故鼎新”“顺天应人”是之所以要日新盛德的创新力的内外根据，亦是精神强力之所以具有悠久力、青春力、导向力和感召力的依据。然而，精神强力要真正拥有悠久、青春、导向、感召四力，必须具备“盛德”。正如《乾·文言》所说，“九三曰：‘君子终日乾乾，夕惕若厉，无咎。’何谓也？子曰：‘君子进德修业，忠信，所以进德也，修辞立其诚，所以居业也。’”君子进德修业，讲求忠信，所以能增进品德；

---

① ［清］黄宗羲撰，［清］全祖望补修：《宋元学案》，北京：中华书局，1986年，第3044页。
② ［宋］朱熹：《周易本义》，北京：中华书局，2009年，第177页。

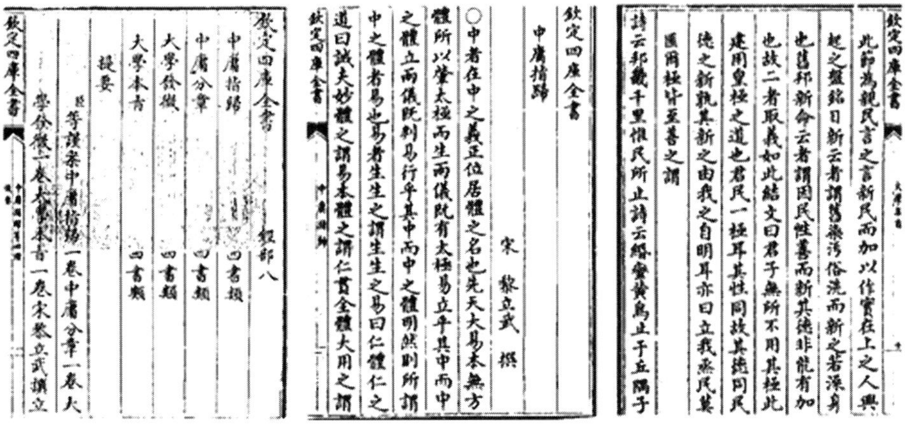

欽定四庫全書　大學本旨
此節為親民言之言新民而加以作實在上之人興
起之盤銘日新云者謂舊染汚俗洗而新之若澡身
也舊邦新命云者謂因民性善而新其德非能有加
也故二者取義如此結文曰君子無所不用其極此
建用皇極之道也君民一極耳其性同故其德同民
德之新孰其新之由我之自明耳亦曰立我烝民莫
匪爾極皆至善之謂
詩云邦畿千里惟民所止詩云緡蠻黃鳥止于丘隅子

欽定四庫全書
中庸指歸
宋　黎立武　撰
○中者在中之義正位居體之名也先天大易本無方
體所以肇太極而生兩儀既有太極易立乎其中而中
之體立兩儀既判易行乎其中而中之體明然則所謂
中之體者易也易者生生之謂生生之易曰仁體仁之
道曰誠夫妙體之謂易本體之謂仁貫全體大用之謂
欽定四庫全書　中庸指歸

欽定四庫全書　經部八
中庸指歸　四書類
中庸分章　四書類
大學發微　四書類
大學本旨　四書類
提要
臣等謹案中庸指歸一卷中庸分章一卷大
學發微一卷大學本旨一卷宋黎立武撰立
欽定四庫全書

《钦定四库全书·中庸指归》部分书影

修饰言辞，以诚信为本，所以能立业。进德修业是相辅相成的，不可偏废。朱熹说：“虽有忠信之心，然非修辞立诚，则无以居之。”[①] 不讲诚实，即无真正的忠信之心，就会毁掉事业，更谈不上创新力。因此，精神强力的创新力必须以进德修业为其基础和实践的表征。

“周虽旧邦，其命维新”。维新、创新是文化、思想、精神的生命。人是会自我创造的和合存在。凡发明新的科技，提出新的理论、观念、思想、方法、道德体系等，不是模仿已有的模式、框架，或已有的理论、观念、思想、道德等，便是创新。创新突出一个“新”字，它是开创性、新颖性活动的总和。日新盛德的创新力支撑了精神强力的不断增强和发展，只有如此才能立足于世。

变易生生的生命力、自强不息的凝聚力、日新盛德的创新力，是精神强力论的三个维度。它是精神强力论的核心价值理念、思维导向、精神支柱；它表现了中华文化、思想、精神的宽厚、包容、开放的品性、博大的气度、虚怀的风范；它凸显了中华文化、思想、精神特有的生命

① ［宋］朱熹：《周易本义》，北京：中华书局，2009 年，第 36 页。

智慧、聪明睿智、崇高气节。这些都体现了精神强力是"精神自觉"的表征。"精神自觉"是"文化自觉"的灵魂，无精神自觉，文化自觉即无可能。文化自觉，简言之，是去文化遮蔽的自我发现，是文化价值、地位、作用、身份的自我认定和重估。精神自觉开启和塑造了文化自觉，指导着文化自觉的价值追求、观念实践、思维体贴、道德行为、审美情趣乃至意识形态。

在世界四大文明古国中，唯有中国的学术文化、民族精神是亘古至今、绵延不断的。尽管它们遭遇种种劫难，但"石可破也，而不可夺坚；丹可磨也，而不可夺赤"。习近平主席在纪念孔子诞辰 2565 周年国际学术研讨会暨国际儒学联合会第五届会员大会开幕会上的讲话中谈到，"中国人民的理想和奋斗，中国人民的价值观和精神世界，是始终深深植根于中华优秀传统文化沃土之中的，同时又是随着历史和时代前进而不断与日俱新、与时俱进的"[①]。中华民族的民族精神永存，久经磨炼的精神强力不可夺。在当今世界，中华民族的精神强力正焕发其青春，为化解人类所共同面临的五大冲突和危机发挥其无限的能量。

---

① 习近平：《习近平著作选读》（第一卷），北京，人民出版社，2023 年，第 282 页。

第五章

任人唯贤

“为政之要，惟在得人。”一个力求治国安邦的政治组织，若能做到选贤识贤任贤，必将实现吏清政明。新时代以来，以习近平同志为核心的党中央，始终把选人用人作为关系党和人民事业的关键性、根本性问题来抓。在务实的中国共产党人看来，实现强国建设和民族复兴伟业，务必做到“任人唯贤”。“任人唯贤”典出《尚书·咸有一德》，其原文为“任官惟贤材，左右惟其人”。从中可见，任用官吏当选贤才，任用大臣当选忠良。选贤用贤是中华民族对政治统治的理想设计，历代王朝统治者也重视对德才兼备的贤良官员的选拔，进入政治体制的不少官员也尽心竭力、勤勉奉公、帷幄参谋、惩恶扬善。中国共产党自成立以来，继承与弘扬中华优秀传统政治文化，重视干部的选拔与任用，既突出政治、以德为先，树立了正确的用人导向；又讲明原则、注重实效，走出了一条唯才是举的用人道路。

第一节 “任人唯贤”是对治国者品行的全面考验

“任人唯贤”思想，源远流长。在上古时期，尧舜之间传贤而不传子，将公职开放于庶民大众，成为以公代私、服务大众的伟大典范。先秦诸子百家及以后的政治智者都相应地提出了将品德、才能作为选官标准的各种理论，历代所发展建立的察举制、科举制，都是对治国者品行的全面考验。

1.“任人唯贤”是治国安邦的必然举措

“任人唯贤”出自《尚书·咸有一德》：“任官惟贤材，左右惟其人。”“任官”转化为“任人”，扩大了适用面。“任人唯贤”意味着选人用人要以“贤”为根本，而且所选所用之人“唯”“贤”，即必须“贤”。

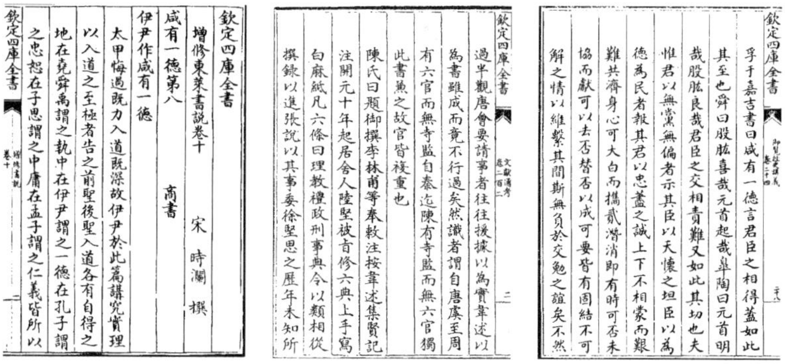
欽定四庫全書
增修東萊書說卷十　宋　時瀾　撰
咸有一德第八　商書
伊尹作咸有一德
太甲悔過既力入道既深故伊尹於此篇講究實理
以入道之至極者告之前聖後聖入道各有自得之
地在堯舜禹謂之執中在伊尹謂之一德在孔子謂
之忠恕在子思謂之中庸在孟子謂之仁義皆所以
欽定四庫全書　增修書説　卷十　二

欽定四庫全書　文獻通考　卷二百二　二
過半觀唐會要請事者往往援據以為實韋述以
為書雖成而竟不行過矣然識者謂自唐虞至周
有六官而無寺監自秦迄陳有寺監而無六官獨
此書兼之故官皆複重也
陳氏曰題御撰李林甫等奉敕注按韋述集賢記
注開元十年起居舍人陸堅被旨修六典上手寫
白麻紙凡六條曰理教禮政刑事典令以類相從
撰録以進張説以其事委徐堅思之歷年未知所

欽定四庫全書
孚于嘉吉書曰咸有一德言君臣之相得蓋如此
其至也舜曰股肱喜哉元首起哉皋陶曰元首明
哉股肱良哉君臣之交相責難又如此其切也夫
惟君以無黨無偏者示其臣以天懷之坦臣以為
德為民者報其君以忠蓋之誠上下不相蒙而艱
難共濟身心可大白而攜貳潛消即有時可否未
協而獻可以去否替否以成可要皆有固結不可
解之情以維繫其間斯無負於交勉之誼矣不然

《四库全书·增修东莱书说》书影

在上古神话中，尧帝在选拔官员时经过走访调查，熟知部族人的才能、考察候选人的品德后才予以任命，然后从中选取接班人。尧让位于舜，舜让位于禹，秉持“天下为公”的公道观，其“禅让”背后，是对一个人德性德行的充分肯定。《礼记·礼运》曰：“大道之行也，天下为公，选贤与能，讲信修睦”，“禹、汤、文、武、成王、周公，由此其选也”。中国人相信尧、舜、禹、伊尹等圣君贤臣皆以德行光明、才能优越而得到推选、举荐，从而成为政治领袖。关于尧舜禅让，《史记·五帝本纪》记载，“尧知子丹朱之不肖，不足授天下，于是乃权授舜。授舜，则天下得其利而丹朱病；授丹朱，则天下病而丹朱得其利。尧曰‘终不以天下之病而利一人’，而卒授舜以天下”[①]。那么尧何以认定舜有资格继任天子而造福天下呢？根据司马迁的记载，舜有孝德，又为众人推荐；尧为了更为深入地对舜进行考察，以二女嫁之，以九子与之共处。凡此种种表明，舜是一个德行高尚而足以领导天下的圣贤之才。此后，舜亦不传位于子而禅位于禹。而禹之所以被舜选定为继承人，便在于禹治水有功，其德可称，《史记·夏本纪》记载：“禹为人敏给克勤，其德不违，其仁可亲，

① ［汉］司马迁：《史记》，北京：中华书局，1959 年，第 30 页。

其言可信；声为律，身为度，称以出；亹亹穆穆，为纲为纪。”[①]应该说，在天下为公的理想时代，尧传舜，舜传禹，皆传贤而不传子，是中国古代“任人唯贤”的典范。

“禅让”体现了“任人唯贤”精神，在当时展现出超前的政治智慧。当然，一方面，“任人唯贤”是治国安邦的重要举措；另一方面，“任人唯贤”中“任人”之所以唯“贤”，是因为所用之人有其“贤”。

春秋战国时期，孔子主张选用贤才担任要职才是治理好国家的关键。据记载，鲁哀公问政，孔子说：“政在选臣。”（《史记·孔子世家》）鲁哀公问：“何为则民服？”孔子说：“举直错诸枉，则民服；举枉错诸直，则民不服。”（《论语·为政》）把正直的人提拔上来，放在邪曲的人之上，百姓就服从，反之，百姓就不服从。仲弓也向孔子请教怎样管理国家政务，孔子答曰：“先有司，赦小过，举贤才。”（《论语·子路》）所以，君主在治理国家的过程中任用正直的贤士，民众才会信服；相反，君主任用不肖之人，则民怨积聚、民心涣散。

孟子继承了孔子“举用贤才”的思想，主张君主治理朝政，要“尊贤使能，俊杰在位”（《孟子·公孙丑上》）。在孟子看来，君主身边若有睿智的贤者，社稷有所托，人民有所庇，国家兴盛繁荣指日可待；反之，君主身边无贤能之人，社稷无所恃，人民无所依，国家则面临灭亡之危险。在孟子看来，贤者是“德才兼备之人”，“贵德而尊士，贤者在位，能者在职”（《孟子·公孙丑上》），有德之人与有才之人都有相应位置，尤其是有德行的人应该身居高位。

同样作为先秦儒家重要代表人物的荀子，虽主张建立“贵贱有等，长少有差，贫富轻重皆有称也”的等级制度，但不赞同以血缘关系规定名分，而是主张“尚贤使能”：“故尊圣者王，贵贤者霸，敬贤者存，慢

---

① ［汉］司马迁：《史记》，北京：中华书局，1982年，第51页。

贤者亡，古今一也。故尚贤使能，等贵贱，分亲疏，序长幼，此先王之道也。故尚贤使能，则主尊下安；贵贱有等，则令行而不流；亲疏有分，则施行而不悖；长幼有序，则事业捷成而有所休。”（《荀子·君子》）在荀子看来，即使是王孙贵族的后代，如果没有治国贤能，也应贬为普通百姓；而普通百姓的后代，若具备知识和修养，德才兼备，并懂治国之道，也可成为国家栋梁。由此可见，治国者要选贤任能、唯才是举，做到“论德而定次，量能而授官”，“无德不贵，无能不官”，即做到“尚贤使能”。此外，在荀子看来，官吏的品德一定要同他的名位、俸禄及功用相称，即“德必称位，位必称禄，禄必称用”（《荀子·富国》）。

先秦时期的墨子在思考如何从乱到治时，也认为要靠“厚乎德行，辩乎言谈，博乎道术”（《墨子·尚贤》）的贤士来治理和改造社会。这些人有敦厚的品德、渊博的知识。墨子还说有才能的人应当是社稷的栋梁。他认为，人才是“国家之珍”“社会之佐”，关系国家的兴亡治乱，“入国而不存其士，则亡国矣”，因此，“归国宝，不若献贤而进士”（《墨子·亲士》）。墨子对人才高度重视，认为“得意，贤士不可不举；不得意，贤士不可不举。尚欲祖述尧、舜、禹、汤之道，将不可以不尚贤。夫尚贤者，政之本也”（《墨子·尚贤》）。他把“尚贤”视为“政之本”，可见贤才良臣对于国家治理极端重要。当然，墨子还就君子、贤达应该是什么样的人作出分析：他们贫穷的时候表现出廉洁的品质，富贵的时候展现出仁义的气度，对活着的人表现出爱护，对逝去的人表现出哀痛，这四种品行不能弄虚作假，需要从自身做起提高修养才能实现。这就是：“君子之道也，贫则见廉，富则见义，生则见爱，死则见哀。四行者不可虚假，反之身者也。”（《墨子·修身》）

先秦法家学派的韩非子也认识到君主任用贤臣的重要性。他说：“亲臣进而故人退，不肖用事而贤良伏，无功贵而劳苦贱。如是，则下怨；下怨者，可亡也。”（《韩非子·亡征》）在韩非子看来，近臣得到任用而旧臣贤臣被辞退，无能之人得到重用而贤良忠臣被埋没，无功的人地位显贵而劳苦的人地位卑下，必然会引起臣民怨恨，久而久之，可能会导致国家灭亡。所以，“明主之道：取于任，贤于官，赏于功”（《韩非子·八经·听法》），明智的君主要学会任用贤者为官。

三国时期诸葛亮劝谏刘禅“亲贤臣，远小人”，他在《出师表》中指出：“亲贤臣，远小人，此先汉所以兴隆也；亲小人，远贤臣，此后汉所以倾颓也。先帝在时，每与臣论此事，未尝不叹息痛恨于桓、灵也。侍中、尚书、长史、参军，此悉贞良死节之臣，愿陛下亲之信之，则汉室之隆，可计日而待也。”诸葛亮选的“贤”就是既有治国之才，又有忠君之德，能够廉洁奉公，品行纯正。

汉代贾谊在举贤纳士方面，提出了“君明、吏贤、民治”的思想，他认为“君能为善，则吏必能为善矣；吏能为善，则民必能为善矣”“故君明而吏贤矣，吏贤而民治矣”[①]。任人唯贤关系到国之安邦、民之安居。《旧唐书·食货志上》提出：“设官分职，选贤任能，得其人则有益于国家，非其才则贻患于黎庶，此又不可不知也。”[②] 君主在设立官职和分派职责时，选用贤德与才能并举之人，才会对国家有利；相反，君主疏离贤士，民怨载道，则危害国家。

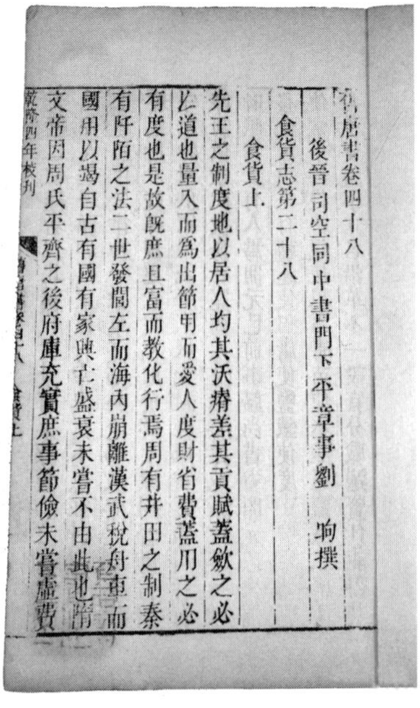
舊唐書卷四十八
後晉司空同中書門下平章事劉 昫撰
食貨志第二十八
食貨上
先王之制度地以居人均其沃瘠差其貢賦蓋斂之必
以道也量入而爲出節用而愛人度財省費蓋用之必
有度也是故既庶且富而教化行焉周有井田之制秦
有阡陌之法二世發閭左而海内崩離漢武稅舟車而
國用以竭自古有國有家興亡盛衰未嘗不由此也隋
文帝因周氏平齊之後府庫充實庶事節儉未嘗虛費
乾隆四年校刊

《旧唐书·食货志上》书影

宋代政治家王安石提出：“国以任贤使能而兴，弃贤专己而衰。此二者必然之势，古今之通义，流俗所共知耳。何治安之世有之而能兴，昏乱之世虽有

① ［汉］贾谊撰，阎振益、钟夏校注：《新书校注》，北京：中华书局，2000 年，第 341 页。
② ［后晋］刘昫等：《旧唐书》，北京：中华书局，1975 年，第 2086 页。

之亦不兴？盖用之与不用之谓矣。有贤而用，国之福也。”[①] 在他看来，国家兴亡与是否任用有贤德的人息息相关，应该任用贤者为官，并使贤者居上、不肖者处下，才能保证官员队伍的活力和生机。

2.“任人唯贤”之“贤”的具体表现

贤者之“贤”表现在哪些方面呢？从中国传统智者的论述中可以看出，贤者一定是“德才兼备”的人，而且以“德”为先。孔子说：“君子惠而不费，劳而不怨，欲而不贪，泰而不骄，威而不猛。”（《论语·尧曰》）贤者能考虑百姓利益，为了百姓生命安全、生活幸福而去做事情，而且无怨言，有适度开销但不浪费，想做事情、能做事情而不贪功冒进，处高位而泰然自若，有威仪却不凶狠乖张。所以，贤者能做到“恭、宽、信、敏、惠。恭则不侮，宽则得众，信则人任焉，敏则有功，惠则足以使人”（《论语·阳货》）。孔子还说，“君子有三戒：少之时，血气未定，戒之在色；及其壮也，血气方刚，戒之在斗；及其老也，血气既衰，戒之在得”（《论语·季氏》）。君子有三种事情应引以为戒：年少的时候，血气还不成熟，要戒除对女色的迷恋；等到身体成熟了，血气方刚，要警戒与人争斗；等到老年，血气已经衰弱了，要警戒贪得无厌。贤者应该洁身自好，不与世俗同流合污，坚守己心。所以，“贤者辟世，其次辟地，其次辟色，其次辟言”（《论语·宪问》），贤者看到天下无道，最超脱的做法是避开污浊的社会而选择隐居，次一等的做法是择地而处，再次一等的做法是避开难看的脸色，最末的做法是回避恶言。孔子弟子子夏也说：“贤贤易色；事父母能竭其力；事君，能致其身；与朋友交，言而有信。虽曰未学，吾必谓之学矣。”（《论语·学而》）这也体现出贤者孝亲和忠君的高尚品质。孔子弟子曾参指出，“君子所贵乎道者三：动容貌，

---

① 曾枣庄、刘琳：《全宋文》，上海：上海辞书出版社，合肥：安徽教育出版社，2006 年，第 8 页。

斯远暴慢矣；正颜色，斯近信矣；出辞气，斯远鄙倍矣”（《论语·泰伯》）。君子应重视的“道”有三个方面：使自己的容貌庄重严肃，避免粗暴和怠慢；使自己的面色端庄严正，使人信服；使自己的言辞和语气谨慎小心，避免粗野和错误。

魏晋时期道教学派的葛洪说：“德行文学者，君子之本也。”[①] 贤能之人是高尚品德与良好学术修养的化身。崇高的品德是贤士安身立命之根本，是他们为人处世的先决条件，也是成为治国能人的首要条件。刘向《说苑》记载，晋文公在奖赏官员时，把德行摆在首位，而将勇力置于其后。文公认为：“耽我以道，说我以仁，暴浣我行，昭明我名，使我为成人者，吾以为上赏。防我以礼，谏我以谊，蕃援我使我不得为非者，数引我而请于贤人之门，吾以为次赏。”[②] 在晋文公看来，贤能之人能昭明人道、教人以德，理应受到国家的最高奖赏。晋文公崇德尚行的奖赏制度，招揽了一批身修、心正、才高的贤能之士，国家得以善治。

唐太宗认为，用人必须以德行、学识为本。他指出正心修性，才能远离偷合苟容、曲意逢迎；崇德修身，方可避免贪恋禄位、不务公事。唐代采用德行、才用、劳绩“三实”的办法来考核当朝官员，首先考察的是官员的德行，其次是才能和政绩。高尚品德是贤能之士发挥治国才能的根本前提，才能和政绩正是崇高品德的践行路径。

宋代政治家司马光明确提出：“取士之道，当以德行为先。”[③] 因为在司马光看来，“夫聪察强毅之谓才，正直中和之谓德。才者，德之资也；德者，才之帅也”[④]。德才兼备的人是国家需要的栋梁。宋代理学集大成者朱熹也强调，贤者治国是君主圣明、国家兴旺的良方，而且正直的贤者

---

① ［晋］葛洪：《抱朴子外篇校笺》，北京：中华书局，1991 年，第 401 页。
② ［汉］刘向：《说苑校证》，北京：中华书局，1987 年，第 118 页。
③ ［宋］李焘：《续资治通鉴长编》，北京：中华书局，2004 年，第 8974 页。
④ ［宋］司马光：《资治通鉴》，北京：中华书局，1956 年，第 14 页。

是德才兼备之人。他注《论语·子路》指出：“贤，有德者。才，有能者。举而用之，则有司皆得其人而政益修矣。”[①] 他注《孟子·公孙丑上》指出：“贤，有德者，使之在位，则足以正君而善俗。能，有才者，使之在职，则足以修政而立事。”[②] 贤者在朝，君主身修心正，社会和谐稳定；能者在位，政通人和，国治邦安。有贤德者未必是治世能手，但贤者可以君子德风教化天下民众。能者是某方面技能突出的人，是治理能力强、善于运用政治方略的人，能推动君臣和谐、国民和谐。

清朝在选纳贤士时，同样将德行放在重要的位置，创造“康乾盛世”的康熙皇帝就注重贤者“德才兼备”的品质，尤其是贤者的“德”。他在《圣祖仁皇帝御制文集》中就指出：“论才则必以德为本。故德胜才谓之君子，才胜德谓之小人。”康熙认为一个人的“心术”重于“才学”，说：“朕观人必先心术，次才学。心术不善，纵有才学何用？”[③] 修身养德为先，学识才能为要，贤能之人把治国的精义外化于行动中，践道而行，鞠躬

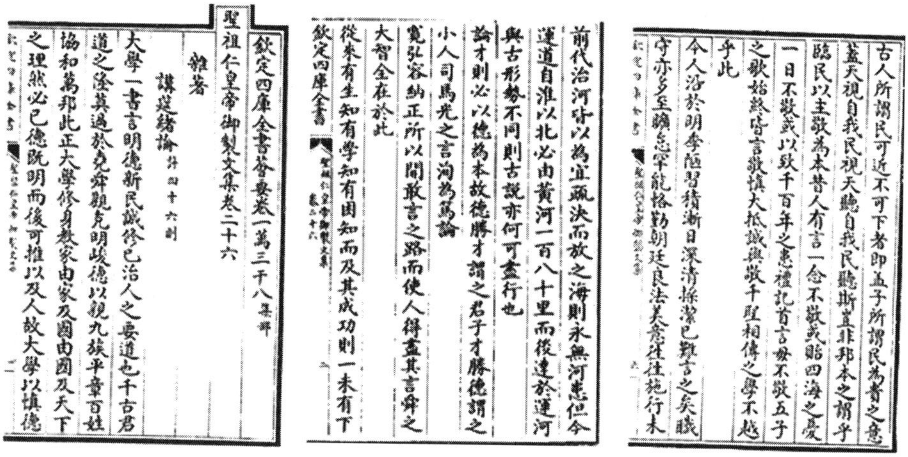
欽定四庫全書薈要卷一萬三千八百 集部
聖祖仁皇帝御製文集卷二十六
雜著
講筵緒論 共四十六則
大學一書言明德新民誠修己治人之要道也千古君
道之隆莫過於堯舜觀堯明峻德以親九族平章百姓
協和萬邦此正大學修身齊家由家及國由國及天下
之理然必己德既明而後可推以及人故大學以慎德

前代治河皆以為宜疏決而放之海則永無河患但今
運道自淮以北必由黃河一百八十里而後達於運河
與古形勢不同則古說亦何可盡行也
論才則必以德為本故德勝才謂之君子才勝德謂之
小人司馬光之言洵為篤論
寬弘容納正所以開敢言之路而使人得盡其言舜之
大智全在於此
從來有生知有學知有困知而及其成功則一未有下
欽定四庫全書

古人所謂民可近不可下者即孟子所謂民為貴之意
蓋天視自我民視天聽自我民聽斯豈非邦本之謂乎
臨民以主敬為本昔人有言一念不敬或貽四海之憂
一日不敬或以致千百年之患禮記首言毋不敬五子
之歌始終皆言敬慎大抵誠與敬千聖相傳之學不越
乎此
今人溺於明季陋習積漸日深清操潔己難言之矣職
守亦多呈曠忌罕能恪勤朝廷良法美意往往施行未

《钦定四库全书》部分书影

① ［宋］朱熹：《四书章句集注》，北京：中华书局，1983 年，第 141 页。
② ［宋］朱熹：《四书章句集注》，北京：中华书局，1983 年，第 236 页。
③ ［清］蒋良骐：《东华录》，北京：中华书局，1980 年，第 157 页。

尽瘁，真正做到治国兴邦。如果选拔的官员心怀不轨、嫉贤妒能，不从内心涵养忧患国家、体贴人民的胸怀，则不能从根本上施行治国兴邦的有力举措。

尽管中国传统政治智者对于“贤者”的定义在不断发生变化，但贤者的核心表现“德”与“才”是不会变的,而且,“德”往往在“才”之前，“德才兼备”是古代选人用人的核心要素。

当然，“任人唯贤”也是中国共产党选拔、培养、使用和管理干部的根本要求，党在不同的历史时期，始终坚持德才兼备、以德为先的用人标准，锻造了一支政治坚定、才能卓越的干部队伍。[①]1938 年，在党的六届六中全会上,毛泽东首次提出“德才兼备”的用人标准和“任人唯贤”的干部路线。新中国成立后,毛泽东进一步明确干部德与才之间的关系，认为“政治是主要的，是第一位的”，同时强调党员干部应精通自己的专业技术知识，使自己成为又红又专的群众带头人。邓小平发展了毛泽东在实践中培养人才的观点，提出干部队伍要革命化、年轻化、知识化、专业化的干部工作基本方针，也阐明了政治上靠得住、工作上有本事、作风上过得硬、人民群众信得过等优秀干部的具体要求，并将“革命化、年轻化、知识化、专业化”写入党章，为任人唯贤提供了组织保障和制度保障。在 1982 年召开的党的十二大上，在党章中增加了“党的干部”一章，明确提出“任人唯贤”的干部路线。2002 年中共中央印发的《党政领导干部选拔任用工作条例》和 2014 年修订印发的《党政领导干部选拔任用工作条例》，都明确规定任人唯贤是选任党政干部的原则之一。

党的十八大以来，习近平总书记创造性地提出一系列选人用人新理念新要求，明确提出“信念坚定、为民服务、勤政务实、敢于担当、清

① 张连勇 :《任人唯贤的历史渊源与现代传承》,《旗帜》2023 年第 4 期。

正廉洁”的好干部标准，这既是新时代党管干部的根本指针和行动指南，也是新时代传承任人唯贤的正确导向和根本遵循。在2018年召开的全国组织工作会议上，习近平总书记明确提出新时代党的组织路线，强调着力培养忠诚干净担当的高素质干部，着力集聚爱国奉献的各方面优秀人才，坚持德才兼备、以德为先、任人唯贤，为坚持和加强党的全面领导、坚持和发展中国特色社会主义提供坚强组织保证。党的十八大以来，我们党不断改革选人用人机制，着力破解干部选任“唯票、唯分、唯GDP、唯年龄”的“四唯”问题，各地各部门坚持“德才兼备、以德为先、五湖四海、任人唯贤”的用人原则，打破论资排辈，不搞硬性配备，不搞任职年龄层层递减，干部队伍的整体素质得到提高。同时，不断完善能上能下的制度，一批不适宜担任现职的干部调整出领导岗位，一批年富力强、充满干劲的干部进入领导班子，彰显了“有为者有位，无为者失位”的鲜明导向，推动形成优者上、庸者下、劣者汰的从政环境。在新时代新征程上，党员干部要时刻以新时代好干部标准要求自己，“明大德、守公德、严私德”，提升自身的党性修养，“重品行、正操守、养心性”，廉洁自律、克己奉公，永葆党员干部的公仆本色。

第二节 “任人唯贤”实践展开的原则及机制

“任人唯贤”作为国家选拔优秀人才参与国家治理的一项理想的政治制度，有利于有德有才的人不基于家庭出身而是基于自身能力以获取管理职位，从而实现“体面”生活。从中华民族选人用人的历史进程来看，“任人唯贤”提升了社会效率，一定程度上实现了“以德配位”。同时，“任人唯贤”能产生激励和示范效应，有能力者更努力，产生更多的社会价值，提升了社会的文明程度。此外，“任人唯贤”推进了社会流动，防止社会阶层的固化。[①] 那么，中国传统政治体制下，“任人唯贤”是如何实施和展开的？这是我们应当关注的问题。

1.“任人唯贤”的基本原则

中国传统政治智者普遍认同“任人唯贤”的政治法则，无论是进入国家治理体系的人，还是准备进入国家治理体系的人，都试图使自己成长为贤人。当然，“应然”与“实然”之间存在张力，究竟如何保障进入国家治理体系和准备进入国家治理体系的人是贤人，或者说如何推动他们成长为贤人，中国传统政治智者也设计了相应的选人用人原则。

其一，“任人唯贤”“尚贤使能”的思想前提是知贤、爱贤、尊贤、敬贤和乐贤。战国时期的文子指出：“知贤之谓智，爱贤之谓仁，尊仁之谓义，敬贤之谓礼，乐贤之谓乐。”（《文子疏义》卷十《上仁》）尚贤是知贤、爱贤、尊贤、敬贤、乐贤的统一，“任人唯贤”要求治理国家的人意识到“上贤”和“下不肖”的必然性，培养自己知贤的好奇心、爱贤的紧迫心、尊贤和敬贤的谦卑心以及乐贤的自信心。

其二，“任人唯贤”务必做到“英雄不论出身”。据《论语》记载，孔子谓仲弓曰：“犁牛之子骍且角。虽欲勿用，山川其舍诸？”（《论语·雍也》）犁牛或许有杂毛而不可用于祭祀山川神灵，但其子若有红通通的毛和端庄的牛角，依然可以用于祭祀。孔子以“犁牛之子”来形象说明父虽不善但不碍儿子贤明，表达出不应该因为一个人的出身而不任用人才，“英雄不问出身”。孔子还说：“君子不以言举人，不以人废言”（《论语·卫灵公》），“孟公绰为赵、魏老则优，不可以为滕、薛大夫”（《论语·宪问》）。孟公绰做晋国赵氏、魏氏的家臣绰绰有余，但做不了滕国、薛国等小国的大夫。每个人都有自己的长处和短处，要量力而行、择人而用。实际上，在孔

① 柯荣住、洪伟、郑恩营：《“任人唯贤”的制度悖论——以明代科举为例》，《社会学研究》2023年第1期。

子看来，“人尽其才”即是对人才的最大尊重，既不能夸大一个人的能力，也不能否认一个人的能力，只要“人尽其才”，就能发挥一个人的价值。墨子也主张“任人唯贤”要做到对贤才不避其出身。他说，“虽在农与工肆之人，有能则举之”（《墨子·尚贤》），“不党父兄，不偏贵富，不嬖颜色，贤者举而上之，富而贵之，以为官长；不肖者抑而废之，贫而贱之，以为徒役”，做到“不辩贫富贵贱、远迩亲疏，贤者举而尚之”（《墨子·尚贤》）。所以，不论亲疏贵贱，有能则举之、任之。荀子也认为，“举贤”不在乎其出身，“虽王公士大夫之子孙也，不能属于礼义，则归之庶人。虽庶人之子孙也，积文学，正身行，能属于礼义，则归之卿相士大夫”（《荀子·王制》）。

其三，“任人唯贤”要做到人尽其才、因才施用。孔子主张，选人用人不求全责备于人，“无求备于一人”（《论语 · 微子》）。孔子在谈到如何使用和对待人才时指出，君子“易事难说”，“及其使人也，器之”；而小人“难事易说”，“及其使人也，求备”（《论语 · 子路》）。这就是说，君子用人是根据其特长分配任务，而小人用人则是百般挑剔、求全责备。孔子还认为，人的才能、品德参差不齐，在使用人才时务必尽其所长、

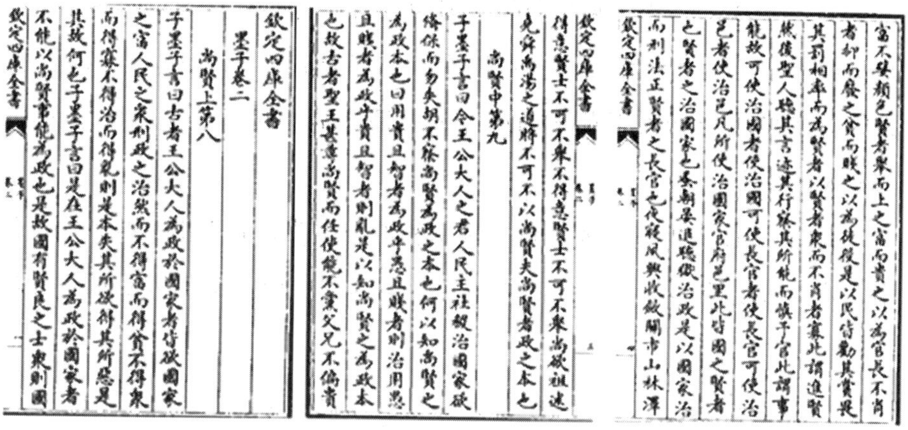
欽定四庫全書
墨子卷二
尚賢上第八
子墨子言曰古者王公大人為政於國家者皆欲國家
之富人民之衆刑政之治然而不得富而得貧不得衆
而得寡不得治而得亂則是本失其所欲得其所惡是
其故何也子墨子言曰是在王公大人為政於國家者
不能以尚賢事能為政也是故國有賢良之士衆則國
欽定四庫全書

欽定四庫全書
得意賢士不可不舉不得意賢士不可不舉尚欲祖述
堯舜禹湯之道將不可以不尚賢夫尚賢者政之本也
尚賢中第九
子墨子言曰今王公大人之君人民主社稷治國家欲
脩保而勿失胡不察尚賢為政之本也何以知尚賢之
為政本也曰用貴且智者為政乎愚且賤者則治用愚
且賤者為政乎貴且智者則亂是以知尚賢之為政本
也故古者聖王甚尊尚賢而任使能不黨父兄不偏貴

富不嬖顏色賢者舉而上之富而貴之以為官長不肖
者抑而廢之貧而賤之以為徒役是以民皆勸其賞畏
其罰相率而為賢者以賢者衆而不肖者寡此謂進賢
然後聖人聽其言迹其行察其所能而慎予官此謂事
能故可使治國者使治國可使長官者使長官可使治
邑者使治邑凡所使治國家官府邑里此皆國之賢者
也賢者之治國也蚤朝晏退聽獄治政是以國家治
而刑法正賢者之長官也夜寢夙興收斂關市山林澤
欽定四庫全書

《钦定四库全书 · 墨子卷五 · 尚贤上第八》书影

避其所短。在孔子门人弟子中，有品德、才识突出的颜渊、闵子骞等人，有以善辩著称的宰我、子贡，有善于从政的冉有、季路——“德行：颜渊，闵子骞，冉伯牛，仲弓。言语：宰我，子贡。政事：冉有，季路。文学：子游，子夏”（《论语·先进》）。孔子了解弟子的特长，鼓励他们从事不同的职业。韩非子也认为明君应该按照贤者的能力授予官禄：“明主者推功而爵禄，称能而官事，所举者必有贤，所用者必有能。”（《韩非子·人主》）唐代魏徵进而指出，举贤前应“审访其行”：“今欲求人，必须审访其行。若知其善，然后用之，设令此人不能济事，只是才力不及，不为大害。误用恶人，假令强干，为患极多。”[①]“审访其行”的目的是了解被举荐的人是否有才能德行。“德才兼备”是选官用官的重要前提，也是对贤才的充分肯定。不过，对于治国而言，贤人之“才”更为重要，诚如《通鉴纪事本末》所指出的，“天下未定，则专取其才，不考其行。丧乱既平，则非才行兼备不可用也”[②]；唐太宗也指出，“吾为官择人，惟才是举。苟或不才，虽亲不用……如其有才，虽仇不弃”。尤其是唐太宗晚年，曾这样总结自己的用人经验：“用人之道，尤为未易。己之所谓贤，未必尽善；众之所谓毁，未必全恶。知能不举，则为失材；知恶不黜，则为祸始。又人才有长短，不必兼通。”[③]从唐太宗这段话可以悟出三点：一是上位者要兼听则明，因为你所认可的其他人未必认可；二是上位者一定要选贤任能、招贤纳士，治理天下、管理社会，不是一个人能办到的，要聚天下英才而用之；三是一定要人尽其才、量才而用，勿要大材小用。

其四，“任人唯贤”要有贤主选用和伯乐推荐。酒香也怕巷子深。任用人才的人是能够赏识贤人的明君。贤明的君主以正确的方式选拔并保

---

① ［唐］吴兢撰，骈宇骞译注：《贞观政要》，北京：中华书局，2011年，第189页。

② ［宋］袁枢：《通鉴纪事本末》，北京：中华书局，2015年，第2649页。

③ ［清］董诰等编：《全唐文》，北京：中华书局，1983年，第128页。

护贤人。孔子指出，君主“自正其身”才能够引进贤人：“其身正，不令而行；其身不正，虽令不从。”“苟正其身矣，于从政乎何有？不能正其身，如正人何？”（《论语 · 子路》）君主是“正义”的化身和代表，贤明的君主能身体力行，且了解“贤人”是不是真正的贤才，并能举荐自己所知的贤人。“仲弓为季氏宰，问政。子曰：‘先有司，赦小过，举贤才。’曰：‘焉知贤才而举之？’曰：‘举尔所知。尔所不知，人其舍诸？’”（《论语·子路》）为政者务必为臣子做好表率，对下属的小过失不要计较，要抓大放小，把工作重点放在举贤任能上。墨家学派的墨翟指出：“是故先王之治天下也，必察迩来远，君子察迩而迩修者也。”（《墨子 · 修身》）明主治理天下要善于观察左右之人以招揽贤臣君子，当然，贤臣良将也会举荐贤才供明主召唤。明主重视人才，善于发现人才，是政治智者普遍认同的政治法则。《汉书 · 王褒传》有云，“故世必有圣知之君，而后有贤明之臣”[①]；汉代思想家王符指出，“惟圣知圣，惟贤知贤”[②]，只有贤明之君才能够了解贤明的臣子；贾谊说，“渚泽有枯水，而国无枯士矣。故有不能求士之君，而无不可得之士。故有不能治民之吏，而无不可治之民”[③]，贤才不被重用是因为未遇到明主贤君；明代名臣刘基也指出，“德不广不能使人来，量不弘不能使人安”（《郁离子 · 德量》），君主必须广布恩德、宽宏大量才能招揽贤才；唐太宗李世民在《帝范》中指出，

郁離子
明　括蒼劉基伯溫撰
郁離子謂執政曰今之用人也徒以其數與抑亦以爲良而倚
以圖治與執政者曰亦取其良而用之耳郁離子曰若是則相
國之政與相國之言不相似矣執政者曰何謂也郁離子曰僕
聞農夫之爲田也不以羊負軛賈子之治車也不以犬驂服知
其不可以集事恐爲其所敗也是故三代之取士也必學而後
入官必試之事而能然後用之不問其系族惟其賢不鄙其側
陋今風紀之司耳目所寄非常之選也儀服言語云乎哉乃不
公天下之賢而悉取諸世胄昵近之都那豎爲之是愛國家不
如農夫之田賈子之車也執政者許其言而心忤之
郁離子曰一指之寒弗燠則及于其手足一手足之寒弗燠則
郁離子　一

《郁离子》书影

① ［汉］班固：《汉书》，北京：中华书局，1962 年，第 2826 页。
② ［汉］王符撰，［清］汪继培笺，彭铎校正：《潜夫论笺校正》，北京：中华书局，1985 年，第 93 页。
③ ［唐］魏徵等：《群书治要》，北京：中华书局，2014 年，第 500 页。

“国之匡辅，必待忠良，任使得其人，天下自治”[①]，“士之居世，贤之立身，莫不戢翼隐鳞，候风云之运；怀奇蕴异，思会遇之秋”。每个人都有自己的理想信念，每个人未必都能够成长为国之栋梁，但一个人成为国之栋梁，是需要“会遇之秋”的，需要明主伯乐的赏识推荐。君主的一个重要职责就是“旁求俊乂，博访英才”，凡有德能为之臣，“不以卑而不用，不以辱而不尊”。

2.“任人唯贤”的选拔机制

中华民族自古就有重视教育教化的传统，兴教办学、选拔人才及设立相应的仕进制度是重要的体现。从夏、商、周开始，家有塾，党有庠，术有序，国有学，形成了从乡村、郡县到中央的教育系统，以及从儿童、少年到青年的进学次序，“一年视离经辨志，三年视敬业乐群，五年视博习亲师，七年视论学取友，谓之小成；九年知类通达，强立而不反，谓之大成。夫然后足以化民成俗，近者说服而远者怀之，此大学之道也”[②]。“学而优则仕”，也就是饱读文化典籍、掌握治国本领的优秀人才，可以通过特定的人才选拔机制进入政府，这成为历代读书人的共识。汉代有五经博士、贤良文学的选拔制度，魏晋有九品中正制，隋唐开始设立科举制度，一直延续到清代。这种教育与选拔政府官员相结合的制度是中华民族的一大创造，极大地调动了人们读书的积极性，刺激了人们升官发财的名利欲望，影响了人们的价值取向。“天子重英豪，文章教尔曹。万般皆下品，惟有读书高。少小须勤学，文章可立身。满朝朱紫贵，尽是读书人”（《神童诗》）；“养不教，父之过；教不严，师之惰”，“幼不学，老何为”（《三字经》）。凡此种种，表达了人们重视教育，渴望通过读书改变自己社会地位的普遍心态。“耕读传家”成了人们安身立命的普遍选择，“朝为田

---

① 吴云、冀宇校注：《唐太宗全集校注》，天津：天津古籍出版社，2004 年，第 601 页。
② ［清］刘宝楠：《论语正义》，北京：中华书局，1990 年，第 302 页。

舍郎，暮登天子堂”始终是读书人孜孜不倦的追求，“洞房花烛夜，金榜题名时”被看作幸福人生的两大目标，等等。正因为有天下百姓的政治诉求，中国历代的统治者们不仅要实实在在地考虑贤者治国的必要性和重要性，还要考虑天下人参政议政的热切需要，设计特定的人才选拔制度，这也是历史的必然要求。

“任人唯贤，选贤与能”是中国古代吏治的精髓，历代王朝均通过一系列的选拔制度为国家招揽贤能之士，这也是中国人选人用人的创举。春秋战国以前，官员主要通过“世卿世禄”制度产生。秦统一前后，“仕进之途，唯辟田与胜敌而已”，英勇胜敌、军功显赫是秦朝选纳官吏的主要依据。到了汉代，朝廷为了适应中央集权国家的统治需要，实行察举制，以“乡举里选”为官吏选拔依据，尤其是汉武帝时期的“举孝廉”制。“孝”是指孝敬父母，“廉”是指廉洁奉公，“举孝廉”意味着“选贤与能”。

此外，不同于由下而上推举贤才的察举制，汉代还有一种自上而下选拔官吏的征辟制度。皇帝征聘选拔品学兼优的人士，或备顾问，或委任政事，高级官员任用官吏采取辟除的方式，擢升名望显赫的人入朝为官。三国时曹魏重臣陈群制定了“九品中正制”，推选各州、郡的“中正官”来考察本地士人，按其德才声望评定九个等级，吏部按品级授官。

真正为中国知识分子“学而优则仕”打开自由之门的是始自隋唐的科举考试。科举，具体是指国家设立各种科目，统一进行定期考试，并根据考试成绩授予官职，即采取“开科取士”的方式选拔人才。隋文帝设立“秀才科”，考生自行报名参加考试，这拓宽了考生来源，限制考生的身份因素得以减弱，更多的有才之人在考中之后担任要职。科举选拔官员逐渐成为文官制的重要组成部分，有利于人才选拔，也强化了王权统治。这一制度直至 1905 年被宣布取缔，延续了 1300 多年。

不同于隋代科举，唐代科举分为常举和制举两类，应试者考试内容以进士、明经两科为主。隋唐时期创立的科举制度，剥夺了士族地主的政治特权，削弱了豪强士族的势力，扩大了人才选拔基础。科举制把读书、考试和做官紧密联系起来，提高了官吏的文化素质，强化了中央集权，推动了教育和科技文化的发展，推进了中华文化由北向南大转移。

宋代的科举制在形式和内容上较以往都有了重大的改变，放宽了录取的范围，实行了弥封、誊录等减少徇私舞弊的严格措施，保证了考试的客观性和公平性。此外，宋代还加强了科举考试中策论的重要性，并将殿试制度化，规定每三年由皇帝亲自主持殿试，且考生只能做天子的门生。宋代科举制的改革，在很大程度上避免了朋党之间的攀附，从而巩固了中央集权的统治，为统治者收录有真才实学的人才奠定了基础。由于取消了考生的身份限制，僧人道士都可以参加科举考试，从而扩大了士大夫的来源，打破了官员之间的阶级划分，加强了社会人才的流动性,使得科举考试逐渐客观化。宋代改革后的科举制度为历代王朝所沿用，到了明清时期，科举考试专重四书五经，以八股文取士，一定程度上束缚了知识分子的创造性。

相对客观、公平的选贤举能制度，能够让读书之人和贤德之人发挥应有的治世、理世、管世之能，让更多的优秀人才服务社会，无论是个人价值，还是社会价值，都得到充分发挥。治国是群体行为，明君与贤臣共治天下固然重要，但是在传统封建社会之下，并未充分发挥天下读书人的才华与智慧。

第三节　贤官从政廉洁、勤勉奉公

“任人唯贤”不仅体现以国君为代表的“执政者”善于和乐于选拔德

才兼备的优秀人才的政治自觉，还是作为治国者之重要组成部分的“为政者”和从事一般政治活动的“为政者”务必遵循的从政之道，也就是力争做一个贤者、有才者、有德者。从中国传统政治智者的政治实践可以看出，真正的贤官都是从政廉洁、勤勉奉公之人，是把执政为民、悉心治国作为毕生奋斗目标的人。他们或通过举荐，或通过科举考试进入国家治理层面，尽管那时中国是封建的、传统的君主专制政体，他们却遵守着尽心知性、事上明理的德行修养，将读书的悟道与政治实践的悟道充分结合起来，一批批“先天下之忧而忧，后天下之乐而乐”的贤士大夫被造就出来，也成就了中华民族历史上多个清正廉明、功绩卓绝的王朝。中华泱泱大国，尽管朝代更迭，但不乏从政廉洁、勤勉奉公的能官贤臣。中国历代史书皆专辟儒林传、贤良传，中国传统治国大道上可圈可点、名垂青史之人可谓不胜枚举。为彰显贤官之优良品德，为方便说明问题，仅从清初大儒张履祥所撰的体现明代贤良忠正之高风亮节的《近古录》[①]中，撷取部分人物加以展开。

1. 贤官持己之廉，秉公殚力

《孟子·梁惠王》载，孟子曾劝诫梁惠王：“王亦曰仁义而已矣，何必曰利？”仁义之道乃天下至理，循仁义则可利吾身、吾家和吾国，若官员以“利”为利，势必毁家误国，诚如程颐所言：“君子未尝不欲利，但专以利为心则有害。惟仁义则不求利而未尝不利也。”[②]是故，无论属于何种阶层、从事何种职业之人，做人之基本原则都在于“仁义”而非“利”，官员更应警醒，唯不爱财之人方能尽职尽忠，为家国天下供奉心血。当然，官员“黜利向义”的自然表现便是廉洁和秉公，只有不贪钱财、不以不义行径发家致富，方可谓之“廉洁”。只是，官员廉洁与否往往与他是否

① ［清］张履祥：《杨园先生全集》（下册），北京：中华书局，2002年。
② ［宋］朱熹著，陈成国标点：《四书集注》，长沙：岳麓书社，2004年，第231页。

秉公执法密切关联，但凡能秉公执法之官自然公正清廉，言公正清廉必秉公执法，反之必是贪恋货财之徒。关于贤官“持己之廉”，《近古录》载，明少保于谦（1398—1457，字廷益，号节庵，弘治二年谥肃愍，万历年改谥忠肃），廉洁方正，一丝不苟，力逊赐第之后，止宿直房，且旁无姬妾，数椽敝庐仅蔽风雨，几亩薄田仅供饘粥，食无兼味，衣无累帛，巡抚两省凡二十余年，即便议事入京，亦不持一土特物产行贿权要，时人有“两袖清风”之咏（《近古录四 · 居官第四 · 先进遗风》）；官至户部尚书的司徒公梁材（1470—1540，字大用，号俭庵，谥端肃），“清苦自持，严于操检”，为杭州太守时，虽杭州以繁华称于天下，但能练衣粗食，屏斥华好，即便入觐圣上，止具一书二帕以贽京贵，橐中无一长物，及位至户部尚书，则谢绝一切夤缘请寄（《近古录四 · 居官第四 · 先进遗风》）；曾任工部尚书的司空公蒋瑶（1469—1557，字粹卿，号石庵，谥恭靖），为扬州太守时，会武庙南巡，自度供御资费无算，“不复横敛以为媚悦”，遂自衣青布袍，束黄金带，奔走周旋，招致权幸江彬辈横加折辱，但清节动天下，虽历仕至工部尚书，及至白首悬舆，终“无改于羔羊之节”（《近古录四·居官第四 · 先进遗风》）。天下之人，天生上智下愚者皆少，但中人之性自是可导而或上智而或下愚，那么，上位者廉能，下位者必遵从化导，为官者有君子德风，民众自然朴素本真。这就要求君子廉能秉公，常怀公心道心，悉心为政，认真管理，从而上行下效，营造清廉正直、公平美好的社会秩序。

2. 贤官忠恕待人，不媚不傲

《论语 · 卫灵公》有载，子贡问：“有一言而可以终身行之者乎？”孔子对曰：“其恕乎！己所不欲，勿施于人。”在孔子看来，“恕”即“终身可行之”的德行品质，而其本质即“己所不欲，勿施于人”，体现在为官执政上即是为官者不媚上官，不谄属僚，能忠恕待人，戒骄戒傲。为官者虽在权位，切不可因此自恃孤傲，沾沾于盛气凌人，而当低调淡泊、从容自若，得饶人处且饶人，秉持君子忠恕之风节。如王守仁（1472—1529，字伯安，别号阳明，谥文成）筮仕刑曹时，适轮值提牢，因见狱吏取狱囚之余饭豢豕，等豕肥而分食之，遂恻然恚曰“夫囚以罪系者，犹然饭之,此朝廷好生浩荡恩也。若曹乃取以豢豕,是率兽食人食矣”(《近古录四・居官第四・先进遗风》)，进而白于堂卿，并令狱吏屠豕，割以分给诸囚。后阳明先生同里管氏官刑部主政，盛赞阳明屠豕故事，阳明先生颦蹙直言曰：“此予少年不学，作此欺天罔人事也。兹闻之，尚有余惭，乃以为美谈谀我耶？”依阳明之意，消弭“欺天罔人”之正道乃在于“不使善归己、过归人”。(《近古录四・居官第四・先进遗风》）由此已见忠恕之道，亦见阳明君子人格！又如王竑（1413—1488，字公度，号休庵，谥庄毅）督漕淮扬时，曾折抑行为不检的清河卫单指挥，后王竑遭烦言而被免官，及其归家过清河卫，单指挥竟以粪秽伪作醯酱而赠予王先生，以抒夙恨。及王竑抵徐州，即有言表彰其生平忠节，并下旨召还原官，单指挥乃诈死逃遁，其家人故为发丧治殡，虽有人发现单指挥的踪迹并执讼于王竑，王先生“竟不较侮，平其讼而遣之”，淮扬间有“王都堂不较单指挥，不念旧恶”之叹！（《近古录四・居官第四・先进遗风》）君子忠恕待人，容忍若此！这充分展示了中国传统贤士大夫既能不畏豪强、不屈权贵，又能锄强扶弱、宽以待人的君子气象。“忠恕”之道既可视为道德品性，又可视为行事方式，在价值目标和行为方式的和合融通中，为官者的“忠恕”德行给万民展示了平和自在、从容轻便的姿态，彰显了儒士官员和生共存、和蔼亲民的君子人格，消弭了威严、冷峻的威权形象。

3. 君子悉心治道，毋干己私

为官者掌握着社会的“公权力”，并随行政等级递增而掌握愈来愈大的“公权力”。从本质而言，公权力是促进、维护和实现社会公平正义的保障，合法的公权力本质上是一定范围内社会成员“私权利”的让渡。本来公权力是为社会行政顺利展开、社会公众公平享受私权利提供保障，倘若掌握公权力之人不能将权力关进制度的笼子里，或者说，有人在充分利用公权力的基础上扩大自己的私权利，那么，政治行政必陷入不公平之中。反之，正直和公允的官僚必是尊重公权力而悉心治道的，绝不以私干政、权为私用。因此，“悉心治道，毋干己私”自然可称为儒士的君子人格，诚如忠宣公刘大夏所言 :“居官以正己为先，所谓正己，不特戒利，亦当远名。”（《近古录四 · 居官第四 · 先进遗风》）贤士大夫“悉心为政”的故事有很多，如端毅公王恕为官四十五年，以道事君，上疏凡三千余，百代希觏，通观其政治生涯，“忧世之志如范希文，济世之才如司马君实，直谅如汲长孺，惠爱如郑子产”（《近古录四 · 居官第四 · 见闻杂记》）。贤官悉心为政，自然能够做到“毋干己私”，权为民所用而不是为一己之利。如吏部尚书王翱（1384—1467，字九皋，谥忠肃）“忠清”执政，其仲孙以荫入监，时有司以秋试印卷白于王翱，王先生即“裂卷火之”；其女嫁给畿辅某官，其妻甚爱女，某夕跪求王公迁其婿入京职以朝夕与女为伴，王公怒而取几案上酒器击伤夫人，“出驾而宿于朝房，数旬乃还第，婿竟不调”（《近古录四 · 居官第四 · 先进遗风》）。贤官悉心治道，自然“知人善用”，乐为国家铨选良吏。如文定公杨溥（1372—1446，字弘济，号澹庵）举荐天台人氏范理为德安府知府，当人劝范氏致书谢杨溥荐举之功时，范公乃言曰 :“宰相为朝廷用人，非私理也，何谢？”（《近古录四 · 居官第四 · 先进遗风》）由此显见举荐者杨溥公心为国、知人善用之品性，亦见被举荐者不谄不媚、直言廉正之君子德风。真正的儒士为官治政，定当依凭公权力而为维护社会公正和百姓公平悉心工作，诚如王鸿儒所言 :“惟知有朝廷而不知有亲党，惟知有天理而不知有身家，如是社稷生民乃攸赖云。”（《近古录一·立身第一·先进遗风》）因此，无论传统社会还是现代社会，官员当培育“悉心为政，毋干己私”的君子人格，从而为民所敬重、为国家所器重。

4. 贤官重民厚生，问民疾苦

读书入仕的儒家知识精英在长期的政治实践中已然形成共同的理念，即如《荀子·王制》所言：“君者，舟也；庶人者，水也。水则载舟，水则覆舟。”一旦官民关系紧张，甚至激烈冲突，即有国破家亡之危险。从一定意义上而言，百姓是社会历史演进的“主体”，也是政治实践的“主体”。政治实践的顺利开展，不是少数精英人物任意执掌操控的过程，实是精英人物基于广大百姓之愿望而展开实践的政治自觉，百姓、官员和皇帝共同构成历史的“主体”。故而儒士们悉心为国、忠义治政的过程中，自然将重民命、厚民生视为头等大事。当然，除皇帝之外的其他人都是皇帝的“民”，因为“普天之下莫非王土，率土之滨莫非王臣”，皇帝爱民如子则既爱臣僚，又爱百姓，但臣子之爱民则是爱百姓。因此，儒士“重民厚生，问民疾苦”之品性，可视为君子人格之显现。如句容县令徐九思（1495—1580，字子慎），政事专主养民，于县令任上，裁省自身及僚属、上吏所供例金，以至每岁自碎小而上，省万余金，养民之政行之九年如一日，尝有言曰：“是千万人者，均之圆首方趾，横目喙吻，吾无以异也。即皤皤黄耇，亦相率而呼我曰爷爷，彼盖谓我为父母云尔也。若何施，而能当兹父母称哉？”徐先生唯急急于养民之政而已！（《近古录四·居官第四·先进遗风》）又如徐阶曾因“大礼仪”之争由翰林院编修谪为福建延平推官，然在新官任上仍留心民事，于剖决刑狱之暇，巡视阡陌，问民疾苦，又遍行属邑而咨访贤良，淡泊自持，绝无偷惰之态，犹如“初仕为推官者”，尽显人臣之谊。(《近古录四・居官第四・见闻杂记》)贤士大夫“爱民厚生”的君子故事也很多,如忠宣公刘大夏成进士后,志在亲民，“恳愿外补习民事”，后出参闽藩，尝招抚田州民叛而不妄杀一人，其经武亦“以仁心为质”，吴廷举即以“忧民如有病，对客若无官”赞誉刘先生。(《近古录四・居官第四・先进遗风》)又如湖州太守吕盛（1465—1538，字文郁，号定庵）“素以信治民”，其治地曾有汤麻九之民乱，虽已奉朝旨而欲用夷族之条，但吕盛先生爱民厚生,弃圣旨而不用,只身往虎穴,许以全活妻子族人而降服麻九等罪魁,终避免地方屠戮之惨事。(《近古录四・居官第四・先进遗风》)为官者体天地仁爱之心而治民，以全活民众、利用厚生为要旨，方不枉百姓“父母官”之呼！

《周易》有言 :“君子终日乾乾，夕惕若厉，无咎。”君子时时刻刻保持刚健自强的姿态，永远都保有忧患意识和危机意识，始终保持踔厉奋发、勇往直前的决心和斗志。贤官是有君子风范的人，是有德有行的人,更是朝着大德大行自强不息、奋进不止的人。《周易》曰:“夫大人者，与天地合其德，与日月合其明，与四时合其序，与鬼神合其吉凶，先天而天弗为，后天而奉天时。天且弗违，而况于人乎？况于鬼神乎？”读圣贤书、立大人志，凡进入国家治理体系的人，尤其是达人贤官，无不以天健自强、地坤厚德的道理约束自己，以此培养大德。贤官在生命生活和治世实践中，磨砺出“安而不忘危，存而不忘亡，治而不忘乱”的“安身立命”之道，“生于忧患，死于安乐”。当政之人、执政之人，应满怀忧患意识，勤勉奉公，齐家治国平天下。

历史是最好的教科书。学习历史，可以看成败、鉴得失、知兴替。真正了解过去才能正确认识现在，正确认识现在才能科学把握未来。2013 年习近平总书记在全国组织工作会议上强调 :“我们党历来高度重视选贤任能，始终把选人用人作为关系党和人民事业的关键性、根本性问题来抓。治国之要，首在用人”[①]。实现强国建设、民族复兴伟业，关键在党，关键在人，要确保党在发展中国特色社会主义历史进程中始终成为坚强领导核心，建设一支高素质干部队伍，着力培养党和人民需要的好干部，为实现中华民族伟大复兴的中国梦而团结奋斗。

① 习近平：《习近平著作选读》（第一卷），北京：人民出版社，2023 年，第 129 页。

第六章

天人合一

中华民族向来尊重自然、热爱自然，铸就了“天人合一、万物并育”的生态智慧。习近平总书记倡导人与自然和谐共生，把“道法自然、天人合一”视为中华文明内在的生存理念，高度重视从中华民族源远流长的生态智慧中汲取新时代生态文明建设的思想滋养。在中国传统语境中，“天人合一”思想的出发点是对人之所从来的探源。在“人—我”关系的建构中，“天人合一”思想超拔人在天地间的“至贵”地位，不仅明确了人与天地万物关系的平等，同时也赋予了人化育万物的责任担当。当下，人与自然的冲突对人类的生存环境构成严重威胁。为了人民的福祉、国家的繁荣、民族的未来，必须对中华民族“天人合一”的生命智慧进行创造性转化、创新性发展，以改善人类的生存境况，提升人的生活质量，不断满足人民日益增长的美好生活需要。

第一节 “天人关系”思想内涵的三种论说

“天人关系”是中国古代思想家们绕不开的话题，司马迁称《史记》之所作在于“究天人之际”；“为群儒首”“为儒者宗”的董仲舒在对答汉武帝之策问时，提出了“天人相与之际”以示警惕；在清谈清议之风盛行的魏晋，虽在“有无”的本体玄思上分道“崇有”和“贵无”，但在“可与言天人之际”的问题上不谋而合；宋儒邵雍明确提出“学不际天人，不足以谓之学”的论断，主张在追寻宇宙、社会、人生的终极依据中做真学问、真做学问……可见，“天人关系”自古以来就是先贤们讨论的核心话题。

“天”是中国哲学中最古老、最重要的范畴之一，亦是几千年来备受思想家、哲学家所重视、关注的范畴。[①] “天”始见于甲骨文，作、作，盂鼎、毛公鼎、邢侯簋、录伯簋等器物的铭文中作。殷周时，农牧业特别是农业的发展，使得与此有关的自然科学如天文、历法、数学等亦发展起来。因天时的好坏与农业的丰歉有着直接关系，人们便对天进行了探讨；同时，王权的护卫者，把自己说成受命于天，使天更加受到关注。西周至春秋有“以德配天”与“天命靡常”之争，天道与人道相应与不及之争。战国时，“天”成为百家争鸣的中心议题，墨子的《天志》、屈原的《天问》、荀子的《天论》等，反映了当时思想理论界的潮流，以及对于形而上学的探讨。两汉时，“天人”问题成为哲学论争的中心，如《淮南子·天文训》、董仲舒的“天道无二”“人副天数”学说、王充的《论衡·谈天》等都讨论了“天人”问题，天人感应与天道自然之争贯穿整个时代。魏晋时，“究天人之际”转化为名数与自然、有无本末之争。隋唐在魏晋形式上的沉寂后，论争又激烈起来，柳宗元作《天对》《天说》，刘禹锡作《天论》三篇，全面系统论述天的观念以及天人关系，天人问题从理论上趋于高峰。宋元明清时期，“天”虽为哲学家们所重视，但哲学论争的中心已转移到理气、心物之上。即使刘基作《天说》，反对天有意志，以至康有为、章炳麟也论天，但已是末流或余波所及，而非哲学论争的中心。冯友兰认为“天”有五层含义：“物质之天”“主宰之天”“运命之天”“自然之天”和“义理之天”。傅伟勋认为天有六义：“天地之天”“天然之天”“皇天之天”“天命之天”“天道之天”和“天理之天”。

概括而言，“天”约有三义：其一，指人们头顶上苍苍然的“天空”。上古时人们以上天和大地相对，是两个大实体，人在中间，受天地的养育。这个天，是天空之天，天地之天，天然之天，属于自然之天。其二，指古人心中超自然的至高无上的“人格神”，它是有意志、能创造物、主宰

---

① 参见张立文：《中国哲学范畴发展史：天道篇》，北京：中国人民大学出版社，1988 年，第 64—66 页。

一切的上帝，也称为帝。“天”本为上帝或帝等神的居所，后便以天代替帝，天能创造万物，主宰世界。这个天，便是皇天之天、天命之天，属于主宰之天。其三，从“理”的角度而言，指事物的客观规律，“理者，气之理”，以理为精神实体或伦常义理，这个“天”便是天道之天、天理之天，属于义理之天。总之，“天”兼三义，纳自然（天空之天、天地之天、天然之天）、神（皇天之天、天命之天）、义理（天道之天、天理之天）三位一体。正如《朱子语类》所概括的，“僩问经传中‘天’字。曰：‘要人自看得分晓，也有说苍苍者，也有说主宰者，也有单训理时。’”[①] 朱熹此说颇有见地。然朱熹高足陈淳却说：“古人凡言天处，大概皆是以理言之。”[②] 此“凡”“皆”两字，便作了全称判断，实有违朱熹的原意。从总体上看，“天”是指客体、宇宙自然，或“造物主”，或道德伦常义理，或事物规律，等等，内涵较为复杂。

“人”是什么？人始终是中国哲学求索的中心，因此中国哲学可谓人的哲学，或称人学。当哲学范畴的“人道”展开它的运动时，作为沟通天道和人道的性命范畴便落到人身上。人是性命的载体和承受者，无人，性命就无实在的价值和意义。

当本能的人或野蛮的人从自然中脱离出来，当人意识到自己是人的时候，便逐渐产生了抽象的人的概念以及指称人的文字。因此人也是中国哲学中最古老、最重要的范畴之一。由于人的自我意识的不断增强，人也受到特别的关注。甲骨文中人字屡见，作⺈或⺈，如“登人三千乎伐𢦏”（《卜辞通纂》第二八片）。天君鼎、令方彝、盂鼎、毛公鼎等器物的铭文中的人作⺈，如“今我唯令女二人”（令方彝铭文）。人字当产生于黄帝之时。殷周时，人受宗法等级制度的限定。春秋时，出现了以爱人为内涵的人学思潮，诸如孔子的爱人，老子的自爱，墨子的兼爱，孟子的

① ［宋］黎靖德编，王星贤点校：《朱子语类》，北京：中华书局，1986年，第5页。
② ［宋］陈淳：《北溪字义》，北京：中华书局，1983年，第17页。

别爱以及管子的爱民，荀子的爱人和爱民，等等，构成了以爱为特征的人学思潮。汉代时期继承先秦，董仲舒的爱人类，以及《礼记》《淮南子》等的爱人、爱民，但这时已不是一种平等的爱。至魏晋南北朝、隋唐时，人们对人的自我价值、社会价值、人才学、人格学、人生理想、人生目的等进行了探求，构成了以人的价值为特征的人学。宋元明清时人们把对人生价值、理想、目的的追求与对生命的关怀结合起来，把爱人、爱亲、爱物与对人生道德理想的追求统一起来，凸显了人的自主精神，构成了以立人极和自立、自主为特征的人学。近代人们向西方学习，吸收西方自由、平等、博爱等观念，批判三纲五常，宣扬人的权利平等，构成了以平等为特征的人学。故所谓人学，是指关于人的本质、价值、需要和人与人、人与社会、人与自然关系的学说。

中国由于对人特别重视，而有专门庆祝人的人日节，对此《魏书》《北齐书》和《荆楚岁时记》均有记载。魏收曾引董勋的《答问礼俗》说，农历岁首的正月初七为人日（《北齐书》卷三十七《魏收传》）。唐代沿袭了人日节的风俗习惯，高适《人日寄杜二拾遗》“今年人日空相忆，明年人日知何处”给人以一种“每逢佳节倍思亲”的情怀。明代徐树丕在《识小录》中，记述了晋代人日节的风俗人情，“七日为人日，晋时甚重此日，以七种菜为羹，剪彩为人，镂金箔屏风上，亦戴之头上”，以示祈祥祝安。

大体而言，中国哲学中所说的“人”，约有四义。其一，指属类之人，包括自然的人和社会的人。人是自然界长期进化的结果和生物有机体的最高形式，是社会化的高级动物和社会历史活动的主体。“故人者，其天地之德，阴阳之交，鬼神之会，五行之秀气也”，“故人者，天地之心也，五行之端也，食味、别声、被色而生者也”（《礼记·礼运》），表明人是有生命的感性物质实体，并且兼具自然属性和社会属性。其二，指道德理性的人。人之所以为人，人之所以异于禽兽，因人是按一定礼义原则，或等级分工关系组织起来的社会动物。理性的道德内涵便是“故恻隐、羞恶、恭敬、是非，唯人有之，而禽兽所无也；人之形色足以率其仁义礼智之性者，亦唯人则然，而禽兽不然也”[1]。道德的人、理智的人、高尚的人、君子圣人属此。其三，指自觉能动的人。人具有其他动物所不具备的特有功能和根本特征，是有逻辑和直觉性思维、有智慧、有情感、有才能、有情操、有美感、有意识的生命活动有机体。其四，指具有创造性的人。唯人能制造工具，改造自然，进行创造世界财富的活动。人能不断地从事社会实践活动，从而创造出符合人类需要和理想的文明世界，以满足人类不断增长的物质文化和精神文化需要。人在社会实践中，不断认识改造自己，加强自我修养，由“内圣”而开出“外王”。

应该说，自从人类产生以来，人就从未停止过这样的思考。中国的智者普遍认为，人是天地间最灵最秀者，人是万物中最有智慧者。如《孝经·圣治》提到“天地之性，人为贵”，《荀子·王制》提到“水火有气而无生，草木有生而无知，禽兽有知而无义；人有气、有生、有知亦且有义，故最为天下贵也”，董仲舒的《春秋繁露·人副天数》提到“天地之精所以生物者，莫贵于人。人受命乎天也，故超然有以倚”[2]，王充在《论衡·辨祟》也提出“人，物也，万物之中有智慧者也”[3]。中国的智者不仅明确了人在宇宙天地中的重要地位，还明确指出了人以“仁义礼智”为基本特质的共同属性。

从生成逻辑看，“人”后于“天”；但从“人”生成之后的实践逻辑看，“人”必然离不开“天”。历代智者由此推进了对“天人关系”的思考。在中国哲学发展史上，中国哲学的创新与发展有其内在规律，体现为核心话题的转向、诠释文本的转变和人文语境的转化。其中，秦汉之际，随着古代社会的转型，传统哲学也实现了核心话题的转向。两汉是中国哲学的感

① ［明］王夫之：《读四书大全说》，北京：中华书局，1975 年，第 679 页。
② ［清］苏舆撰，钟哲点校：《春秋繁露义证》，北京：中华书局，1992 年，第 354 页。
③ 黄晖：《论衡校释》，北京：中华书局，1990 年，第 881—882 页。

通期,学术探究的核心话题是“天人之际”,即“天人相与之际”。西汉初年,朝廷尊奉“黄老之术”。武帝即位,“举贤良文学之士,前后百数”,以对策方式“垂问天人之应”:“三代受命,其符安在?灾异之变,何缘而起?”[①]根据董仲舒的理解,汉武帝所追问的“大道之要,至论之极”,实际上是“《春秋》大一统”:“《春秋》大一统者,天地之常经,古今之通谊也。”(《汉书》卷五十六《董仲舒传》)经过“三年不窥园”的精心致思,他以《天人三策》和《春秋繁露》等著述建构了“天人感应”的哲学理论体系。东汉的谶纬经学将“天人感应”思想推向极端。按照“天人同度”的符应原理,人的四肢五官效法天象,“仁义礼智信”外符天之五行,内应人之五脏。“三纲六纪”,弥纶“天人之际”,学术思维在章句训诂中昏昏欲睡。然而,创新是难以泯灭的哲学天性,是野火烧不尽的理论基因。东汉思想家王充出身“细门”,“不守章句”,敢于在谶纬经学盛行之时重申“黄老之义”:“天地合气,万物自生;犹夫妇合气,子自生矣。”[②]两汉哲学的核心话题是“天人之际”,并不是说其他时期的智者们不论述“天人关系”,而是表明两汉时期中国哲学发展阶段的独特性。

历史地看,中国古代的智者贤达分析出的“天人关系”,主要有三种类型:“天人相分”“天人相胜”和“天人合一”。

“天人相分”说侧重对天、人所属界限的严格划定,在相互区分中确立“天”的客观性和“人”的能动性。荀子对“天人相分”有着成熟而系统的推论,他将“天”看成客观自然规律,称“天行有常,不为尧存,不为桀亡”,这是说“天”的运行独立自洽,不会因人事的更迭而有所改变;另一方面,“天”的运行又是有其规律的,因而可以成为人认识和利用的对象,因此他在提出“明于天人之分”的基础上进一步倡导“制天命而用之”。(《荀子·天论》)荀子以其对天人关系的理解,在《解蔽》中批

---

① [汉]班固:《汉书》,北京:中华书局,1962年,第2495页。
② 黄晖:《论衡校释》,北京:中华书局,1990年,第144页。

评庄子是“蔽于天而不知人”。他认为，庄子之学偏重“天”的功能维度，只看到了“人”（人伪）对“天”（天然）的戕害，反而忽视了现实的“人”对“天”的辅助和补充。当然，荀子此番理解一定程度上背离了庄子论天人之真义。《庄子·秋水》篇言：“牛马四足，是谓天；落马首，穿牛鼻，是谓人。故曰：无以人灭天，无以故灭命，无以得殉名。谨守而勿失，是谓反其真。”“天”即“天然”，指向承赋于天、不事雕琢的人性真实；“人”即“人伪”，指向历经于人、有所增饰的人性假貌。按庄子之意，“四足”是牛马生而具备的，是本来如此、未经雕琢的“天然”形态，故为牛马的本真自性。但人基于利用牛马的目的，给马套上笼头，给牛穿上鼻环，如此这般的人为附加，远超过牛马四足的本真自性所能承受的范围。因而，“人”自然走向了“天”的对立面，不仅牛马之性如此，人性亦复如是。人的本真自性是自在、自由、自乐的，世俗之声名财货便如同施加在牛马头上的笼头、鼻环一样，人受外在形色的束缚而变得不自在、不自由了。故而庄子发出不可以后天“人伪”戕害天然“真性”的呐喊，以期唤起人对本真自性的觉察和内省。

唐代的柳宗元和刘禹锡，基于元气生化天地万物的唯物主义立场，在天人关系的问题上，前者强调“天人相分”，天人各自有其职分，故不相互干预；后者主张“天人相胜”，认为天人各有其所长和适用的领域，因而不能相互替代，天能胜人，人也能胜天。刘禹锡“天人交相胜”的命题可以说是中国古代天人观的新发展，他在《天论》中说：“大凡入形器者，皆有能有不能。天，有形之大者也；人，动物之尤者也。天之能，人固不能也；人之能，天亦有所不能也。故余曰：‘天与人交相胜耳。’”[①] 刘禹锡认为，天和人不仅有各自分属的领域，同时还能相互产生影响，天能胜人，人亦能胜天。天能“胜”人之处在于生养万物，人能“胜”

① ［唐］刘禹锡撰，《刘禹锡集》整理组点校，卞孝萱校订：《刘禹锡集》，北京：中华书局，1990年，第67—68页。

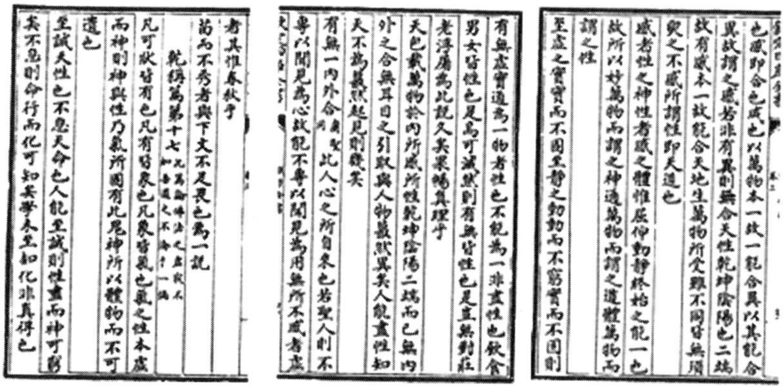

也感即合也咸也以萬物本一故一能合異以其能合
異故謂之感若非有異則無合天性乾坤陰陽也二端
故有感本一故能合天地生萬物所受雖不同皆無須
臾之不感所謂性即天道也
感者性之神性者感之體惟屈伸動靜終始之能一也
故所以妙萬物而謂之神通萬物而謂之道體萬物而
謂之性
至虛之實實而不固至靜之動動而不窮實而不固則

有無虛實通為一物者性也不能為一非盡性也飲食
男女皆性也是烏可滅然則有無皆性也是豈無對莊
老浮屠為此說久矣果暢真理乎
天包載萬物於內所感所性乾坤陰陽二端而已無內
外之合無耳目之引取與人物蕞然異矣人能盡性知
天不為蕞然起見則幾矣
有無一內外合 [illegible] 此人心之所自來也若聖人則不
專以聞見為心故能不專以聞見為用無所不感者虛

者其惟春秋乎
蓋而不秀者與下文不足畏也為一説
乾稱篇第十七 [illegible]
凡可狀皆有也凡有皆象也凡象皆氣也氣之性本虛
而神則神與性乃氣所固有此鬼神所以體物而不可
遺也
至誠天性也不息天命也人能至誠則性盡而神可窮
矣不息則命行而化可知矣學未至知化非真得也

《钦定四库全书》部分书影

天之处则在于是非法制。天人各有自己所遵循的法则，也有各自擅长的领域，故不会相互干预。

如果说，“天人相分”“天人相胜”的观念更多是从客观理性的角度分析天、人的职能和领域的话，那么在中国思想发展史上影响最大的“天人合一”，则更侧重天人的交互与契合。“天人合一”不仅是中国哲学思想的核心议题，还是中国传统智慧独特思维方式的体现。该命题出自理学大儒张载所著的《正蒙·乾称》。张载立足“太虚—气—物”的本体论架构，以“太虚—性—心”为视角，最早明确提出“天人合一”。在他看来，佛家讲虚妄，“以人生为幻妄”，因为世界是污浊的，所以应遁世；而儒者，“则因明致诚，因诚致明，故天人合一，致学而可以成圣，得天而未始遗人，易所谓不遗、不流、不过者也。彼语虽似是，观其发本要归，与吾儒二本殊归矣”[①]。为承继中唐儒学复兴运动之遗风，彪炳儒家统绪延续之正宗，张载从本体、始源的意义上探求“天人合一”，为天地万物乃至自身的存在寻求根本之道。

除此之外，人作为天地所生之最为灵秀之物，还需要通过对天地万物一体同源的体贴，在成就天地万物的同时最终实现与天地相参合的“同

① ［宋］张载：《张载集》，北京：中华书局，1978年，第65页。

天”境界。从这个意义上说，“天人合一”是需要“诚明”的切身践履来实现的。张载在论述“天人合一”时，特别重视“诚”的概念。儒家重“诚”，尤以《中庸》第二十章最详：“诚者，天之道也；诚之者，人之道也。诚者不勉而中，不思而得，从容中道，圣人也。诚之者，择善而固执之者也。”按朱子的解释，“诚”是真实无妄之谓，是天理之本然，故天道有气化流行、生生不息的品格。[①]人是天道气化流行的结果，因而也禀受了“诚”的特性。就人道来说，圣人之德，浑然天理，不待思勉而从容中道，自然能成；圣人以下，则未能真实无妄，故需要择善之功。这就是说普通人资质平庸，需要通过博学、审问、慎思、明辨、笃行，变化气质，以求人心天命之本然，真知至善之所在，此即人事之当然。

《中庸》第二十一章接续说：“自诚明，谓之性；自明诚，谓之教。诚则明矣，明则诚矣。”人之性禀天道的“诚”，在初始的意义上具有光明的德性，这是由“诚”而“明”的“性”的路径，也就是天道到人道的过程；若从人道上达天道，则需要遵循明乎善、择乎善、实其善的“教”，即因“明”而“诚”的路径。诚明一致，诚则无不明，由明而可以诚。《中庸》言“诚”精一详备，孟子接续《中庸》之言，对“诚”亦有所论：“是故诚者，天之道也；思诚者，人之道也。至诚而不动者，未之有也；不诚，未有能动者也。”（《孟子·离娄上》）不论是在《中庸》抑或《孟子》中，“诚”的基本含义都是真实无妄。张载以“天人合一”为本旨，统合“因明致诚”与“因诚致明”两种路径，近乎孟子之“求义”与荀子之“劝学”，其意在批判释氏“以人生为幻妄”“遗而弗存”，体现了“天人合一”的思想意蕴，辨明儒家学问并非脱离现实的虚空之学，而是讲求“学而成圣”“得天明人”的实在、实际、实用之学。总之，张载在以“气”为本的哲学架构上对“天人合一”做出的努力，旨在表明人是天地所生、所成的，故而禀受天地

① ［宋］朱熹：《四书章句集注》，北京：中华书局，1983年，第31页。

乾坤之德，人生而具足的“天地之性”是先天的真实无妄，后天还可以通过“变化气质”荡涤人性渣滓，回归“天地之性”的人性本初。因此“天人合一”的原初之义，并不是从结构和内容上对天人进行比附对应，而是德性意义上的契合。

张载以“天人合一”作为有力的理论武器，反驳了释道二家迂阔虚妄的布道学说，可以说是对儒家“诚明”之学的高度概括。“天人合一”命题的提出对后世儒者影响巨大，王夫之在后世诸家中对张载“天人合一”的理解和发挥最为全面，他在《张子正蒙注》中对“天人合一”做出如下解释：“诚者，天之实理；明者，性之良能。性之良能出于天之实理，故交相致，而明诚合一。”[①] 王夫之从“天之实理”和“性之良能”入手，释论“诚”“明”的交互关系，认为张载的“天人合一”不仅具有道德本体的意味，而且涵括修身功夫层面的意思。

追溯来看，“天人关系”已然预设了前提，即“天”与“人”之别。无论是从概念生成逻辑，还是从实践逻辑分析，都表明“天”与“人”之间既有差异，又存在内在贯通。早期的中国人基于自身的主体能动性和时代认知的局限性，把“人”置于“天”之下，抑或强调“人定胜天”，都必然有其时代的进步性和局限性。《周易·乾·象》有“天行健，君子以自强不息”，《周易·坤·象》有“地势坤，君子以厚德载物”，天道运旋劲健，人当自强不息，地势厚重宏阔，人当厚德载物，二者都强调“天”与“人”之间的自然自觉贯通性。显然，区隔“天”与“人”而只重某一方面的认识都是顾此失彼的，理性和科学的认识应该说“天人合一”，言“天”（天道）而有“人”（人道）贯通其中，“天”由“人”显；言“人”（人道）则有“天”（天道）融会其中，“人”性不离“天”理。

---

① ［清］王夫之：《张子正蒙注》，北京：中华书局，1975 年，第 333 页。

第二节 “天人合一”是人道德本性的思想根基

论“天人合一”思想的来源最早可追溯到《周易》。《周易》被称为“六经之首，大道之源”。《易·文言》从“德”的意义上，明确了人与天合的契机和轨迹：“夫大人者，与天地合其德，与日月合其明，与四时合其序，与鬼神合其吉凶。先天而天弗为，后天而奉天时。天且弗违，而况于人乎？况于鬼神乎？”“大人”是中国古代理想人格的典范，其以博大的情怀，祛除有我之私的遮蔽，故能不梏于形体之“小我”，在其与天地、日月、四时的贯通融合中，成就澄明事奉天地、不违四时的“大我”。不论是形体层面还是道德层面的“我”，天与人相合的前提都是对人自身的“来源”和“本原”的追究，以及在“人—物”的关系辩证中凝练出人“最为天下贵”的道德根基。

《易·系辞下》：“天地絪缊，万物化醇，男女构精，万物化生。”《易》观照宇宙人类的生存发展情况，将“天地”作为万物的来源，提出“太极化生”的思想。在论及人之所从来的问题时，《易》还将阴阳二气纳入天地万物絪缊造化的过程中：宇宙万物形成之时，其情形有如阴阳二气弥漫渗透，阴阳交感，万物孕育萌生；同时，这一过程还与现实男女构建的人伦秩序相呼应。儒家对“道德”的“人”的推重，使其在“天—人”关系的界定上呈现出道德本位的色彩。这就意味着，“天”不仅是人形体性的来源，还是人道德性的本始，寓意着“天”是“人”道德的升华，因而，人的生存境遇和生活世界的全部就是道德。不论是《中庸》的“天命之谓性，率性之谓道”，还是《周易》的“乾道变化，各正性命。保合大和，乃利贞”，抑或是孟子的“尽心、知性、知天”，都从人之为人存在的根本的“性”那里，将禀赋于“天”的道德性继承下来。因此，在儒家的视域中，“天人合一”从本体、始源、世俗的三重视角，论证天道对人道的规定以及人道对天道的落实，这与今日我们所倡导的人与自然和谐共生的理念并无直接关联。这一思想是一种关于人生理想、人的最高觉悟的学说[①]，它发源于周代，后来发展为孟子的“性天相通”观点与董仲舒的“人副天数”说，到宋代的张载、程颢、程颐而达到成熟。

与儒家论“生生”所衍生出的道德性规定所不同的是，道家在万物生成始源的确立，以及在对待生成问题的态度上，皆呈现出较之于儒家的明显差异，《老子》第四十二章曰：“道生一，一生二，二生三，三生万物。万物负阴而抱阳，冲气以为和。”在老子看来，“道”与“天地”皆为万物所生之本，但“道”是先天地而生的，因此是“道生万物”而非“天地生万物”，因此，从初生的角度看，人与天地万物并无地位上的高下之分，价值的平等性使道家更加关注人与万物、天地的统一性和协调性，通过对自然本性的彰显，自然能通达超脱俗世的境界。《老子》第二十五章言：“人法地，地法天，天法道，道法自然。”“自然”一词由“自”和“然”构成。“自”的本义是鼻子，引申为自己、亲自；“然”是如此的意思。“自然”作为合成词便有了指向自身并强调自身自来如此、自是如此的意思。“自然”是有关状态的修饰词，而非表示实体之外的自然界。

历代注《老子》者都是围绕着“道”展开有关“自然”的讨论的，而非对“自然”做出实体化的理解。吴澄的《道德真经注》言：“道之所以大，以其自然，故曰‘法自然’。非道之外别有自然也，自然者，无有无名是也。”[②]“自然”不是外在于“道”的具体的物，而是对自身的一种反向追究，强调自己是自己的原因，是使自己呈现出符合自身状态的内在动力；再者，“自然”的使用一定是与“道”相关联的，“道法自然”说的是“道”以“自然”为法，表明了“自然”与“道”的不二关系。《庄子》亦有对“自然”的论说，其脱离了《老子》“自然”的政治

① 参见张岱年、程宜山：《中国文化精神》，北京：北京大学出版社，2015 年，第 47—49 页。
② ［宋］吴澄：《道德真经注》，上海：华东师范大学出版社，2010 年，第 35 页。

语境而与人的自然状态关联，强调人的生存、发展乃至人的精神面貌和精神境界无所造作、本真自由的状态。不论是老子对“复归于朴”的发明，抑或是庄子对本真自性的推演阐述，皆体现出道家所理解的“自然”之真义。因此，“天人合一”在道家的语境中，侧重生命价值和本真意义，老庄对万物自然本真的纯粹性作了强调，对人的主观行为的界限和范围也作了规训。

虽然“天人合一”在道家“道法自然”的论述中形成了较为原始和朴素的生态智慧，但在“天人合一”的观念发挥和体系建构上，用力最多的还是儒家。其中，《易》在对待本源问题和生成问题上的“肯定”态度，影响了两汉时期以董仲舒为代表的本源论，促使其从结构和功能上反向类推并寻求人与天相合的证据，为天人的合一性、一体性做出具体性的、实证式的说明。[①] 人与天相合的类比在董仲舒那里形成了较为复杂的系统，他从“为人者天”的角度专论天人相合模式和天人相感机制。董仲舒认为，人从生理上来说是生于父母，但是从根本上来看则源自“天”。《春秋繁露·为人者天》说：“为生不能为人，为人者天也。人之人本于天，天亦人之曾祖父也。此人之所以乃上类天也。”[②] 作为曾祖父“天”的后代子孙，人具有基因遗传上的延续性和一致性。人不论是在身体结构还是精神内容上，都与天有着一一对应的关系，人之生本于天，人具备了“天”的全部结构和属性，所以，人体的结构是“天”的微缩态表现，是“大宇宙”投射到个体生命中的“小宇宙”。作为“天”的副本，人与天的契合处主要表现在“副数”和“副类”两个方面。

《春秋繁露·人副天数》中说：“天以终岁之数，成人之身，故小节三百六十六，副日数也；大节十二分，副月数也；内有五藏，副五行数也；外有四肢，副四时数也；乍视乍瞑，副昼夜也；乍刚乍柔，副冬夏

---

① 张立文：《儒家和合生态智慧》，《黑龙江社会科学》2013 年第 1 期。

② ［清］苏舆撰，钟哲点校：《春秋繁露义证》，北京：中华书局，1992 年，第 318 页。

也；乍哀乍乐，副阴阳也；心有计虑，副度数也；行有伦理，副天地也。”[①] 这段话翻译成现代文就是：从数量上看，天一年366日，人有366小节骨；一年12个月，人有12大骨节；人的心肝脾肺肾五脏与金木水火土五行相副；天有春夏秋冬四时与人的四肢相副；人白天苏醒晚上睡觉与天的昼夜相副；刚柔与冬夏相副……从类别上看，人的心计思虑情感乃至伦理道德皆与天相副……“副数”与“副类”皆是“天人一体”的表现，故曰：“此皆暗肤著身，与人俱生，比而偶之弇合。于其可数也，副数；不可数者，副类。皆当同而副天，一也。”[②] 董仲舒把从人的身体组织、心理活动到精神意识、伦理道德等各个方面，都与自然之天的日、月、四时、五行、昼夜、阴阳、天地做了一体同构的比附和类推，这种比附虽无现代科学的实证，但董仲舒凭其对自然现象的观察，及对天人对应关系的反思，最大限度地在理论的“比附”层面上有所创新，这是值得肯定和借鉴的。

尚需说明的是，董仲舒对天人“副数”和“副类”的推论，并未停留在静态的结构类比上，天人之间既然是“相类”的，那必然存在动态交互的过程，即天人之间的感应和沟通机制：天有阴阳变化，阴阳是天地之常；人有情性分殊，情性是人之常。董仲舒从确立“天”的权威性入手，在“人”能“副天”和“偶天”的层面强调了“人”的特殊所在，目的在于为统治者权力来源和治理秩序寻求“天”的庇佑，同时为维护汉帝国政统的合理性和正当性作出具有理论高度的辩护。

基于这种天人比附性、一体性的论说，董仲舒夯实了“天”是人的曾祖父的观念。并以此警醒统治者在治国理政的问题上要戒慎恐惧：“以观天人相与之际，甚可畏也。国家将有失道之败，而天乃先出灾害以谴

① ［清］苏舆撰，钟哲点校：《春秋繁露义证》，北京：中华书局，1992年，第356—357页。
② ［清］苏舆撰，钟哲点校：《春秋繁露义证》，北京：中华书局，1992年，第357页。

告之，不知自省，又出怪异以警惧之，尚不知变，而伤败乃至。”[①]剥离政权维系和社会治理的考虑，若从生态保护的角度来理解董仲舒这段话，我们可以做出如下理解：自然之天对破坏、祸害生态环境的失德的国家和人类进行严正的谴责，并以降“灾害”——大旱、洪涝、虫害等，予以警示，希望人类以之为戒，及时反省自身的所作所为；如果人类不自省改过错误，将破坏、祸害自然生态的败德行为持续下去，那么，自然之天就会以更大的灾难（“怪异”）——大地震、强飓风、龙卷风、海啸等，给国家人民的生命财产造成不可估量的损失和巨大的破坏，使人类对自然现象有所恐惧进而有所敬畏；如果降灾害以谴告、出怪异以警惧，人类还不知悔过，继续顽固不化，那么等来的就只能是末日降临。就全世界而言，末日的到来意味着人类社会的终结。这是生态危机给人类敲响的警钟，人类若再三不听自然之天的警告，继续做破坏生态的败德行为，自然之天就会加倍惩罚人类，人类自己酿成的苦酒只能自己饮尽。

那么作为“天”之“副本”的“人”如何实现天人相契呢？《中庸》首章有云：“天命之谓性，率性之谓道，修道之谓教。道也者，不可须臾离也，可离非道也。是故君子戒慎乎其所不睹，恐惧乎其所不闻。莫见乎隐，莫显乎微，故君子慎其独也。喜怒哀乐之未发，谓之中；发而皆中节，谓之和。中也者，天下之大本也；和也者，天下之达道也。致中和，天地位焉，万物育焉。”宋代理学集大成者朱熹，把人与天地、日月、自然的“合”，诠释为人与自然的“一体”。他说：“盖人之所以为人，道之所以为道，圣人之所以为教，原其所自，无一不本于天而备于我。”“盖天地万物本吾一体，吾之心正，则天地之心亦正矣，吾之气顺，则天地之气亦顺矣。故其效验至于如此。”[②]天地万物之所以本吾一体，其效验就在于，若吾的心和气正、顺，那么天地的心和气亦正亦顺。明代心体学

① ［汉］班固：《汉书》，北京：中华书局，1962 年，第 2498 页。
② ［宋］朱熹：《四书章句集注》，北京：中华书局，1983 年，第 17—18 页。

的集大成者王阳明在《大学问》中释“亲民”时说：“大人者，以天地万物为一体者也，其视天下犹一家，中国犹一人焉。若夫间形骸而分尔我者，小人矣。大人之能以天地万物为一体也，非意之也，其心之仁本若是，其与天地万物而为一也。岂惟大人，虽小人之心亦莫不然，彼顾自小之耳。”[①] 阳明先生以天地万物为一体作为区分“大人”与“小人”的德性标准，以“正和心仁”的德性形而上学来校验人与天相合的一体性。

天地“生生”之大德不仅赋予了人外在形体上的“模本”意义，更具有内在德性的范本意蕴，这是人“为天下贵”的价值来源，其现实依据表现为人禽之别。孟子从“人之所以异于禽兽者几希”（《孟子·离娄下》）的人禽之别处入手，挺立人之为贵的“善性”：“所以谓人皆有不忍人之心者，今人乍见孺子将入于井，皆有怵惕恻隐之心。非所以内交于孺子之父母也，非所以要誉于乡党朋友也，非恶其声而然也。由是观之，无恻隐之心，非人也；无羞恶之心，非人也；无辞让之心，非人也；无是非之心，非人也。”（《孟子·公孙丑上》）作为天之所赋的本然、全然善性，在孟子那里是以“心善”的经验考察来论证的，通过心有“四端”之善推论出人的本善全善之性：“恻隐之心，仁之端也；羞恶之心，义之端也；辞让之心，礼之端也；是非之心，智之端也。”（《孟子·公孙丑上》）孟子在心性层面提出的“求其放心”“善养吾浩然之气”的功夫进路，在于进一步巩固由经验推论而来的“性善”之论，进一步明确这一点灵明的道德自觉，正是人禽之别的根本所在。

荀子对孟子的“性善”说不仅有质疑，还有批判。与孟子以人禽之所“别”为入手处不同，荀子本于人禽之所“同”，得出“人之性恶，其善者伪也”的结论。《荀子·性恶》言：“然则从人之性，顺人之情，必出于争夺，合于犯分乱理而归于暴。故必将有师法之化、礼义之道，然

---

① ［明］王守仁撰，吴光等编校：《王阳明全集》（下），上海：上海古籍出版社，2014 年，第 1066 页。

后出于辞让，合于文理，而归于治。用此观之，人之性恶明矣，其善者伪也。”在荀子看来，人与动物共同具备的好利、疾恶、声色等生存欲求，是“人性”之“恶”的体现。生存欲求本为成就生命而非役使生命，有其现实合理性，但由于人性之“恶”的作祟，人生命的原有境况不仅未曾有过改观，反而导致社会纷争和混乱的出现，但这并不是说人性只有“恶”的因素而无“善”的价值。荀子不是不加分别地压制人的一切生存欲求，而是提出“以养人之欲，给人之求”的去堵取疏的方式，实现对人的合理生存欲求的引导。此外，圣人“隆礼重法”的制度教化，亦是教人向善的必要步骤，当人性中“恶”的因素完全蜕变后，人人皆可为尧舜。《荀子·王制》曰：“水火有气而无生，草木有生而无知，禽兽有知而无义，人有气、有生、有知，亦且有义，故最为天下贵也。力不若牛，走不若马，而牛马为用，何也？曰：人能群，彼不能群也。人何以能群？曰：分。”人禽生存欲求之所同，并未妨碍人为天下最贵地位的确立，人性的去恶扬善在于“圣人”后天之教化，以及通过道德教化将获取的道德原则应用于生存实践；人禽之所同者在于生命形体和生存欲求，所异者在于道德自觉基础上形成的道德意识和道德行为。

人与物皆生于天地间，在本源和本始的意义上，人与物并无高下之分。人能成为至贵的存在，不仅体现在后天的道德教化，还在于人能给万物以生命尊重和情感体贴。人被确立为天地间最“灵秀”的存在，表明人要承担最为重要的责任，即以“成人”的姿态参与到天地万物的化育之中。在此过程中，将道德规范和道德原则内化并应用到人与自我、他者、社会、自然的关系建构中，这才是真正意义上的“天人合一”。

第三节　“天人合一”是“人与自然和谐共生”生态观的精神滋养

党的十八大以来，以习近平同志为核心的党中央，深入挖掘中华优秀传统文化中的生态文明思想和生态哲学智慧，将“天人合一、万物并育”的思想进行创造性转化、创新性发展，深入推进生态文明的理论创新、实践创新、制度创新，并形成了习近平生态文明思想。党的二十大擘画了全面建设社会主义现代化国家、以中国式现代化全面推进中华民族伟大复兴的宏伟蓝图，并明确提出“推动绿色发展，促进人与自然和谐共生”的要求。生态文明建设是关系人民福祉、关乎民族未来的长远大计，同时也是中国式现代化的重要特征，是全面建设社会主义现代化国家的内在要求。建设美丽中国不仅要旗帜鲜明地强调按照生态系统的整体性、系统性及其内在规律开展生态文明建设，同时也要厚植于中华优秀传统文化的沃土，以“天人合一、万物并育”的源头活水滋养生态文明建设的实践，用中国道理总结好中国经验，把中国经验提升为中国理论，为全球可持续发展贡献中国力量。

2023 年 6 月 2 日，习近平总书记在文化传承发展座谈会的讲话中指出，“中华优秀传统文化有很多重要元素……共同塑造出中华文明的突出特性”[①]，列举出的中华优秀传统文化中的诸多重要元素中，就包含“天人合一、万物并育的生态理念”。“天人合一”体现了中华优秀传统文化中有机的宇宙观、人生观和生态观，“万物并育”则彰显了人与自然和谐共生的生态文明理念的文化积淀和历史根脉。中华民族传统的“天人合一”思想为推动新时代生态文明建设贡献了理论依据和方法性指

① 习近平 :《在文化传承发展座谈会上的讲话》,《求是》2023 年第 17 期。

导。[①]

第一，以敬畏生命的智慧，处理好人与自然的关系。《论语·泰伯》言："唯天为大，唯尧则之。"天是最为广大的，并以其不变的规律引导万物出生和成长，天生物、成物的"大德"是人类应该敬畏和效法的。《论语·季氏》载："孔子曰：'君子有三畏：畏天命，畏大人，畏圣人之言。'""君子"是兼备地位和德行的儒家理想人格典范，他不仅能向内自省己身，还能向外观照万物，基于对"天命"的体思勘悟，君子心中有所"敬畏"。"敬畏"与"恐惧"不同，前者是基于道德自觉，后者则是情绪体验，"敬畏"更多的是一种近乎宗教信仰的情怀。这从我国各民族的图腾崇拜中，可窥见一二。他们将自然界的有形可见的万物作为族类的标识，有的重在自然物，如天、地、山、石、水、火、风、云，有的重在自然力，即将具体的自然物神化，如水有水神、火有火神、雨有雨神、土有土地神、灶有灶神、山有山神，更有以自然现象为崇拜对象的。《国语·鲁语上》言："加之以社稷、山川之神，皆有功烈于民者也。及前哲令德之人，所以为明质也。及天之三辰，民所以瞻仰也。及地之五行，所以生殖也。及九州名山川泽，所以出财用也。"名山大川能兴云致雨，以利天下，是人们生存所依赖的对象，故能引发人们对自然界异己力量的崇拜，因而自然被普通人所敬畏。正因为有着对自然物、自然现象背后自然力量的敬畏和尊重，才不会对自然施以破坏行为；反之，对天地自然的无视和糟践，是不知义理的、败德的小人的行为。《史记·孔子世家》载："仲尼曰：'山川之神足以纲纪天下，其守为神，社稷为公侯，皆属于王者。'"[②] 祀以为神的，都是老百姓所敬畏的，这就是对自然神的敬畏，是对自然的崇拜。

人类之所以要敬畏尊重天地自然，是因为天地自然与人类一样是有生命的，草木虫鱼鸟兽与人一样皆为有感知的生命体，与人共同构成了

① 参见张立文：《儒家和合生态智慧》，《黑龙江社会科学》2013 年第 1 期。

② ［汉］司马迁：《史记》，北京：中华书局，1959 年，第 1913 页。

丰富的、动态的多元世界。就草木来说，植物不仅利用光进行光合作用，而且它将其作为自身生长的方式。现代科学家发现一种植物有其特定的基因组，这种专属植物并决定植物生长的基因组与动物的基因组竟然部分相似。达尔文曾认为，被人们称之为分裂组织的部分“根”的顶端，或许扮演了一些低等动物大脑的角色，接受感觉输入并指挥植物的行动。现代研究表明，植物也有嗅觉、听觉、触觉，陷于困境会作出防御，拥有不同类型的记忆，是复杂的生物体，过着丰富而感性的生活。

尊重生命，对生命持有敬畏之情，是人类与自然交往中所必须遵守的基本原则，更是人类的底线道德。人类敬畏自然，自然亦会敬畏人类；人类尊重自然，自然亦会尊重人类。人类与自然在互相尊重、敬畏中，装点百花齐放的美丽大地，建设百鸟齐鸣的美好家园。

第二，以仁民爱物的智慧，处理好保护与发展的关系。孟子说：“君子之于物也，爱之而弗仁；于民也，仁之而弗亲。亲亲而仁民，仁民而爱物。”（《孟子·尽心上》）意思是说，君子对于草木禽兽、自然万物，爱惜它，却不用仁德对待它；对于百姓，用仁德对待他，却不亲爱他。君子亲爱亲人，因而仁爱百姓；仁爱百姓，因而爱惜自然万物。孟子仁民爱物的“局限”不仅表现为“仁”与“爱”的脱离，还在于“仁”“爱”的推广是有主次顺序的，也正因如此，墨子批评儒家的爱是有分别亲疏的“差等之爱”，不是无分别的“兼爱”“博爱”。就当下来说，仁民爱物要求我们面对外在于己的关系时，包括自然、万物、他人在内，皆要平等地以仁德之心施亲爱之情，这才是“仁民爱物”的真实内涵。

对待自然万物仁德亲爱的自觉，中华民族早已有之。孔子说：“钓而不纲，弋不射宿。”（《论语·述而》）孔子自己钓鱼，不用绳网捕鱼；射鸟，不射已归巢的鸟。用网捕鱼，大鱼小鱼一齐捕来，会断了鱼的生长和繁殖，所以孔子反对妄杀滥捕；不射栖宿巢中的鸟，体现了一种仁爱万物的思想。《史记·孔子世家》记载得更为详细：“丘闻之也，刳胎杀夭则麒麟不至郊，竭泽涸渔则蛟龙不合阴阳，覆巢毁卵则凤皇不翔。何则？君子讳伤其类也。夫鸟兽之于不义也尚知辟之，而况乎丘哉！”[①]剖腹取胎，竭泽而渔，覆巢毁卵，这种灭绝生物的做法，剥夺了生物自然长成的机会，预示着祥瑞的麒麟、蛟龙、凤凰便不再出现，人类将面临恶劣的生存环境，并会引发巨大的灾难。

如果有爱惜生物的意识，保护生态的自觉，人们就能丰衣足食，日用不尽。《孟子·梁惠王上》记载了“利于吾国”长久发展的一些有益的生态保护方法：“不违农时，谷不可胜食也；数罟不入洿池，鱼鳖不可胜食也；斧斤不入山林，材木不可胜用也。谷与鱼鳖不可胜食，材木不可胜用，是使民养生丧死无憾也。养生丧死无憾，王道之始也。”按照春生夏长秋获冬藏的时令要求开展农业生产，则粮食吃不尽；细密的网不入湖塘，鱼鳖之类的水产就吃不完；在草木凋零的时候，按照季节要求入山伐木，那么木材就足够使用。用以保障百姓生产生活的物质条件都满足了，那么百姓就会拥护为政者的统治，这便是仁政王道的端始。

对自然敬畏，必须有对万物的仁爱之心。《孟子·梁惠王上》记载了孟子和齐宣王关于“保民而王”的对话，孟子认为齐宣王是具备“保民而王”的资质的，这体现在一件小事上。齐宣王曾对一头将要用于祭祀的牛有所感触，因不忍其遭遇，见不得牛恐惧的样子，故下令将其放生。孟子由此说道：“君子之于禽兽也，见其生，不忍见其死；闻其声，不忍食其肉。是以君子远庖厨也。”齐宣王的这种“不忍”正是“仁爱”的表现。君子对于飞禽走兽，看见它们活着，便不忍心再看见它们死去；听到它们悲鸣哀号，就不忍心再吃它们的肉。这就是不忍的爱心的体现，若能将这种不忍的爱心落实为爱惜生物、仁爱生态的实践，则能实现发展与保护的双向布局。2016 年 1 月，习近平总书记在重庆召开推动长

---

① ［汉］司马迁：《史记》，北京：中华书局，1959 年，第 1926 页。

江经济带发展座谈会，明确提出，当前和今后相当长一个时期，要把长江生态环境修复摆在压倒性位置，共抓大保护、不搞大开发。2021年1月，长江流域重点水域开始实行“十年禁渔”，长江生态环境得以修复的同时，水生生物也得以休养生息。保护生态和经济发展不是矛盾对立的，而是辩证统一的关系。只有生态的底色铺就得扎实，社会的发展才会一路生花。

第三，以中和并育的智慧，处理好生态文明与人类文明的关系。《中庸》说：“中也者，天下之大本也。和也者，天下之达道也。致中和，天地位焉，万物育焉。”尚和取中是天下的大本、大道，执其两端而用其中不是调和主义，更不是二分对等，而是在是非善恶的选择上有其原则。在对待自然万物的问题上，人类若能抛却中心主义的优越感，将自身置于与自然万物平等的地位上，便能在戕害自然与维系自然的“两端”中，自觉以尊重、顺应和保护为选择。若能如此，人类便能投身于化育天地万物的过程，这样“万物并育而不相害，道并行而不相悖”。天地自然界中多样的万物共同发育、生长而不相损害，共同生存而不相违背，人类也见证并记录自然万物乃至自身的变化发展，此即为与天地相参。

维护自然生态的多样性，使万物共同发育、生长、生存，而不相害相悖，必须有一种如孟子所说的“不忍人之心”，比如“今人乍见孺子将入于井，皆有怵惕恻隐之心”。王守仁解释说，“是故见孺子之入井，而必有怵惕恻隐之心焉，是其仁之与孺子而为一体也；孺子犹同类者也，见鸟兽之哀鸣觳觫，而必有不忍之心焉，是其仁之与鸟兽而为一体也；鸟兽犹有知觉者也，见草木之摧折而必有悯恤之心焉，是其仁之与草木而为一体也；草木犹有生意者也，见瓦石之毁坏而必有顾惜之心焉，是其仁之与瓦石而为一体也：是其一体之仁也，虽小人之心亦必有之。是乃根于天命之性，而自然灵昭不昧者也”[①]。人以不忍人的仁爱之心，与鸟兽、草木、瓦石一体，孺子之入井，鸟兽之哀鸣，草木之摧折，瓦石之毁坏，都是对生态环境的破坏。人类与“天地万物为一体”，人类根源于天命之性的怵惕恻隐之心，见鸟兽而发为不忍之心，见草木而发为悯恤之心，见瓦石而发为顾惜之心。人类的这种不忍的仁爱之心，孕育出自然万物共生并育的伦理原则和文明形态。

生态环境是人类生存和发展的根基，甚至直接影响文明的兴衰演替。中华文明得以传承千年而未曾间断，一定程度上得益于“中和并育”的生态意识和卓越智慧。人类的社会发展史、文明变迁史，就是一部人与自然的关系史。古今中外都曾出现过因为毁坏自然环境而导致文明衰败乃至消亡的惨痛教训。这警示我们，必须放弃肆意掠夺的野蛮征服行径，人不能违背自然规律，必须与自然和谐共生。生态文明是人类社会发展到一定阶段的产物，是人类文明的重要构成，其蕴含了人类发展的经验教训，同时指明了未来社会发展的正确航向。工业化创造了物质财富增长的奇迹，同时也造就了精神高度发达的工业文明，但不少国家都走上了牺牲生态环境换取经济效益导致全球生态危机的老路，进而严重影响了经济社会发展和人们的生活质量。因此，要正确把握生态文明与人类文明的关系，深刻理解生态文明是人类文明的新形态，在尊重自然规律和生态环境的基础上，推动生态文明跃上新台阶。

第四，以顺应自然的智慧，处理好内在自觉与外部约束的关系。中华民族较早就有保护生态、遵守自然规则的自觉意识，并使之制度化、法律化。古代的环保立法可追溯到上古时期，《逸周书·大聚》记载了禹颁布实施的保护环境、丰富物产的禁令，“旦闻禹之禁：春三月山林不登斧，以成草木之长；夏三月川泽不入网罟，以成鱼鳖之长；且以并农力

① ［明］王守仁撰，吴光等编校：《王阳明全集》（下），上海：上海古籍出版社，2014年，第1066页。

执，成男女之功。夫然，则有生而不失其宜，万物不失其性，人不失其事。天不失其时，以成万财。万财既成，放此为人。此谓正德”。春季实行“山禁”，夏季实行“休渔”，以此聚合农事生产，成就耕织之事。土地便不会失去它的肥力，万物也不会丧失它的功用。

以苛厉而著称的秦律专门设立了环境保护的律法条款，在湖北云梦出土的睡虎地秦简《秦律十八种·田律》中，可以看到秦人对包括春季砍伐在内的“不用时”之举作出的严格规范：“春二月，毋敢伐材木山林及雍（壅）堤水。不夏月，毋敢夜草为灰，取生荔、麛鷇（卵）鷇，毋□□□□□□毒鱼鳖，置阱罔（网），到七月而纵之。唯不幸死而伐绾（棺）享（椁）者，是不用时。邑之新（近）皂及它禁苑者，麛时毋敢将犬以之田。百姓犬入禁苑中而不追兽及捕兽者，勿敢杀；其追兽及捕兽者，杀之。河（呵）禁所杀犬，皆完入公；其它禁苑杀者，食其肉而入皮。”[①] 值得注意的是，除了春季山林禁伐的规定外，《田律》还提到了“雍堤水”的河道治理与水利规划，以及对草木焚烧产生烟尘污染大气行为的禁绝。

20世纪90年代，敦煌考古发现西汉平帝元始五年（公元5年）的《四时月令·诏条》，其内容与《礼记·月令》的精神相一致。《礼记·月令》是政令和月令相统一的条令规定，上至帝王、下到百姓都必须遵守，这就包括了古代农事活动和保护生态的管理条例，如：孟春之月，“天地和同，草木萌动，王命布农事……命祀山林川泽，牺牲毋用牝，禁止伐木，毋覆巢，毋杀孩虫、胎夭飞鸟，毋麛母卵”。大地回春，阴阳和同，草木开始发育生长。祭祀不用雌性禽兽，以利繁殖，禁止砍伐山林，杀幼虫、胎鸟、母卵等，保护生态。仲春之月，“毋作大事，以妨农之事。是月也，毋竭川泽，毋漉陂池，毋焚山林”。为了不妨碍春耕生产，不大量征用劳役、兵役。不使川泽干涸，陂池有充足的积水，不烧山林。保证人和禽

① 王辉、王伟：《秦出土文献编年订补》，西安：三秦出版社，2014年，第222页。

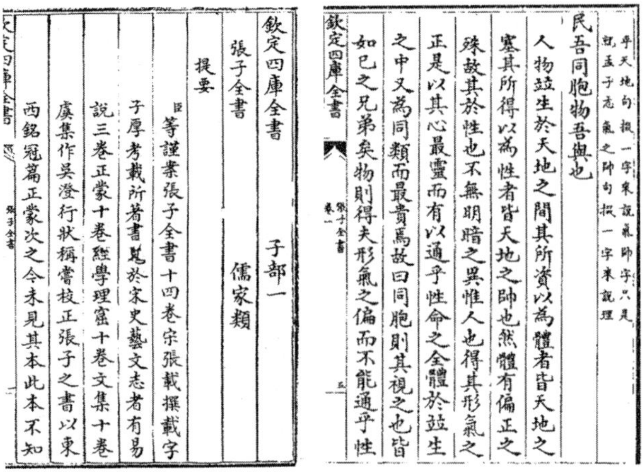
欽定四庫全書　子部一

張子全書　儒家類

提要

臣等謹案張子全書十四卷宋張載撰載字子厚考載所著書見於宋史藝文志者有易說三卷正蒙十卷經學理窟十卷文集十卷虞集作吴澄行狀稱嘗校正張子之書以東西銘冠篇正蒙次之今未見其本此本不知

欽定四庫全書　張子全書

乎天地句拟一字來說氣帥字只是說孟子志氣之帥句拟一字來說理

民吾同胞物吾與也

人物竝生於天地之間其所資以為體者皆天地之塞其所得以為性者皆天地之帥也然體有偏正之殊故其於性也不無明暗之異惟人也得其形氣之正是以其心最靈而有以通乎性命之全體於竝生之中又為同類而最貴焉故曰同胞則其視之也皆如己之兄弟矣物則得夫形氣之偏而不能通乎性

欽定四庫全書　張子全書　卷一　五

《钦定四库全书·张子全书卷一》书影

兽的饮用水和农田灌溉用水，使山林披上绿装。季春之月，“命司空曰：‘时雨将降，下水上腾，循行国邑，周视原野，修利隄防，道达沟渎，开通道路，毋有障塞。’田猎罝罘，罗罔毕翳，喂兽之药，毋出九门。是月也，命野虞无伐桑柘，鸣鸠拂其羽，戴胜降于桑，具曲植籧筐”。整修堤坝，以防洪涝灾害。鸟兽方孵出，伤害幼小鸟兽，是逆天理的行为。田猎不能用网罗，不能投药。命令管理农事和山林的官员，不能砍伐喂养蚕的桑树、柘树。蚕将生时，鸣鸠其翼相击，戴胜降于桑，养好蚕而获丝，体现了保护自然、爱护动物的生态智慧。

《礼记·月令》还记载夏、秋、冬生产农时的禁忌。如孟夏之月，“毋起土功，毋发大众，毋伐大树……是月也，驱兽毋害五谷，毋大田猎”（《礼记·月令》）。当时中国未种植棉花，做衣饰主要靠蚕丝，因此农桑是人们衣食的重要来源。为了保证农桑，而不劳民，不砍伐大树，不进行大的田猎活动，以及驱野兽防止其危害粮食收获。季夏之月，“树木方盛，乃命虞人，入山行木，毋有斩伐”（《礼记·月令》）。当然，到季秋之月，“草木黄落，乃伐薪为炭”（《礼记·月令》）。秋末，草木枯黄，就可以砍伐一些树木了。季冬之月，“命农计耦耕事，修耒耜，具田器”（《礼记·月令》)。修理农具田器，以备来年春耕生产。《礼记·月令》体现了古人尊重自然生态、保护自然生态的自觉意识，并在顺应自然节气、动植物生长规律的基础上，规定了具体的和合生态保护的措施和办法，这种由内在自觉上升至外在约束的生态保护路径，延续成为中华民族历代所遵循的信条，并在不断的补充和完善中成为严格的法律规范，在严密的制度、严格的法治规训下，尊重自然生态，爱护天地万物内化为人的行为自主，使刚性的法律成为不可逾越的底线，同时也能激发全社会保护生态的内生动力。

中华民族自古以来就主张人与自然和谐共生，尊重自然、顺应自然、保护自然。“天人合一、万物并育”的理念直到今天依然是我们进行生态文明建设、生态环境保护的重要滋养。人与自然和谐共生事关中华民族永续发展，是中国式现代化鲜明的底色。“万物各得其和以生，各得其养以成。”基于中国的基本国情、发展的资源禀赋，以及人民对美好生活的向往，2005 年 8 月 15 日，时任浙江省委书记的习近平同志在湖州安吉余村考察时，首次提出“绿水青山就是金山银山”的科学论断，揭示出生态环境本身就蕴含着巨大的社会经济价值，保护生态环境就是实现高质量发展，改善生态环境就是构建新发展格局，为实现发展和保护协同共生指明了前进方向，提供了根本遵循。

党的十八大以来，在习近平生态文明思想的指引下，我国生态环境保护发生历史性、转折性、全局性转变，生态文明建设取得举世瞩目的成就，保护生态环境逐渐成为深入人心的重要理念和价值认同，“绿水青山就是金山银山”也随之成为家喻户晓的金句。2023 年 7 月 17 日至 18 日，全国生态环境保护大会在北京召开，习近平总书记出席会议并发表重要讲话，深刻阐释了继续推进生态文明建设必须正确处理的“五个重大关系”。“五个重大关系”的重要论述，既是理论的高度概括，又是实践的经验总结，蕴含着科学的方法论，不仅标志着美丽中国建设取得重大进展，同时也标志着党对生态文明建设的规律性把握提升到了新的阶段。2023年6月，经十四届全国人大常委会第三次会议决定，将8月15日设为全国生态日，这一标志性、首创性、独特性活动日的确立，具备全社会高度的思想共识和坚实的现实基础，有利于不断推动生态文明建设取得新成效。

良好的生态环境为我们提供了衣食住行的资源，我们应当充满感恩，并以和合共生的生态智慧投身到敬畏生命、仁民爱物、中和并育、顺应自然的生态实践中去，坚持绿色、低碳、可持续的生产方式和生活方式，坚定不移走生产发展、生活富裕、生态良好的文明发展道路，真正行动起来，做“绿水青山就是金山银山”理念的积极传播者和模范践行者。

第七章 自强不息

习近平主席在二〇二四年新年贺词中指出 :“中国以自强不息的精神奋力攀登，到处都是日新月异的创造。”新时代以来，在以习近平同志为核心的党中央坚强领导下，全体中华儿女自强不息、踔厉奋发，我国经济社会发展取得历史性成就、发生历史性变革，迈上全面建设社会主义现代化国家的新征程。在中华民族发展史上，“自强不息”是中华文明的精神标识和文化精髓，是维系中华民族生存永续、助力中华民族取得丰功伟绩的强大精神动力。英勇坚强的中国人民自古就明白，世界上没有坐享其成的好事，唯有执着不懈地奋斗、变革求新地开拓，才会成就幸福生活、美好生活。

第一节 《周易》是“自强不息”精神的文化源头

“自强不息”精神源自《周易》，并随时代变迁而不断被赋予新的思想内涵，无论是先秦诸子以“道德之义”的君子品格解之，还是汉唐经学以“天人感应”的人政合一解之，抑或是宋明理学以“理欲之辩”的天理周流、至大至公解之，都以其为人最高贵的道德美德，成为无数志士仁人的精神信条。尤其是鸦片战争以来，国家蒙辱、人民蒙难、文明蒙尘，“自强不息”精神成为中华民族抵御外侮、力争独立的精神支柱，先进的中国人自觉学习国外先进理论，挽救中华民族于水火之中，最终中国共产党人发扬历史主动精神，艰苦奋斗、自强不息，带领中国人民实现站起来、富起来、强起来，现在正迈步走向建设社会主义现代化强国的新征程！

从字面言，“自强不息”的“自”意味着“自己”，即某一主体，既可能是个体，也可能是集体 ;“强”意味着“强大”，既表明了个体或集体的奋斗目标的“强大”，也表明为实现自己变强大或集体有威望而具备的功夫手段和修养过程，即由小变大、由弱变强；“息”意味着停止、止息,“不息”意味着主体的奋斗历程永不止息。这里涉及的主要问题有：“自强不息”的主体是谁？为什么“自强不息”？“自强不息”的本质是什么？若要回答这些问题，就要从“自强不息”的源头说起。

“自强不息”语出《易经·乾》:“天行健，君子以自强不息。”作为《周易》首卦,《乾卦》在《易传》(“十翼”)的话语体系中象征天道，即《彖传》所说:“大哉乾元,万物资始,乃统天。”清代王引之曾引用《尔雅》《国语》的语例解说“天行”，所谓“古人谓天道为天行也”。[1]天道运行化生万物的过程，被《易传》概括为“健”。健，刚健也。以“健”来描述天道，屡见于《易传》之中。如《系辞下传》:“夫乾，天下之至健也。”《说卦传》:“乾，健也。”均是以“健”来描述天道运行之法，所以解释《周易》六十四卦卦象的《大象传》也总结为“天行健”。“天行”即天道,“健”即刚健有为,“天行健”表明天道运旋不息、周流不止、生生不已。可见，天道运行刚健有为是《易传》对天道的总体认识和根本看法。

同时,《周易》又推天道以明人事,“《易》所以会天道人道也”[2]。故《大象传》言天道运行刚健有为之后紧随“君子以自强不息”之语。在先秦古语中，“健”与“强”意近可通。如《战国策·秦策二》:“楚客来使者多健。”高诱注:“健者,强也。”[3]由是言人道之“自强”就与言天道之“健”形成了呼应。《大象传》用“以”字联结“天行健”与“自强不息”，在一定意义上也是贯通天人的体现。“天行健，君子以自强不息”，即言天道永远处于川流不息、运转生化的过程中，因此君子也应该效法天道的刚健品格,发奋拼搏,积极进取,使有限的生命永不懈怠,获得永恒价值,

---

① 王引之考辨“天行健”曰:“《尔雅》:‘行，道也。’天行谓天道也。《晋语》:‘岁在大梁，将集天行。’韦昭注曰:‘集,成也。行,道也。言公将成天道也。’是古人谓天道为天行也。”

② 荆门市博物馆编 :《郭店楚墓竹简》，北京 : 文物出版社，1998 年，第 194 页。

③ [汉]刘向集录 :《战国策》，上海 : 上海古籍出版社，1985 年，第 157 页。

诚如孔子弟子卜商（子夏）《子夏易传》所言："健而不息，天之运也；自强而成德者，君子之事也。"从中华民族发展史看，凡有所建树的人都自觉"自强不息"，"自强不息"是人进德修业的必然进路和自觉选择。

"天行健"与"君子以自强不息"融会贯通，天道寓于人道、人道内蕴天道。自天道的"自然本然"而言，"天"意味着"健顺之道"；自人道的"必然如此"而言，"君子"务必"自强不息"。唐孔颖达《周易正义》指出："'天行健'者，谓天体之行，昼夜不息，周而复始，无时亏退，故云'天行健'。此谓天之自然之象。君子以自强不息，此以人事法天所行，言君子之人用此卦象，自强勉力，不有止息。"在古人看来，日月星辰等天体，运旋不息，此之谓"天行健"，体现着天体的刚健不已、亘古不变的自然现象。同时，古人还把最朴素的天体的运旋与人的奋斗精神相类比，用人事的努力奋进、修德不止仿效卦象，凸显人自强不息的必然和应然。[①]可见，《乾卦·象传》中的"自强不息"实际上蕴含了两个层面的内容。首先，强调人应当刚健有为，积极进取。既然"人"与"天"合一、人道与天道贯通，作为"人"，必然要"自强不息"，犹如天道的"健顺不息"。人在自我的成熟成长过程中，务必努力学习，不断进步，做到刚毅卓绝、不屈不挠。在《周易》的思想世界里，天道已然内蕴了人道，人道是天道的自然显见，诚如《中庸》所言："天命之谓性，率性之谓道，修道之谓教。道也者，不可须臾离也，可离非道也。是故君子戒慎乎其所不睹，恐惧乎其所不闻。莫见乎隐，莫显乎微，故君子慎其独也。喜怒哀乐之未发，谓之中；发而皆中节，谓之和。中也者，天下之大本也；和也者，天下之达道也。致中和，天地位焉，万物育焉。"人之"性"秉承"天"，人率性而为、自然如此即是"天道"的本然如此，"诚者，天之道"；人修道的过程就是自我教化和教化育人

① 温海明主编：《自强不息　厚德载物》，北京：人民出版社，2022年，第19页。

的过程，“诚之者，人之道”。人作为生存于世界中的存在物，从其本质而言，“人”自然而然是“天”的化生，人道是天道的转换语。回到“天行健，君子以自强不息”，结论的必然性在于，“自强不息”就是人的本质属性、必然如此而已，与“健顺之道”乃“天道”本然如此，其道理一样。“自强不息”是君子效法“天行健”而自觉修养的过程，因为一个人或集体的社会责任感和历史使命感，使他或他们自力更生、艰苦奋斗，发奋图强、励精图治，与天道合拍、与命运共存。“天行健”“君子自强不息”与《中庸》“诚者，天之道”“诚之者，人之道”相对应，充分说明了人追求奋发向上、自强不息精神的逻辑必然，为个体人或集体主体秉承自强不息精神，明确了天理天道的根据。

其次，“自强不息”强调人应追求“日新”和“不息”，要求人们在进取的过程中时刻激励自己永不懈怠，不断推陈出新。《周易》除《乾卦》外，《大畜卦·彖传》亦言：“大畜，刚健笃实辉光，日新其德。”《系辞上传》云：“富有之谓大业，日新之谓盛德，生生之谓易。”“自强不息”的人生观和世界观在《周易》中是一以贯之的。“自强不息”所强调的“不息”还可从《中庸》第二十章谈及博学、审问、慎思、明辨、笃行修养方法时所论及的“弗措”中得到佐证：“有弗学，学之弗能弗措也；有弗问，问之弗知弗措也；有弗思，思之弗得弗措也；有弗辨，辨之弗明弗措也；有弗行，行之弗笃弗措也。人一能之己百之；人十能之己千之。果能此道矣，虽愚必明，虽柔必强。”[①]“措”意味着“放下”，义近于“息”，“弗措”就是不要放下，不要浅尝辄止，要有恒心忍心耐心。所以，君子学习务必做到不学则已，学则百倍用功，若能如此，愚者必明、弱者强盛。个体人的人生修养是如此，一个集体的发展亦是如此，久久为功、矢志不渝，以“自强”的功夫前进，终将实现“自强”的效果与目标。

---

① 胡平生、张萌译注：《礼记（下）》，北京：中华书局，2017年，第1026页。

这里，关于“君子以自强不息”的“君子”指“谁”，经历了一个演变过程。在孔子之前，“君子”有多种义项，主要指地位比较高的人，与德行好坏没有直接关系。[①]至孔子,“君子”“才正式成为一种道德的理想”[②]。孔子认为对“君子”要有才能上的要求，且应多“才”，不要像器皿那样只有一种用处、一项功能，如“君子不器”(《论语·为政》)，“君子博学于文”(《论语·雍也》)，“君子有九思”(《论语·季氏》)，等等。但是，才能上的要求始终是次要的，“君子”首先要具备的是“德”。孔子说：“君子怀德，小人怀土”(《论语·里仁》)，“君子成人之美，不成人之恶”(《论语·颜渊》)，“君子无终食之间违仁，造次必于是，颠沛必于是”(《论语·里仁》)。孔子对“君子”有严格的道德要求，是希望“君子”能治国安民。故孔子对“君子”要求的另一方面是“入仕”。孔子说：“仁而优则学，学而优则仕。”(《论语·子张》)由此可以看出孔子心目中的“君子”就是“道德人”与“政治人”的综合体[③]，缺乏高尚的道德情操的人是无论如何也成不了“君子”的。随着科举制度的实行，“君子”的指称对象进一步扩大，北宋理学家程颐突破了“君子”指称政治经济地位高的人的说法，认为“自强不息”是要“人皆可取法”，是人人都应如此的普遍性修养要求,不局限于治国者或有一定政治经济地位者。[④]程颐对“君子”的认知继承了孔子思想，他的“自强不息”是针对所有人的德性修养的理念，也把中国传统人学推到了新阶段。

“自强不息”要求君子像天一样刚健，昼夜运行不息，面对艰难险阻，也要奋勇前进。《需·彖》:“险在前也，刚健而不陷，其义不困穷也。”需卦乾下坎上。《说卦传》:“坎，陷也。”刚健而不陷，克服困难，继续

① 李谟润:《论孔子的君子观》,《广西民族学院学报（哲学社会科学版）》2001 年第 5 期。
② 余英时 :《中国思想传统的现代诠释》，南京：江苏人民出版社，1989 年，第 164 页。
③ 张耀南 :《“大人”论——中国传统中的理想人格》，北京 : 北京大学出版社，2005 年，第 35 页。
④ 张茂泽 :《自强不息》，北京 : 学习出版社，2014 年，第 35 页。

奋进。自强不息精神之所以然，其根据是“大哉乾乎，刚健中正，纯粹精也”(《乾·文言》)。以天德的“刚健中正”，来提升人类的德性。人类应内化天道“刚健中正”的品德，即刚健自强品德、奋进拼搏品德、正气浩然品德和中正不阿品德。刚健自强是一种自尊和自信、自立和自进，它是对价值理想的坚定信念和不懈追求，如孔子被困于陈、蔡，为求道而志气高昂；奋进拼搏，即是一种“愚公移山”的精神，是“人不堪其忧，回也不改其乐”(《论语·雍也》)的纯诚心志；浩然正气是一种大丈夫的精神品格，即“富贵不能淫，贫贱不能移，威武不能屈”的精神。

总之,在《周易》中,“自强不息”通常被诠释成个人处世坚忍不拔、迎难而上的思想品格,《周易》“法天则地”的思想倾向在一定程度上被淡化，个人品格层面的意义得到进一步突出，而这又进一步凸显了西周以来“人文精神的跃动”[①]，凸显了从敬重天命到关注人事的历史转变。

第二节　“自强不息”是中华民族的精神基因

自《周易》提出“自强不息”概念以后，不仅历代的易家对此多有注释，[②]而且伴随不同时代人文语境和社会环境的变迁，“自强不息”精神实现了从主体人的美德向民族精神标识的衍变，最终形成了中华民族的精神基因。

首先，“自强不息”精神融入治国者的政德品质之中。这一表现要从秦始皇说起。“焚书坑儒”唯独对《周易》网开一面，除却《周易》具有

---

① 徐复观：《中国人性论史·先秦篇》，上海：上海三联书店，2001 年，第 13 页。
② 参见张涛：《〈周易〉“自强不息”的历代诠释》，《西北大学学报（哲学社会科学版）》2021 年第 1 期。

卜筮之书的性质外，其思想内涵与嬴政的政治性格颇为契合，也是《周易》得以保全的重要原因。据《史记》记载，“天下之事无小大皆决于上，上至以衡石量书，日夜有呈，不中呈不得休息”[①]。显然，秦始皇把《周易》“自强不息”精神融入了勤勉理政的政举中。汉代治国者甚至从“天人感应”层面表达“自强不息”在治国理政中的重要功能与价值，如东汉名臣黄琼在劝谏汉顺帝行籍田礼时就说：“自癸巳以来，仍西北风，甘泽不集，寒凉尚结。迎春东郊，既不躬亲，先农之礼，所宜自勉，以逆和气，以致时风。《易》曰：‘君子自强不息。’斯其道也。”黄琼试图以人事顺应天时，来劝顺帝行籍田礼以解时令之错逆，消除气候异常造成的不利影响。东晋易学家干宝也以圣贤勤政好学的事迹解释“自强不息”：“凡勉强以进德，不必须在位也。故尧舜一日万机，文王日昃不暇食，仲尼终夜不寝，颜子欲罢不能。自此以下，莫敢淫心舍力，故曰‘自强不息’矣。”[②]宋代士大夫更是把“自强不息”视为帝王勤政的必然体现。如熙宁三年（1070），李常上奏宋神宗言：“《易》曰：‘天行健，君子以自强不息。’则王者之事也”；杨万里在上书宋孝宗时，列举周文王和唐太宗的事迹，激励君主“自强不息”“勤而抚民”[③]；绍兴三十二年（1162）五月，宋金交战中南宋略占优势，宋高宗赵构却因犹豫而逡巡不前，侍御史张震进言：“愿陛下体《乾》之健，自强不息。讲内治之策，急内修之政”[④]，劝谏高宗措意军政，有所进取。诸如此类之言，屡见明初所编《历代名臣奏议》。[⑤]

其次，“自强不息”精神衍生为君子人格的天理渊薮。宋明理学诸家即是如此看待。如，程颐云：“乾道覆育之象至大，非圣人莫能体，欲人

① ［汉］司马迁：《史记》，北京：中华书局，1959年，第258页。
② ［清］李道平：《周易集解纂疏》，北京：中华书局，1994年，第38页。
③ 辛更儒：《杨万里集笺校》，北京：中华书局，2007年，第2913页。
④ 李心传：《建炎以来系年要录》，北京：中华书局，1988年，第3371页。
⑤ 张涛：《〈周易〉“自强不息”的历代诠释》，《西北大学学报（哲学社会科学版）》2021年第1期。

皆可取法也，故取其行健而已，至健固足以见天道也。君子以自强不息，法天行之健也。”[1]在他看来，天道“覆育”万物体现了生物之“德”，君子修德就应当“终日乾乾”“自强不息”。在积极健康的环境中尚且需要强大的“自强不息”精神，何况在安逸荒废的环境中呢？当然，因为“天行健”的“天道”本然存在，人能够“以道制欲”，从而做到自强“不辍”，诚如朱熹所言，“但言天行，则见其一日一周，而明日又一周，若重复之象，非至健不能也。君子法之，不以人欲害其天德之刚，则自强而不息矣”[2]。朱熹用“理欲之辨”厘正了君子“自强不息”的天理本色。同时期的王安石、司马光和苏轼等人，同样把“自强不息”作为君子人格的内在表现。如王安石说，“君子之道，始于自强不息”；司马光言，“君子进德修业，自强不息也”；苏轼亦曰，“君子庄敬日强”。明清之际的王夫之也以“天理”论“自强不息”的正当性，指出：“君子以此至刚不柔之道，自克己私，尽体天理，发愤忘食，乐以忘忧，不知老之将至，而造圣德之纯也。”[3]此外，宋明心学一脉同样把“自强不息”视为人格完善的重要因素。如杨简指出：“君子之所以自强不息者，即天行之健也。非天行之健在彼，而君子仿之于此也，天人未始不一也。”[4]“自强不息”只是效法“天行健”，君子的“自强不息”与“天行健”是天人合一的，犹如孔子“发愤忘食”“学而不厌”，非受外力强迫的“发愤”和“学”，而是“自”发愤、“自”学，由此呈现出人的“主体性”自觉。

最后，“自强不息”精神升华为中华民族的精神标识。时代重任铸就了文化精神和民族品质。鸦片战争后，中国逐渐沦为半殖民地半封建社会，国家蒙辱、人民蒙难、文明蒙尘，中华民族遭受了前所未有的劫难。实

---

① ［宋］程颐：《周易程氏传》，北京：中华书局，2011 年，第 4 页。
② ［宋］朱熹：《周易本义》，北京：中华书局，2009 年，第 34 页。
③ ［清］王夫之：《周易内传》，北京：九州出版社，2004 年，第 21 页。
④ ［宋］杨简：《杨氏易传》，上海：上海古籍出版社，1990 年，第 10 页。

现中华民族伟大复兴，成为中国人民和中华民族最伟大的梦想，开明的中国人以太平天国运动、戊戌变法、义和团运动、辛亥革命等，不断唤醒中华儿女，铸就了中华民族“自强不息”的精神长城。道咸以降，清朝统治内外交困的“三千年未有之变局”，激发了贵族统治者的变革自强意识，洋务派的冯桂芬即说：“人自不如，尤可耻也，然可耻而有可为也。如耻之，莫如自强。”[①]洋务派重要人物的奏章之中频频出现“自强”一语，如奕䜣提出“治国之道，在乎自强”[②]，“探源之策，在于自强，自强之术，必先练兵”[③]；曾国藩亦言，中国“欲求自强之道，总以修政事、求贤才为急务，以学作炸炮、学造轮舟等具为下手工夫”[④]；李鸿章也说，“中国欲自强，则莫如学习外国利器”[⑤]；等等。凡此种种，皆可看作是从挽救民族危亡角度对“自强不息”精神的时代解读。以康有为、梁启超为代表的维新派站在民族主义的立场，强调民族“自强”意识的觉醒。如，谭嗣同说：“中国谋自强，益不容缓矣。名之曰‘自强’，则其责在己而不在人……合并其心力，专求自强于一己。”[⑥]在他看来，中国欲自强，国民人人当先自强，人人自强则中国自强。梁启超《少年中国说》更是喊出了“少年智则国智，少年富则国富，少年强则国强，少年独立则国独立，少年自由则国自由，少年进步则国进步，少年胜于欧洲则国胜于欧洲，少年雄于地球则国雄于地球”[⑦]的振聋发聩的“自强”宣言。随着洋务运动、戊戌变法的相继失败，近代中国救亡图存的重任落在了以孙中山为代表

---

① 冯桂芬：《制洋器议》，载《校邠庐抗议》，上海：上海书店出版社，2001年，第48页。

② 《筹办夷务始末（同治朝）》，北京：中华书局，2008年，第1081页。

③ 《筹办夷务始末（咸丰朝）》，北京：中华书局，1979年，第2700页。

④ 曾国藩：《曾国藩全集》（第十七册），长沙：岳麓书社，2012年，第289页。

⑤ 李鸿章：《致总理衙门（同治三年）》，载《李鸿章全集》（第二十九册），合肥：安徽教育出版社，2007年，第313页。

⑥ 谭嗣同：《仁学》，载《谭嗣同集》，长沙：岳麓书社，2012年，第382页。

⑦ 梁启超：《少年中国说》，载《梁启超全集》（第二集），北京：中国人民大学出版社，2018年，第224页。

的革命党人身上，《兴中会宣言》“振兴中华”的口号，是中华民族“自强不息”精神的充分彰显；尽管孙中山等人在革命中屡遭挫折，但他“吾志所向，一往无前，愈挫愈奋，再接再励”[①]的精神风貌，既代表了个人迎难而上、毫不退缩、勇往直前的“自强不息”精神，也代表着群体、整个民族为挽救民族危亡、建设强盛祖国而不怕牺牲、接续奋斗的“自强不息”精神。

“自强不息”精神衍生为中华民族的精神标识，是中华民族文化革新、文明进步、社会革命的必然结果，是中国历代知识精英和社会精英生命实践和境界感悟的凝结，习近平总书记甚至把“自强不息”“厚德载物”精神视为推动中华文明统一和连续的思想动力。他说：“正是这种‘天行健，君子以自强不息’、‘地势坤，君子以厚德载物’的变革和开放精神，使中华文明成为人类历史上唯一一个绵延5000多年至今未曾中断的灿烂文明。”[②]一百多年来，坚韧的中国共产党人带领中华民族，始终发扬历史主动精神，发挥中华民族的自强不息精神，成功开创和发展了中国特色社会主义，开启了全面建设社会主义现代化国家的新征程，书写了中国以及人类发展的壮阔史诗，也迎来了中华民族伟大复兴的光明前景。

第三节　“自强不息”精神的五重思想特质

“自强不息”是主体蒸蒸日上、奋斗不息的精神状态，是自我磨砺和自我修悟的内在自觉，不是他人让“我”如此，归根到底是内在“自我”

① 孙中山：《建国方略（一九二二年六月前）》，载《孙中山全集》（第一卷），北京：人民出版社，2015年，第13页。

② 习近平：《在庆祝改革开放40周年大会上的讲话》，北京：人民出版社，2018年，第36页。

的自觉如此以及由此呈现的不有止息和坚持不懈的毅力与意志。从整体来看，中华民族的“自强不息”精神体现出五方面的思想特质。

一是“自强不息”精神以“自贵”“自尊”为逻辑起点。人是天地间最灵最秀者。《孝经·圣治》曰，“天地之性，人为贵”；《荀子·王制》言，“水火有气而无生，草木有生而无知，禽兽有知而无义，人有气、有生、有知亦且有义，故最为天下贵也”。人因有气、有生、有知、有义，以其自我的智能创造，成长为天地宇宙间最灵最秀者。“天以气为质而以神为神，地以质为质而以气为神，唯人兼乎万物而为万物之灵。如禽兽之声，以其类而各能其一，无所不能者人也，推之他事亦莫不然。唯人得天地日月交之用，他类则不能也。人之生真可谓之贵矣，天地与其贵而不自贵，是悖天地之理，不祥莫大焉”[①]。人兼有天地之气与质、形与神，最能掌握天地之精义、天命之道义，最能随顺自然之道、通畅本真人性，故为万物之灵，故能推类万物。因人之“贵”，故人当“自贵”“自尊”。孟轲言：“一箪食，一豆羹，得之则生，弗得则死。呼尔而与之，行道之人弗受；蹴尔而与之，乞人不屑也。”（《孟子·告子上》）做人要有骨气、志气，“自贵”“自尊”之人不会“不义而富”“不义而生”。自尊之人，人必尊之；反之，人辱己者必由己之不自尊。诚如扬雄所言：“人必先作，然后人名之；先求，然后人与之。人必其自爱也，而后人爱诸；人必其自敬也，而后人敬诸。自爱，仁之至也；自敬，礼之至也。未有不自爱敬而人爱敬之者也。”[②] 列御寇也指出：“人而无义，唯食而已，是鸡狗也。强食靡角，胜者为制，是禽兽也。为鸡鸣禽兽矣，而欲人之尊己，不可得也。人不尊己，则危辱及之矣。”（《列子·说符》）所以，自尊、自爱之人有气节、有操守、有德行，以自得自悟、自立自强，力求自我成长和自我完善，诚如梁启超所言：“凡有自尊思想，不欲玷辱彼苍所以予我之人格者，必以先求自

---

① ［宋］邵雍：《邵雍集》，北京：中华书局，2010年，第51页。

② 扬雄撰，汪荣宝注疏，陈仲夫点校：《法言义疏》，北京：中华书局，1987年，第515页。

立为第一要义。”[①]所以，感悟到“自尊”的人和群体才会持守本性、把握命运，发挥主体能动性，自强不息，奋发努力，实现理想。

二是“自强不息”精神是“不有止息”的德性修养工夫。孔子说：“譬如为山，未成一篑，止，吾止也；譬如平地，虽覆一篑，进，吾往也。”（《论语·子罕》）朱熹就此论曰：“学者自强不息，则积少成多；中道而止，则前功尽弃。其止其往，皆在我而不在人也。”[②]“止”与“往”是自我的自主选择，但“为山”与“平地”却是一个人始终劳作、不断坚持的结果。主体自我内蕴的此种“自强不息”精神，日复一日、周流不息，“君子法之，不以人欲害其天德之刚，则自强而不息矣”[③]。此外，《中庸》有云：“国有道，不变塞焉，强哉矫！国无道，至死不变，强哉矫！”真正的君子不论国家是否有道，都坚守初心、至死不渝。北宋蜀学领袖、思想家苏轼指出：“流水不腐，用器不蛊。故君子庄敬日强，安肆日偷；强则日长，偷则日消。”[④]天行不息，人修道亦是如此，唯有不有止息地庄敬、庄重、庄严、虔敬、慎言，方能“强而日长”。所以，“自强不息”作为自我的自主选择和自觉选择，是对“选择”本身的始终遵循。当然，常人用功修养追求不息，与圣人贤哲的“至诚无息”是有本质差别的。圣人不勉而中、不学而能，其“不息”是自然如此、毫不勉强；常人“不息”是“自觉”选择做工夫修养的“自强不息”，是学而知之、困而知之之后的“自觉”境界，与圣人“至诚无息”的大公之境相比，尚缺少了一种从容与玄妙。无论是君子还是常人，由开始的不自知到逐渐的“自觉”，时时以“自强不息”约束自己、修养自己，终可达至天人一体。北宋胡瑗的《周易口义》即明言：“‘天行健’者，盖言天以至健而行，故一昼夜之间，凡行

---

① 梁启超著，宋志明选注：《新民说》，沈阳：辽宁人民出版社，1994 年，第 100 页。
② ［宋］朱熹：《四书章句集注》，北京：中华书局，1983 年，第 114 页。
③ ［宋］朱熹撰，苏勇校注：《周易本义》，北京：北京大学出版社，1992 年，第 109 页。
④ ［宋］苏轼著，龙吟注评：《东坡易传》，长春：吉林文史出版社，2002 年，第 6 页。

九十余万里，而君子之人则当法之而健。健不已，以至为君、为臣、为父、为子。小之一身，次之一国，大之天下，皆当法天之至健之德，强勉于己，夕思昼行，无有休息，则可以成天下之事业，而行天下之大道也。故曰：'天行健，君子以自强不息。'"[①] 极其刚健是天的品德，也是天运行不止的原因，而天下之人，小到个人、大到民族国家，都应该效法这种"自强不息"的品德，并持之以恒。这于个人而言，可以实现人生理想和价值，做人做事无往不利；于民族国家而言，则关系国家的兴衰存亡。

三是"自强不息"精神彰显了克念"自胜"意志。人是"现实的人"，有怠惰的一面；人又是"理性的人"，在不断寻求自我完善、成就人格理想。"自强不息"意味着主体"自我"对自己欲念的克制。这就是"自胜"意志，诚如梁启超所说，"所克者己，而克之者又一己，以己克己，谓之自胜"[②]。人世间，举凡进退、祸福、成败、善恶、荣辱等，皆由自取而非关乎他人；唯有"自己"能够打败"自己"，也唯有"自己"主体性的自我觉醒可克服自身的缺点和弱点。孔子言："仁远乎哉？我欲仁，斯仁至矣。"（《论语·述而》）自我一旦明晰了自身存在的"问题"，也就意味着对"问题"的"改"，这种"即知即改""知行合一"法则，充分彰显了中国传统的"本体与工夫合一"工夫哲学的理论魅力和生命智慧。从本质上说，"自胜"就是"自强"，"自胜者强"（《道德经》第三十三章）、"自胜者雄"[③]。当然，"自强"之强与"强人"之强有本质区别，诚如王夫之所辩言，"强者之强，强人者也；君子之强，自强者也。强人则竞，自强则纯"[④]。也可以说，主体人体悟"自胜"的过程就是达至"自强"纯德之境的过程。

---

① ［宋］胡瑗著，白辉洪、于文博、［韩］徐尚贤点校：《周易口义》，北京：中国社会科学出版社，2021 年，第 15 页。

② 梁启超著，宋志明选注：《新民说》，沈阳：辽宁人民出版社，1994 年，第 68 页。

③ ［隋］王通著，［宋］阮逸注：《中说》，北京：中华书局，1985 年，第 16 页。

④ ［清］王夫之著，谷继明、孟泽宇校注：《周易内传校注》（上），北京：中国社会科学出版社，2021 年，第 25 页。

四是“自强不息”精神意味着“创新”生生。《周易·大畜卦·彖传》言：“大畜，刚健笃实辉光，日新其德”；《周易·系辞上》亦云：“富有之谓大业，日新之谓盛德。生生之谓易”。“自强不息”既是人的刚健笃实、坚持不懈精神，还是志士仁人成就人生价值的日新创新精神。中华民族具有悠久而深厚的创新创造传统：“天地革而四时成”（《周易·革卦·彖传》），“四时行焉，百物生焉”（《论语·阳货》），是对世界万物运动变化属性最朴素的理解；“《易》之为书也不可远，为道也屡迁，变动不居，周流六虚，上下无常，刚柔相易，不可为典要，唯变所适”（《周易·系辞下》），指出了世间万物“变动不居”的恒常规律，提出了事物发展“唯变所适”的科学理念；等等。在中华民族发展史上，强调“礼法以时而定，制令各顺其宜”的商鞅、主张“天变不足畏，祖宗不足法，人言不足恤”的王安石、推行胡服骑射的赵武灵王、主张改制易俗的拓跋宏等先锋，他们身上那种锐意进取、革故鼎新的创新和挑战精神，是一代又一代中华儿女“自强不息”精神的生动展现。这种精神铸就了中华民族灿烂辉煌的文明历史。

五是“自强不息”精神是“主体性”的自觉。从根本上看，人具有自主性和意识能动性，由此而超越动物群体。同理，由人与人之间相互作用而形成的群体，必然体现出属人的主体意志。从细微处看，中华民族的“自强不息”精神是个体人的精神；从宏阔视野、文明历史看，它又是群体意识和文明标识。所以，无论是作为个体之人的“自强不息”，还是作为群体、民族整体的“自强不息”，都已然是基于“主体”自觉的“自强不息”精神。《孟子·公孙丑》言：“如欲平治天下，当今之世，舍我其谁也？”《荀子·荣辱》曰：“自知者不怨人，知命者不怨天，怨人者穷，怨天者无志。失之己，反之人，岂不迂哉！”《淮南子·修务训》亦云：“自人君公卿至于庶人，不自强而功成者，天下未之有也。”[①] 可见，“自强不息”

① 何宁：《淮南子集释》（下），北京：中华书局，1998 年，第 1347 页。

不是主体人被迫“如此”的选择，而是他或他们自觉“如此”的践履笃行，是主体自我自觉地把它视为生命的“本来如此”。这是悟透了人道与天道内在贯通的灵明境界。没有哪个主体有任何权力去强迫另一个主体“做”事，任何一个主体“做”事本身都是基于自我主体性的觉醒而“自觉”地“做”，如《论语·颜渊》所言，“为仁由己，而由人乎哉？”所以，主体“自觉”地“做”与“不做”都是对自我“天命之性”的秉持与呈现，这就要做到“不怨天、不尤人”（《论语·宪问》）。

人生于世，在这个相互联系的人际社会中，学会独立、自立、自强，方可成就个体生命价值，“为善则善应，为恶则恶报，成名灭身，惟自取之”。应该说，天下成功之事，皆是由于自强。朱熹已然指出：“闻道有蚤莫，行道有难易，然能自强不息，则其至一也”[①]。人有生而知之，有学而知之，还有困而知之，但就“知之”而至于“知”言，本质相同；人有安而行之，有利而行之，还有勉强而行之，就“行之”而成“行”言，本质相同。人之秉性并无本质差别，但人之“知”“行”可分等级次第，虽闻道有先后，行道有难易，人若自强不息、持之以恒，终究可以成为圣人。刚健有为、自强自励是磨炼人格意志的必由之路，“艰难困苦，玉汝于成”，孔子就以“发愤忘食，乐以忘忧，不知老之将至”（《论语·述而》）自勉，孟子亦有“天将降大任于是人也，必先苦其心志，劳其筋骨，饿其体肤，空乏其身，行拂乱其所为，所以动心忍性，曾益其所不能”（《孟子·告子下》）的告诫。由此进一步证明，“自强不息”的“自”就是“自己”，强调自我主体在遭遇疑惑、困难、挫折、失败等不利因素时，自己反思自己，不怨天、不尤人，不推诿、不放弃。任何一个有理想信念、有责任担当的人，都必然会在自身、民族、国家危难之际，挺身而出、勇挑重担。“知其不可为而为之”，绝不会见风使舵、随遇而安，也绝不以“识时务者为俊杰”

① ［宋］朱熹：《四书章句集注》，北京：中华书局，1983年，第29页。

消解自身的骨气、志气和底气。

总之，这种知难而进、迎难而上，不有止息、永不懈怠，自觉自立、奋勇担当，积极有为、克念自胜的“自强不息”精神，塑造了中华民族一代又一代堪称“中国的脊梁”的仁人志士和英雄豪杰，不仅创造了中华民族灿烂辉煌的文明历史，也推动了中华文明的绵延赓续和创新发展，是中华民族的伟大人格力量和建设中华民族现代文明的精神动力。

第八章

厚德载物

“自强不息　厚德载物”石刻

习近平总书记在文化传承发展座谈会上的讲话中指出，中华优秀传统文化有很多重要元素，比如“厚德载物、明德弘道的精神追求”。中华民族在数千年的历史发展中传承积淀了丰厚的道德理论，《周易·坤卦·象传》曰：“地势坤，君子以厚德载物。”大地的气势厚实和顺，宽容忍让，接纳世间万物。“自强不息”“厚德载物”同为中国古代君子所追求的理想人格的基本要素，它们作为人们的修身之本和处世之道，是中华民族共同的价值取向和精神追求。“天行健，君子以自强不息”告诉我们，人要如同天道自然那样，有奋斗自强、不有止息的决心和勇气，不断挑战自我、磨砺内心；“地势坤，君子以厚德载物”则告诉我们，人要如同大地一样坦荡豁达、包容开放，仁民爱物、善待他人，铸就和谐众乐的生活环境。

第一节　从《周易》看“厚德载物”的思想内核

“厚德载物”源于《周易·坤》卦。《坤》卦：“元亨。利牝马之贞。君子有攸往，先迷后得主，利。西南得朋，东北丧朋。安贞吉。”《象》曰：“地势坤，君子以厚德载物。”《彖》曰：“至哉坤元，万物资生，乃顺承天。坤厚载物，德合无疆。含弘光大，品物咸亨。牝马地类，行地无疆，柔顺利贞。君子攸行，先迷失道，后顺得常。西南得朋，乃与类行；东北丧朋，乃终有庆。安贞之吉，应地无疆。”《文言》曰：“坤至柔而动也刚，至静而德方，含万物而化光，坤道其顺乎？承天而时行。积善之家，必有余庆；积不善之家，必有余殃，君子敬以直内，义以方外，敬义立而德不孤。"《坤》卦思想承《乾》卦而来，"乾"重在"天行健"，而"坤"重在"地势坤"，意味着大地广博宽厚，涵容无疆，顺势无限，承载万物，寓意君子效法坤地之顺，做到包容厚德，有责任担当，协调各类关系，涵育"民吾同胞，物吾与也"的同情心和责任心。

君子"厚德载物"是承"地势"而来的必然"顺"德。"天行健"表明天道运行规律的客观性，"地势"亦有其必然的规律。唐史征《周易口诀义》载："天圆地方，是形不顺也；其势承顺天道之常，故曰'地势坤'也。君子当须以容厚为德，包载万物，象地之道广育也。"[①]中国古人认为"天圆如盖，地方如棋"，从形状看，二者并不相同，天圆且运动不息，地方则静止不动。但，形虽异而理同，天道与地道都是恒常之道，地势有"承顺天道之常"之谓。中国的地势如何？宋朱震《汉上易传》云："天高西北，地倾东南以顺之。故水潦有所归，而万物各得其所。君子积顺德而至博厚，故能容载万物。"[②]在古人的世界里，降水总是向东南流去，也就认为中国的地势是西高南低，天极最高处在西北方，大地就朝向东南方倾斜来顺应它，即使有洪水泛滥，也会有其归处，万物各自有其恰当居所。君子只要积累了"顺"的德性达到博厚程度，必然能够容载万物。此处，"顺"德也就是正德明德、和顺载物的品性。

当然，坤卦所呈现的地势之"顺"，不仅仅指"地势"的"高下相因"，而且是就地势承载万物的包容涵泳特性而言的。在自然界中，天和地皆是独一无二的存在，坤卦强调了地势高低绵延、高下因循且连绵不断的特性，其深层意蕴表明了地道顺承天道，诚如天健不息一样，地道表明了大地无所不载、包容万物的特性。无尽头的大地，顺畅绵延、无穷无尽，

---

① 温海明主编：《自强不息　厚德载物》，北京：人民出版社，2022年，第161页。
② 温海明主编：《自强不息　厚德载物》，北京：人民出版社，2022年，第172页。

极其顺畅、广大、深厚的大地承载了万物的生生不息。因此，“地势”的“顺”德就是“地势坤”，表现出地势载物无限、养生无穷的品性和规律。南宋林栗《周易经传集解》即言：“坤之所以为地者，以其顺也。何以明地势之顺？说者皆以形势言之，非也。隤然磅礴、无乎不载者，地之势也。此其所以为至顺也，故君子以厚德体之。”[①] 大地是高低不平的，但其大势是西部高、东南低，看起来未必是“和顺”之性，但之所以言“地势坤”，根本上是因为大地具有包容万物、生育万物的柔顺气势和品质。君子承地道、顺地势，务必像大地哺育万物一样，涵育品德、仁爱他者，积极构建和谐的人际关系和社会关系。

不过，君子养德育德务必做到“厚”，“厚德载物”是“地势坤”地道在君子人格培育中的必然要求和必然体现。南宋方实孙（字端卿，一字端仲，号淙山）的《淙山读周易》记伊川论“地势坤”：“地厚而其势顺，故取其顺厚之象，而云‘地势坤’也。君子观坤厚之象，以深厚之德容载庶物。”[②] 从程颐言论可知，因为大地深厚且形势顺畅，坤卦从而取用了大地顺厚之象，故成就为“地势坤”。君子则通过观察体悟坤卦深厚的象，修养深厚的德性来包容承载万物。南宋黎靖德《朱子语类》有董铢记录朱熹的论述,他对“地势坤”的诠释继承了程颐。学生问朱熹:“‘地势’犹言高下相因之势，以其顺且厚否？”朱熹回答道：“高下相因只是顺，若厚，又是一个道理。然惟其厚，所以上下只管相因去，只见得他顺。若是薄底物，高下只管相因，则侧陷了，不能如此之无穷矣。惟其高下相因无穷，所以为至顺也。君子体之，惟至厚为能载物。天行甚健，故君子法之以自强不息；地势至顺，故君子体之以厚德载物。”从朱子的阐述中可以看出，“顺”只是揭示了大地“高下相因”的大势所趋；唯有“高下相因无穷”，也就是无限的高和无限的低互动交融、因循无穷，才

① 温海明主编：《自强不息　厚德载物》，北京：人民出版社，2022 年，第 183 页。
② 温海明主编：《自强不息　厚德载物》，北京：人民出版社，2022 年，第 187 页。

真正体现出地之“厚”，就此“无穷”而言，可视为地势的“至顺”。此道用之于君子修身，表明君子修德要“厚得极致”，唯此才能够承载万物。[①]应该说，天道乾行刚健，期求君子奋发图强、健行不息，强调内在的自我克制；地道坤顺涵容，期求君子增厚德性、容载万物，强调外在人际关系的协调和和谐。

“天行健”表明天的运旋不止，“地势坤”意味着地的厚重包容。君子效法乾卦的刚强之德，效法坤卦的深厚之性，内以自强刚强、外以厚德涵泳，揭示顺应天道和地道的必然要求，是自我的自觉承应。君子要涵育博大深厚的德性，就是要以担负天下、平治天下为己任。明儒林希元《易经存疑》说得明白：“唯其厚，故能无不持载，故君子厚德以承载天下之物。夫天下之物多矣，君子以一身任天下之责。群黎百姓，倚我以为安。鸟兽昆虫草木，亦倚我以为命。使褊心凉德，其何以济，而天下之望于我者亦孤矣。”[②]地势顺是因为地的深厚以及高下相因的无穷，从而承载了天下万物。君子厚德载物，意味着他用深厚的德性承载天下，泽被黎民百姓，不仅未开化的由其教化训导，而且鸟兽昆虫草木也靠君子悉心呵护关爱。所以，要开阔君子的心胸，增进他的度量，施展他的才能，推广他的功德，从而引导世间万物进入到仁寿的境域，让黎民百姓安身、让族群顺从、让草木鸟兽顺性。君子厚德载物、君子养德涵泳，最终就是要实现“民吾同胞，物吾与也”之境，诚如明杨爵《周易辩录》所言：“地势有高卑，则重坤之象也，重坤则至厚之义也。君子体重坤之义，而以厚德载物焉。宇宙间事皆吾分内物也，民吾同胞，物为吾与，非仁者不能有此心也。”[③]人是天地间最灵最秀的生命体，感天地灵气而成就了生生肉体。人活着的意义就在于创新创造，在于推进生产生活的进步，

---

① 温海明主编：《自强不息　厚德载物》，北京：人民出版社，2022 年，第 181 页。

② ［清］李光地：《康熙御纂周易折中》，成都：巴蜀书社，2013 年，第 378 页。

③ 转引自温海明主编：《自强不息　厚德载物》，北京：人民出版社，2022 年，第 212 页。

在于构建美好生活。当然，人之生又未必皆所愿，人之生未必按照“应然”如此的道路前进，有些人真切地发挥了主体的能动创造性，或困而知之，或学而知之，不断感悟生活的意义和生命的价值。其中，有些许成就突出、成长卓著的君子贤达，感念宇宙万物的意义和价值，感慨自我勇担道义的精神，感受天地间物我同体、人我和合的超越境界，反身而诚、克念始终，造就出高明广大的德性，仁爱厚德，化育万物，既成就了草兽虫鱼、自然万物的存在价值，又实现了人与自然、人与人、人与社会、文明与文明之间的和谐共生以及生生日新。

君子“厚德载物”不是为“物”所累。君子人生成就的是成己成物，是胸怀天下，“先天下之忧而忧，后天下之乐而乐”“民吾同胞，物吾与也”的意境。累人之“物”、“物欲横流”之“物”则是每个人生命历程中都会经历的欲念利求。中国传统的成德成人教化思想要求人们不以物喜、不以己悲。荀子有言：“水火有气而无生，草木有生而无知，禽兽有知而无义，人有气、有生、有知亦且有义，故最为天下贵也。”(《荀子·王制》)无生的水火、有生的草木禽兽，都是“物”，都有其存在的意义和价值，都是自然而然、顺天道而生的万物。人类在以自主能动性和创造性改变世界的同时，也膨胀出各种欲望，造成了人与人之间、人与自然之间、人与社会之间、文明与文明之间的价值冲突，欲念横流、邪恶泛滥，造成了人对“物”的奴役，也带来了“物”对人的奴役，自然自在的人、纯粹自觉的人成为人生存发展的追求目标。不过，人因能动性、创造性的发挥，在消解自身纯粹性的同时，也能探索出一条通往纯粹和自觉自在的康庄大道，“厚德载物”就是时刻提醒人们，应该回归到人的本然使命和本来面目，要努力挣脱出人类自己挖掘的丑陋拙劣、扭曲变态的道德泥淖，常葆“本心”常明。

孟子曾以“牛山之木尝美”喻“性”之本善。《孟子·告子上》有云：“牛山之木尝美矣，以其郊于大国也，斧斤伐之，可以为美乎？是其日夜之所息，雨露之所润，非无萌蘖之生焉，牛羊又从而牧之，是以若彼濯濯也。人见其濯濯也，以为未尝有材焉，此岂山之性也哉？虽存乎人者，岂无仁义之心哉？其所以放其良心者，亦犹斧斤之于木也，旦旦而伐之，可以为美乎？其日夜之所息，平旦之气，其好恶与人相近也者几希，则其旦昼之所为，有梏亡之矣。梏之反复，则其夜气不足以存；夜气不足以存，则其违禽兽不远矣。人见其禽兽也，而以为未尝有才焉者，是岂人之情也哉？故苟得其养，无物不长；苟失其养，无物不消。”“牛山之美”虽为雨露滋润、萌蘖生生的美好结果，但斧斤伐之、牛羊牧之，牛山不再美，甚至让人以为未有有用之材。“美”是牛山本有之“性”，若无斧斤之伐、牛羊之牧，牛山自然是美的；若仅有世人平旦斧斤之伐，牛山亦会自我修复，天地宇宙万物，生生不已；但若斧斤不止、牛羊常牧，牛山虽有生生不息之气，却不被保养守护，牛山又如何能够常存秀美？在这里，尽管孟子既看到了“外物”对牛山之美的消解与践踏，也看到了牛山遭斧斤之伐、牛羊之牧的摧残，甚至是牛山“梏亡”的残酷结局，但牛山自身尚有“夜气”之“生生”秉性在不断促使牛山“萌蘖”。孟子以此喻人，人本有“良心”之善，恻隐、羞恶、恭敬、是非“四端之心”自然存有、自然彰明，自然好善恶恶、循礼守法，若能“苟得其养”，则“无物不长”，但若“苟失其养”，必“无物不消”。犹斧斤之于牛山，非牛山无美，乃是斧斤、牛羊残害使然；人之无仁义，则是“夜气”不养、善性不明所致。何以如此？乃“利欲汩之”。“利欲”会使“本心”的价值判断出现误区，孟子经典的“鱼与熊掌”（《孟子·告子上》）之喻已然深刻地说明了此问题：人人欲生恶死，但当“生”与道义矛盾冲突时，因良知本心、羞恶之心的作用驱使，则会“舍生取义”，不会选择“苟生”，唯生得其所、道义至上；当“死”与个体意愿矛盾冲突时，倘其义有胜于死者，则绝不避患而“苟得”，虽死犹荣、重于泰山。能够自觉区分生死价值所在，自觉判断道义所在，是人人秉具的“本心”“良心”的本然选择，是人人皆有“四端之心”的必然行为，非圣人独有。但本然的价值判断与实然的价值判断之间尚存在差异，生存世界中的具体个人，会因“宫室之美、妻妾之奉、所识穷乏”而自陷囹圄、自溺“本心”，此等“物欲之蔽”，易致人昏。在大是大非面前，人或许会舍生取义、杀身成仁，但当身处安逸之时，或受此三者“身外之物”而计较于宴安之乐，原本好善恶恶、重义轻利之“本心”被遮蔽掩藏起来，此即谓“失其本心”：“乡为身死而不受，今为宫室之美为之；乡为身死而不受，今为妻妾之奉为之；乡为身死而不受，今为所识穷乏者得我而为之，是亦不可以已乎？此之谓失其本心。”（《孟子·告子上》）是以，尽管牛山有夜气生生而“萌蘖”，若得不到休养生息，则秀美黯然；人虽有生生平旦之气，若不能时时保养，一旦为利欲诱惑，必造成仁义“梏亡”。[①]

明儒潘士藻在他的《读易述》中集中记载了“厚德载物”的三种论说。其一，“为物所动者，不足以言载物，不足以言厚德。”这里所表达的就是君子不为物累、不为欲念左右，真正做到本心常明。其二，“地之所以厚载者，以隤然处万物之下也。君子卑法地，而不能虑以下人，悉可哉？”君子以“成人之美”为德。诚如大地载物，虽处万物之下，但其为万物生生不息供养滋养，君子涵育包容他人他物，燃烧自己，成就光明。其三，“天常本厚。天常者，人生所禀之常性。厚于躬，则身修；厚于伦理，则家和；厚于下，则邦宁；厚于风俗，则化成”。[②] 君子“厚德”的实然成效和功能意蕴落脚于伦理纲常则促进了家庭和睦美满，落脚于臣子治国则推进了邦国安宁，落脚于化民成俗则带来众生教化，普天下之人之生之物，皆和谐共生、和生共处。

总而言之，“厚德载物”是讲人的胸怀要像大地一样广阔而负载万物，

---

① 张瑞涛：《“即工夫即本体”：〈孟子·告子上〉“求放心”说的工夫论特质》，《管子学刊》2023 年第 3 期。

② 温海明主编：《自强不息　厚德载物》，北京：人民出版社，2022 年，第 224 页。

像海纳百川的大海一样包容一切，不要心胸狭隘、嫉贤妒能，这是做人的基本要求。

第二节 “厚德载物”是中华民族“重道德”传统的思想基础

“厚德载物”的道德观充分体现了中华民族千百年来淳朴向善的民族品格。中华民族倡导君子以“厚德”去承载“平天下”的重任，推进了中华各族人民的团结友善、和谐共处。中华民族历来重视道德建设，积淀了丰富的关于道德的理性认知，成就了中华民族修身以德、德治天下的优秀传统，“厚德载物”即是这一优秀传统的思想基础。

1.“道”

道的初义为道路，《说文解字》：“道，所行道也，从辵首。一达谓之道。”①《释名·释道》：“道，蹈也；路，露也，言人之所践蹈而露见也。”②本没有道路，经人的行走践蹈，地上露出一条线路来，成为往来交通的路。道路有一定指向，通达一定的地点或目标。随着社会的发展和语言文字的变迁而不断引申，道的内涵越来越丰富。

“道”的含义和价值可以从以下六点来认识。

道理与道揆。道理是一个人做事的理由。《庄子·天下》载：“是故慎到弃知去己而缘不得已，冷汏于物，以为道理。”成玄英疏：“息虑弃知，忘身去己，机不得已，感而后应，拣练是非，据法断决，慎到守此，用

① ［汉］许慎撰，［清］段玉裁注，许惟贤整理：《说文解字注》卷二，南京：凤凰出版社，2015年，第134页。

② ［汉］刘熙：《释名》，北京：中华书局，1985年，第18页。

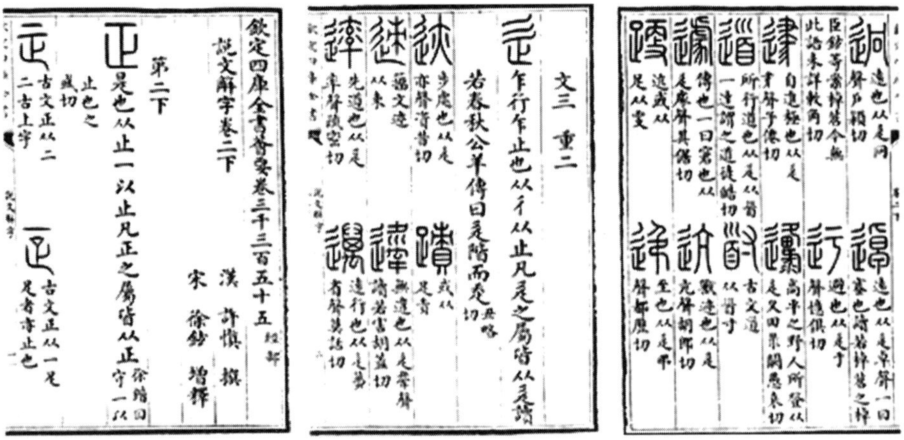
欽定四庫全書薈要卷三千三百五十五

說文解字卷二下

漢 許慎 撰

宋 徐鉉 增釋

第二下

是也从止一以止凡正之屬皆从正

文三 重二

乍行乍止也从彳从止凡辵之屬皆从辵讀若春秋公羊傳曰辵階而走

《说文解字卷二下》书影

为道理。”[①] 停止思虑，抛弃知识，缘自不得已，排除事物，精选是非，依据刑法断决，这是慎到所遵守的道理。道揆是事物存在的规范法度。《孟子・离娄上》曰：“上无道揆也，下无法守也，朝不信道，工不信度，君子犯义，小人犯刑，国之所存者幸也。”朱熹注：“道揆，谓以义理度量事物而制其宜。法守，谓以法度自守。”[②] 君主无道揆，朝廷不信道义而君子违反义理，百姓没有法度可遵守，其国必亡，不亡国乃是侥幸。

道技与道法。道技是传承和展现道理理由的技艺方式。《周礼》载：“凡有道者，有德者，使教焉。死则以为乐祖。”郑玄注：“道，多才艺者，德，能躬行者。”[③] 中国古代乐教具有人文理性和道德理性，乐以技道、技艺的方式、方法，教化人的心性。“乐德教国子，中、和、祗、庸、孝、友。”郑玄注：“中，犹忠也；和，刚柔适也；祗，敬；庸，有常也；善父母曰孝；

---

① ［清］郭庆藩撰，王孝鱼点校：《庄子集释》，北京：中华书局，1961 年，第 1088 页。

② ［宋］朱熹：《四书章句集注》，北京：中华书局，1983 年，第 276 页。

③ ［汉］郑玄注，［唐］贾公彦疏：《周礼注疏》卷二十二，北京：中华书局，1980 年，第 787 页。

善兄弟曰友。”[①] 这是乐的六德，如此，必须是有道有德的老师来教育。《论语》载：“富与贵，是人之所欲也，不以其道得之，不处也。贫与贱，是人之所恶也，不以其道得之，不去也。”（《论语·里仁》）发财做官是人的欲望，不以正当的方法、方式得到它，不能安心处之；贫困低贱是人所厌恶的，如果不以合道理的方法、方式去摆脱它，那宁可不摆脱。孔子的弟子子张说：“虽小道，必有可观者焉；致远恐泥，是以君子不为也。”（《论语·子张》）虽然是小技艺，必有可取的地方。但恐怕有碍大事，所以君子不去做。至于道法，是指发现问题、分析问题和解决问题的方法。《孙膑兵法》载：“威王曰：‘以一击十，有道乎？’孙子曰：‘有，攻其无备，出其不意。’”（《孙膑兵法·威王问》）孙膑与齐威王讨论作战用兵的方法时，齐威王问，以少胜多，以一攻击敌人的十，有什么方法？孙膑说：攻其没有防备，出其意料之外。《孙膑兵法》还载：“田忌曰：‘敌众且武，必战有道乎？’孙子曰：‘有，埤垒广志，严正辑众，避而骄之，引而劳之，攻其无备，出其不意，必以为久。’”敌军众多而凶猛，又必须与之交战的话，其道法是增强壁垒，集思广益，严明军纪，团结士兵，避开敌人的锐气，使其骄傲，引诱调动敌军，使其疲惫，然后攻其不备，出其不意，坚持不懈地与敌人进行持久战，便能取胜。

道心与道德。道心是涵融于事物本身的规定性。“人心惟危，道心惟微，惟精惟一，允执厥中。”（《尚书·大禹谟》）孔颖达疏：“因言人心，遂云道心，人心惟万虑之主，道心为众道之本。立君所以安人，人心危则难安，安民必须明道。道心微则难明，将欲明道，必须精心。将欲安民，必须一意，故以戒。精心一意，又当信执其中，然后可得明道以安民耳。”[②] 道心微妙却无处不在，内涵于万事万物之中。尽管《大禹谟》为伪古文《尚书》，

① ［汉］郑玄注，［唐］贾公彦疏：《周礼注疏》卷二十二，北京：中华书局，1980年，第787页。

② ［汉］孔安国：《尚书正义》卷四，北京：中华书局，1980年，第136页。

但以其为尧舜等圣王的“十六字心传”，特别是宋明理学家，以其为儒家道统秘传，特别推崇。道心人心话题成为他们哲学理论思维探讨的课题，亦成为朝鲜李朝朱子学家研究的问题。所谓道法，是忠于道的美德。《左传》载：“所谓道，忠于民而信于神也。思利民，忠也；祝史正辞，信也。今民馁而君逞欲，祝史矫举以祭，臣不知其可也。”忠恕于民而诚信于神，对人民有利，这是忠，此忠非要民忠于君主，而是君主或统治者以忠恕之道于民。主持祭祀祈祷的祝史官不虚称君主的美德，这是诚信。道德是对理的追求和忠诚，是自然本然之物。但后来，道德又衍变为智谋，人的那种自然而然又无所不合德合规的本性逐渐被消解。《韩非子·五蠹》曰：“上古竞于道德，中世逐于智谋，当今争于气力。”上古以道德之高下作修德的竞赛，在中古以智谋之多寡来较量胜负，在今世则以气力之强弱来较量胜负。道德的价值，在于其为万事万物的根本，不仅人自己要遵守道德行为规范，而且要以道德理性待事待物，这样道德才能通物得理;仁义为众多行为的大本，仁民爱物，合理合宜，唯有用礼才能成功。以礼教人，使人知道有别于禽兽。

道体与道根。道体是万物存在的根本理由。严遵《老子指归》曰:“道无不有而不施与，故万物以存，无所不能而无所不为，故万物以然。何以明之？夫道体虚无而万物有形，无有状貌而万物方圆，寂然无音而万物有声。由此观之，道不施不与而万物以存，不为不宰而万物以然。然生于不然，存生于不存，亦明矣！”（《老子指归·方而不割》）作为万物终极根据的本体，是虚无的、无形状的、无音的，然而万物有形、有方圆、有声音。万物之所以如此，是虚无的道体使然，道体是度越万物的，由其度越，故能无所不能，又无所能，不施不与，不为不宰，而万物存有，有形、有方圆、有声音。这便是老子有生于无、存生于不存思想的诠释。而道根则是万事万物运动变化的根本，是内在规律。荀悦《申鉴》载:“万物之本在身，天下之本在家，治乱之本在左右，内正立而四表定矣……

有一言而可常行者，恕也；有一行而可常履者，正也。恕者仁之术也，正者义之要也。至哉，此谓道根，万化存焉尔。是谓不思而得，不为而成，执之胸心之间，而功覆天下也。”（《申鉴·政体》）恕是推己及物，恕道以仁及物，以仁民爱物之心赋予人的日常的行为活动；正是正义，是主体人经常履行道德规范，这是道的根本，万物的千变万化由道根而存有，这就是不思不为而得到和成功的根源所在，虽在胸心之间，但功盖天下。《老子》曰：“有物混成，先天地生。寂兮寥兮，独立不改。周行而不殆，可以为天下母。吾不知其名，字之曰道，强为之名曰大。”有一个浑然为一的物体，先于天地而存在，它无声无形。它独立而不停运行，是天地万物的根或母亲，它的名字为道或大，它是天地万物的本体或本根。

道言与道行。《诗经》载：“中冓之言，不可道也。所可道也，言之丑也。”道言是符合道德理性的言辞，而非淫言邪言或丑恶的言辞。道言即非礼勿言的正言。道行，是指道德理性的行为、实践。《荀子·议兵》曰：“遇敌决战，必道吾所明，无道吾所疑。”王念孙注：“道训为行。”孝成王和临武君问荀子怎样做一个将领，荀子认为有六点战术原则，其中一点是遇敌决战，一定要依我们所了解的敌情而行动，而不要依我们所疑惑的情况去行动。《韩非子》云：“舍必不亡之术，而道必灭之事，治国者之过也。”舍弃必定不亡国的方法，而实行必亡国的政策，这是治国者的过错。道为行，在《礼记·射义》中曰：“射者，仁之道也。射求正诸己，己正而后发，发而不中则不怨胜己者，反求诸己而已矣。”射箭是仁的思想的实践、实行，射不中不能怨胜了自己的人，而应反求自己的不精。

道学与道统。道的学问、学说、规律、原理、思想以及儒家传承的谱系为道统。据《庄子·养生主》载：“庖丁释刀对曰：‘臣之所好者道也，进乎技矣。始臣之解牛之时，所见无非全牛者，三年之后，未尝见全牛也。方今之时，臣以神遇而不以目视，官知止而神欲行。’”庄子以庖丁解牛喻养生。庖丁认为，他喜欢依据事物的原理，掌握其规律性，这已超越了技艺。开始宰牛的时候，所见的是一头牛，三年之后，就未尝看见整头牛了。运用掌握的规律去解牛，而不用眼睛去看了。而道学有三义，一是老子开创的道家学说。如司马谈《论六家要旨》指出："道家使人精神专一，动合无形，赡足万物。其为术也，因阴阳之大顺，采儒墨之善，撮名法之要，与时迁移，应物变化，立俗施事，无所不宜，指约而易操，事少而功多。"①《汉书》也载："道家者流，盖出于史官，历记成败存亡祸福古今之道，然后知秉要执本，清虚以自守，卑弱以自持，此君人南面之术也。"②此道学主要是指老庄之学，包括黄老之学。二是道教的学说。道教源于古代巫术；东汉楚王刘英祀黄老和浮屠，使黄老思想宗教化，而成黄老道；元代南北天师道合并为正一道，金代王重阳兼融儒释为全真道，分正一、全真两大派。道教认为，宇宙、阴阳、万物皆由道化生，道的化身为元始天尊、灵宝天尊、道德天尊（老子）。三是宋明理学，又称道学。《宋史》特立《道学传》，故理学亦称道学。道统可视为儒家圣贤传承的谱系。韩愈就说："'斯吾所谓道也，非向所谓老与佛之道也。'尧以是传之舜，舜以是传之禹，禹以是传之汤，汤以是传之文武周公，文武周公传之孔子，孔子传之孟轲；轲之死，不得其传焉。"③即尧舜禹汤文武周公孔孟的道统。宋明理学家以传承和弘扬道统为自己的历史使命。

2. "德"

道的内涵和价值具有极大的包容性、开放性。道，本指道路，引申为规律或万物的本体、根本，或道德、道义，或技艺、方法，或道家、道教，或道言道行，或开导、教导、引导，等等。在中国哲学理论思维中道为无、

① ［汉］司马迁：《史记》卷一百三十，北京：中华书局，1959 年，第 3289 页。
② ［汉］班固：《汉书》卷三十，北京：中华书局，1962 年，第 1732 页。
③ ［唐］韩愈：《原道》，载《韩昌黎集》卷十一，北京：商务印书馆，1958 年，第 62—63 页。

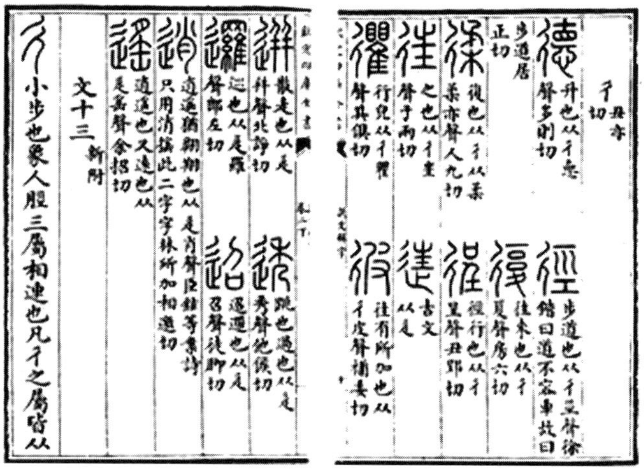

《说文解字》书影

为理、为太极、为心、为人道等。而“德”的价值和意义，在社会历史的发展中，其内涵也是不断积聚丰富。

“德”的价值和意义可以从以下五方面来认识。

德行与德业。德行就是一个人做事所体现的社教规范。《篇海类编·人事类·彳部》:“德，德行。”《周易》载:“君子进德修业，忠信所以进德也。修辞立其诚,所以居业也。”孔颖达疏:“德谓德行,业谓功业。”①《周易·节卦·象传》曰:“节，君子以制数度，议德行。”孔颖达疏:“数度谓尊卑礼命之多少，德行谓人才堪任之优劣。君子象节以制其礼数等差，皆使有度，议人之德行，任用皆使得宜。”②以礼数来制约、衡量尊卑等差，使其符合节度，评议人的德行、节操，任用的人都能合适，恰如其分。而德业就是因美德而成就的好运势。《后汉书》载:“自震至彪，四世太尉，德业相继。”《华峤书》曰:“东京杨氏，袁氏，累世宰相，为汉名族。”③杨震子杨秉、孙杨赐、曾孙杨彪、玄孙杨修累世宰相，与其家风有很重

① ［唐］孔颖达疏:《周易正义》卷一，北京:中华书局，1980年，第15页。
② ［唐］孔颖达疏:《周易正义》卷六，北京:中华书局，1980年，第70页。
③ ［宋］范晔:《后汉书》卷五十四，北京:中华书局，1965年，第1790页。

要的关系。据载，杨震任荆州刺史、东莱太守。“当之郡，道经昌邑，故所举荆州茂才王密为昌邑令，谒见，至夜怀金十斤以遗震。震曰：‘故人知君，君不知故人，何也？’密曰：‘暮夜无知者。’震曰：‘天知，神知，我知，子知。何谓无知！’密愧而出。后转涿郡太守。性公廉，不受私谒。子孙常蔬食步行。”杨震清廉、高洁，公以忘私、舍生取义的精神，简朴、恪勤的家规家教，是中华民族优秀传统道德的精髓，具有现实价值和意义。

德施和德惠。德施意味着以道德美德普施天下、风化天下。《周易》载：“见龙在田，德施普也。终日乾乾，反复道也。”孔颖达疏：“此以人事言之，用龙德在田，似圣人已出在世，道德恩施能普遍也。”[①] 以龙德喻圣德，圣人以道德普遍恩施于下民。德惠就是因美德而获得赢得的恩惠，行美德必有善报。《秦始皇本纪》载：到会稽，祭大禹，望于南海，而立石刻颂秦德。“皇帝休烈，平一宇内，德惠修长。”[②] 刻石赞扬秦始皇的功绩：统一中华，德业完美，道德恩惠悠长不断。秦乙卯三十七年（公元前 210），秦始皇病死在巡游途中。但实际上，秦二世而亡，与奸臣赵高等人的胡作非为大有关系，始皇德惠未能修长。赵高、胡亥、李斯阴谋，诈伪丞相李斯受始皇遗诏，立胡亥为太子，更为书赐公子扶苏、蒙恬数以罪，赐其死。赵高指鹿为马，秦二世胡亥亡国。奸佞当道，国将不国，亡国是为必然。

德政与德化。德政是指符合道德理性的政治，以德治国理政，又以道德理性教化人。《左传》载：“政以治民，刑以正邪。既无德政，又无威刑，是以及邪。邪而诅之，将何益矣！”（《春秋左传·隐公十一年》）郑庄公缺失政与刑。政为治国，刑为惩治邪人。既没有以德来治国理政，又没有用刑罚来惩治犯法的人，邪恶已发生，再去诅咒，又有什么益处？后来孔子主张为政以德，实行德政，“道之以政，齐之以刑，民免而无耻。

---

① ［唐］孔颖达疏：《周易正义》卷一，北京：中华书局，1980 年，第 15 页。
② ［汉］司马迁：《史记》卷六，北京：中华书局，1959 年，第 261 页。

道之以德，齐之以礼，有耻且格”（《论语·为政》）。这句话说明了德政的价值和意义。孔子讲德礼，就是一种道德教化，他将政刑与德礼作了比较，说明德礼教化作用的效果。德化就是以道德美德和礼仪规范教化百姓众生。政刑是他律，德礼能教化，使其自律。韩非子引孔子曰："舜其信仁乎！乃躬藉处苦而民从之，故曰：'圣人之德化乎。'……舜又何德而化？舜之救败也，则是尧有失也。贤舜则去尧之明察，圣尧则去舜之德化，不可两得也。"[①] 舜仁民爱物，亲身从事耕种、捕鱼、制陶器等劳苦的事，这是圣人以身教化人。

德宇与德操。德宇出自《国语》："今君之德宇，何不宽裕也。"（《国语·晋语四》）人的气度、器量要宽大。若以忠言为逆耳，不喜好忠言，反而厌恶，怎能久为君主。作为君主应该具有一定的道德气度，宽容待人、待言。这就是德宇。"生乎由是，死乎由是，夫是之谓德操。德操然后能定，能定然后能应。能定能应，夫是之谓成人。"（《荀子·劝学》）郝懿行解曰："德操，谓有德而能操持也。"[②] 有道德理性而能够操持的人，活着时遵循正确方向，到死也坚持不变，有德操才能坚定不变，并能化解、应对各种各样的事变，这样才能成为一个完美的人。德操是一种坚持美德并能贯穿人生始终的精神状态。

德泽与德性。道德教化和恩泽，必然要有道德品质及秉性的人才能做到。韩非子曰："有道之君，外无怨仇于邻敌，而内有德泽于人民。夫外无怨仇于邻敌者，其遇诸侯也外有礼义；内有德泽于人民者，其治人事也务本。"（《韩非子·解老》）有道德的君主与邻国讲究礼义，而无怨仇，对内以道德恩泽于人民，这是治国理政的根本。与诸侯国以礼相待，就不会发生战争；以服务人民为根本，就不会发生贪侈淫佚。无道的君主则相反。《淮南子》载："是故贤者尽其智，而不肖者竭其力，德泽兼覆

---

① 梁启雄：《韩子浅解》，北京：中华书局，1960年，第348—349页。
② ［清］王先谦：《荀子集解》，北京：中华书局，1988年，第19页。

而不偏，群臣劝务而不怠，所以然者何也？得用人之道，而不任己之才者也。”[①] 人主以天下的目视、耳听、智虑来理政，以天下的胸怀，包容的态度，倾听天下人的思虑，群策群力，这样，德化和恩泽普施而不偏差，群臣尽心尽力做事而不懈怠，近者安生，远者怀感其德化而归附。能实现这个目标的人主，必是具有道德秉性的人主。德性就是人的道德秉性。《中庸》曰：“故君子尊德性而道问学，致广大而尽精微，极高明而道中庸。温故而知新，敦厚以崇礼。”朱熹注：“德性者，吾所受于天之正理。”[②] 尊德性为恭敬奉持存心而极乎道体的大全，道问学为致知而尽乎道体的精微。尊德性与道问学是修养德性和妙凝道体的根本途径。

德，先秦曾训为“得”。“德者，得也。得也者，其谓所得以然也。”（《管子·心术上》）讲得道的精华而然。《礼记》载：“德也者，得于身也。故曰：‘古之学术道者，将以得身也。’”得于身，是修养自己。《管子》认为“德”得自于外在的道，而《礼记》认为“德”来源于自身，所以许慎《说文解字》依汉时德的古字为“直心”的重叠，解“德”为“外得于人，内得于己，从直心”。宋明理学家把外得与内得结合起来，将外在获得的道转化为内在自身的德。“德是行是道而实有得于吾心者，故谓之德。何谓行是道而实有得于吾心？如实能事亲，便是此心实得这孝。”[③] 所以，道与德自古以来就联系紧密，“故道与德无间，故言之者不别也”（《管子·心术上》）。道与德同体无别，而无间隔。两者内外兼容，道既是道路，外也；又是道心，与人心相对。德既是直心，内也；又是人的行为活动，外也。内外联通交感，所以现代将“道德”作为一个关键词而不拆分。“道德”是成人、成事的必然要求和实然呈现，合天地之道、合人伦之情，无论是个人还是集体民族国家，都必然修养道德。这正是中华民族“厚德载物”思想在做人

① 何宁：《淮南子集释》，北京：中华书局，1998年，第658页。
② ［宋］朱熹：《四书章句集注》，北京：中华书局，1983年，第35页。
③ ［宋］陈淳：《北溪字义》卷下，北京：中华书局，1983年，第42页。

修身上的实然要求，“厚德载物”也就成了中华民族“重道德”优秀传统的思想基础。

第三节　“厚德载物”内蕴仁爱精神

“道”与“德”不可分，所谓“道德”就是代表着正义和人们普遍认同的高尚情操以及行为规范。君子“厚德载物”所“厚”之“德”是先贤凝练总结而成的规范要义，并且是持续推进和传承的民族思想精髓。君子“厚德载物”的终极目标在于平治天下，在于为天下苍生的生存、发展和美好愿景的实现而努力奋斗、踔厉奋发。这一“胸怀天下”的高尚情操，根本上是“仁爱”精神的体现。

不过，“仁爱”精神作为人的内在本质规定乃出自孔子。在此之前，“仁”只是作为诸多价值规范、价值准则中的一种。比如，《春秋》中，仁义对举，亲、仁、祥、义四者并存：“背施无亲，幸灾不仁，贪爱不祥，怒邻不义，四德皆失，何以守国”（《春秋左传注·僖公十四年》）。秦国发生饥荒，乞籴于晋，晋人弗与，庆郑认为亲、仁、祥、义为国家所必遵的道德原则，只有处理好这四种道德的关系，才能守国。《春秋》还说人应具备“不背本，仁也；不忘旧，信也；无私，忠也；尊君，敏也”（《春秋左传注·成公九年》）四种美德。这是文子赞扬钟仪的话，认为君子应有仁、信、忠、敏的道德品质。

《春秋》还认为“仁”是调节王位继承中各种关系的政治道德原则。“仁而不武，无能达也。”（《春秋左传注·宣公四年》）郑公子宋要弑郑灵公，谋及子家，子家不同意，这是仁爱的表现，但他不能以武力阻止公子宋的弑君行为，是没有勇武的表现，所以不能通达于仁道。仁作为统治集团内部的政治道德规范，在一定的条件下需要武力的补充，以相辅相成。

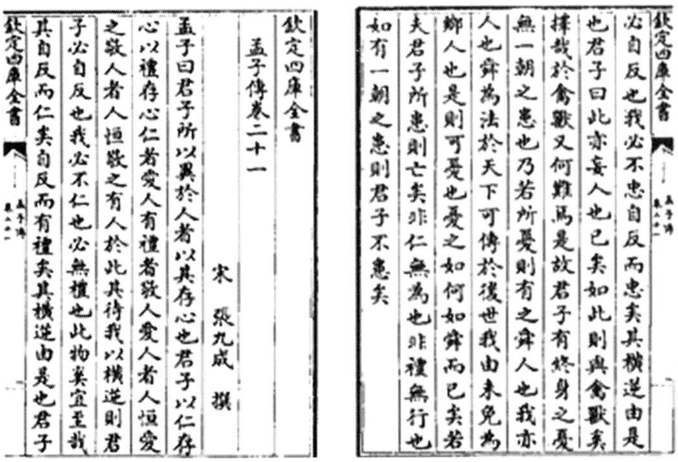
欽定四庫全書
孟子傳卷二十一
宋 張九成 撰
孟子曰君子所以異於人者以其存心也君子以仁存
心以禮存心仁者愛人有禮者敬人愛人者人恒愛
之敬人者人恒敬之有人於此其待我以横逆則君
子必自反也我必不仁也必無禮也此物奚宜至哉
其自反而仁矣自反而有禮矣其横逆由是也君子
欽定四庫全書

欽定四庫全書
必自反也我必不忠自反而忠矣其横逆由是
也君子曰此亦妄人也已矣如此則與禽獸奚
擇哉於禽獸又何難焉是故君子有終身之憂
無一朝之患也乃若所憂則有之舜人也我亦
人也舜為法於天下可傳於後世我由未免為
鄉人也是則可憂也憂之如何如舜而已矣若
夫君子所患則亡矣非仁無為也非禮無行也
如有一朝之患則君子不患矣

《钦定四库全书·孟子传卷二十一》书影

《春秋》还把知、仁、勇并列。仁爱体现在人们生活中的各个方面，如出门做事、待人接物都要遵守仁的原则。“奔死免父，孝也；度功而行，仁也；择任而往，知也；知死不辟，勇也。”（《春秋左传注·昭公十二年》）知、仁、勇并举，估计功效而后行动是仁，仁并非不计功。

《国语》论仁则与礼、忠、信、义、勇等相联系。《国语·周语上》曰：“礼所以观忠、信、仁、义也。忠所以分也，仁所以行也，信所以守也，义所以节也。忠分则均，仁行则报，信守则固，义节则度。”忠心不偏，仁行有恩，信守不贰，义节有度，是符合礼的规则的，行礼若能实现这四种道德行为规范，便可治理好国家，国与国之间也能为善。“夫义所以生利也，祥所以事神也，仁所以保民也。不义则利不阜，不祥则福不降，不仁则民不至。”（《国语·周语中》）仁爱是用来保护民众的，不仁爱民众，民众就不来归附。国与国、人与人之间若以仁、义、祥三道德原则来处理，便能“和宁百姓”。“夫仁、礼、勇皆义之为也，以义死用谓之勇，奉义顺则谓之礼，畜义丰功谓之仁。”（《国语·周语中》）为正义而舍身叫作勇，遵奉道义而守法叫作礼，积蓄道义而建功叫作仁。奸伪而行仁则是巧诈，奸伪而行礼则是羞耻，奸伪而勇则是盗贼。

《国语》甚至提出了含“仁”在内的“十一德”说。《国语·周语下》载：“夫敬，文之恭也；忠，文之实也；信，文之孚也；仁，文之爱也；义，文之制也；智，文之舆也；勇，文之帅也；教，文之施也；孝，文之本也；惠，文之慈也；让，文之材也。”单襄公认为晋公子周具有敬、忠、信、仁、义、智、勇、教、孝、惠、让十一种美德，日后必为晋君，并对十一种美德的性质作用、功能效应、价值意义作了分析，“象天能敬，帅意能忠，思身能信，爱人能仁，利制能义，事建能知，帅义能勇，施辩能教，昭神能孝，慈和能惠，推敌能让”（《国语·周语下》）。美德既出于内心的道德修养和自觉，亦付诸外在的道德行为和活动，譬如讲仁必联系博爱于人，仁爱他人才能实行仁的美德，仁本身就蕴含了爱的美德。

《国语》论仁，以仁为道德原则、价值标准、行为方式、评价准则等。就伦理道德而言，申生说，他听人讲“仁不怨君，智不重困，勇不逃死”（《国语·晋语二》）。假如罪名不解除，离开晋国会遇到双重困厄：离开而加重了罪名是不明智的；逃避死亡让国君蒙受罪名是不仁，有罪而不去死是不勇。申生虽受屈，但遵照智、仁、勇的道德原则而自杀。这便是“杀身以成志，仁也”（《国语·晋语二》）。这是儒家“杀身成仁”价值的源头之一。

《左传》《国语》论仁，并非仅指主体内在的道德修养或境界，而是指应然的道德、政治原则和处理人与国家、社会、他人之间关系的价值尺度，且把“仁”与其他德目并列。孔子便只突出仁，以仁为人的最高道德原则和人生价值理想，从而建构了仁学。仁是人性的本质特性，仁学的核心是讲爱人，仁是人的哲学升华，可称为人学哲学。“樊迟问仁。子曰：爱人。”（《论语·颜渊》）“子曰：道千乘之国，敬事而信，节用而爱人，使民以时。”（《论语·学而》）“泛爱众，而亲仁。”（《论语·学而》）爱人即指仁爱父母兄弟。“孩提之童无不知爱其亲者，及其长也，无不知敬其兄也。”（《孟子·尽心》）人从小到大，在父母兄弟血缘关系中成长，便自然有一种仁爱之情。孔子又指一种超越“仁者人也，亲亲为上”的由近及远、由亲而疏的“泛爱众”的人类之爱，这是一种博爱精神。仁爱人，这是孔子为人的基本原则；爱护百姓，不误农时，是其基本原则的贯彻。人的仁爱之心，也需要学习培养，并非先验的。“君子学道则爱人。”（《论语·阳货》）君子学道要使自己具有爱人的情怀。

具体而言，孔子“仁者爱人”思想内蕴了三层意思。

一是“己所不欲，勿施于人”（《论语·颜渊》），“其恕乎！己所不欲，勿施于人”（《论语·卫灵公》）。这是孔子针对不同问题时说的，前者是回答仲弓问，怎样才能实践仁的道德；后者是回答子贡问，有一言而可以终身奉行的吗？孔子回答的是同样一句话：自己所不想要的任何事物，便不要强加给别人，这便是恕道。这句话蕴含着人类最无私、最博大的仁爱情怀，是人与人普遍性的交往规则。

自己所不愿要的，不要强加给人。换言之，如子贡所说：“我不欲人之加诸我也，吾亦欲无加诸人。”（《论语·公冶长》）前者是讲恕的事，子贡是讲仁的事，虽有别，但都是仁爱之心的体现。两者就性质而言，是仁爱的指导思想和为仁的原则，就具体行为而言，孔子在回答子张问仁时说：“能行五者于天下，为仁矣。”请问之，曰：“恭、宽、信、敏、惠。恭则不侮，宽则得众，信则人任焉，敏则有功，惠则足以使人。”（《论语·阳货》）体现仁爱的五种美德是待人恭敬便不会受辱，待人宽厚就会得大众拥护，诚信就能得到别人的信任，勤敏会取得功绩，爱惠能更容易指挥人。支配五种美德的行为，均出于仁爱之心，是一种我欲恭、宽、信、敏、惠，也使别人得到恭、宽、信、敏、惠。

二是“夫仁者，己欲立而立人，己欲达而达人”（《论语·雍也》）。仁的内涵是指自己立得住，或曰成功立业，也要使他人立得住、成功立业；自己通达了、发达了，也要让他人通达、发达。由己及人，爱护、关心

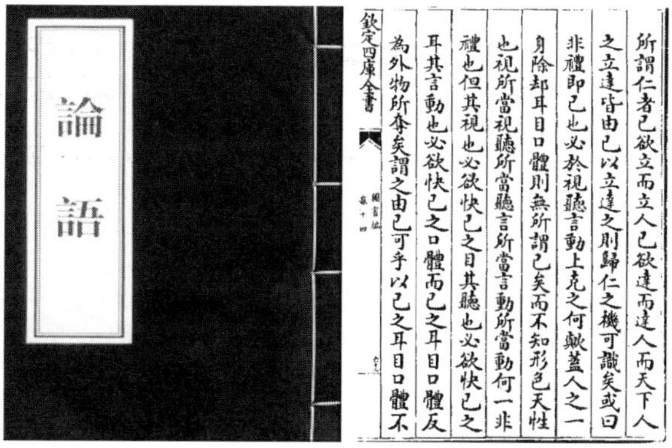

《论语》书影

他人，这也是一种实现仁爱的方法。仁爱是由己体及于他体、主体及于客体，它要求从自我做起，树立主体人格，“克己复礼为仁。一日克己复礼，天下归仁焉。为仁由己，而由人乎哉”（《论语·颜渊》）。实行仁从自己做起，应当约束、克制自己，发挥人的自我调节意识。这是内向型价值取向，是内圣的路线，使人的视、听、言、动都合乎理的要求，天下人就会称赞你是仁爱的人。仁从正面价值取向来说：“刚、毅、木、讷，近仁。”（《论语·子路》）具有刚强、果决、朴实、说话谨慎这四种品德的人就接近仁了。从负面价值取向而言：“巧言令色，鲜仁矣。”（《论语·学而》）花言巧语，伪善面孔，这种人很少有仁德的，因为他违背了仁爱的道德要求和价值底线。

三是“博施于民而能济众”（《论语·雍也》），与孔子说的“泛爱众，而亲仁”相通。广泛地给予民众好处，又能帮助民众生活得好，这样子就是圣人了，尧舜有时也难以做到，虽难但不意味着不应朝这个方向努力。孔子在解释“五美”（惠而不费，劳而不怨，欲而不贪，泰而不骄，威而不猛）时说：“因民之所利而利之，斯不亦惠而不费乎？择可劳而劳之，又谁怨？欲仁而得仁，又焉贪？君子无众寡，无小大，无敢慢，斯不亦泰而不骄乎？君子正其衣冠，尊其瞻视，俨然人望而畏之，斯不亦威而不猛乎？”（《论语·尧曰》）此“五美”运用在为政治国中，体现为一种仁民爱众的精神。

先秦儒家的孟子更是把“仁”视为人性的本根。他认为“人皆有不忍人之心”，“仁，人心也”，“恻隐之心，仁之端也”，“仁者以其所爱及其所不爱”（《孟子·尽心下》）。孟子从“仁之实，事亲是也”推及他人，以仁爱之心为出发点，认为“仁”是人之所以为人的最深层的本质，它所蕴含的是不忍、恻隐的精神生命。在孟子看来，仁爱是道德心性转换为道德行为的理所当然的准则，即由内发而表现为外在行为。

《易传》更是以“仁义”为人道的最高准则，“立人之道，曰仁与义”，而与天道、地道并立为“三才”。所谓仁，“安土敦乎仁，故能爱”（《周易·系辞传》）。居仁，人心安而理得，使仁得“显诸仁”的状态。荀子继承孔子和《易传》，“仁者爱人，爱人故恶人之害也”（《荀子·议兵》），把仁置于爱人与害人正负对比中，凸显仁爱的价值。“仁，爱也，故亲”（《荀子·大略》），在荀子看来，仁仍受血缘亲疏的局限。

汉代董仲舒明确提出，“仁”是“爱人”的表现，不是“自爱”的表现。董仲舒就仁与义的功能、作用、侧重点、价值导向、思维定式等方面加以分析，辨明内外、顺逆等以往的论争。“仁之法在爱人，不在爱我”（《春秋繁露·仁义法》）。仁是爱他人，不在爱自己，自爱不表现为仁，以此作为协调社会人我关系的道德原则，既具有纠正仁者自爱之偏，亦具有普遍的适应性，注重自我与他人之间的交往形式，淡化了宗法亲亲的色彩。

隋唐时佛盛儒衰，韩愈、柳宗元的古文运动，重建儒家仁爱道德规范。在韩愈看来，“博爱之谓仁，行而宜之之谓义”[①]。他认为每个人达到仁的标准可以不同，圣人与一般人的博爱有差别。仁爱精神贯穿于礼乐

---

① ［唐］韩愈著，马其昶校注，马茂元整理：《韩昌黎文集校注》卷一，上海：上海古籍出版社，2021 年，第 19 页。

刑政，“是故道莫大乎仁义，教莫正乎礼乐刑政”[①]。世俗的礼乐刑政是仁义的体现，统治工具便具有了现实的合理性。柳宗元认为仁义是人道的内涵，与天道相联系，“仁义忠信，犹春秋冬夏也”[②]。人道与天道、人爵与天爵融通，使人求诸内而能贯通于外，赋予仁以形而上的意义。

宋明理学家释“仁”为生，是一种生命存在的形式。周敦颐在“立太极”与“立人极”的宇宙本体与道德本体的一体结构中，认为“天以阳生万物，以阴成万物。生，仁也；成，义也”[③]。仁是生命生长的过程，在政治道德上体现为“圣人在上，以仁育万物，以义正万民”(《通书·顺化》)。仁义既是生育万物的宇宙观，又是正万民的道德观，归属于道德形而上学。二程亦以生为仁。“生之谓性，万物之生意最可观，此元者，善之长也，斯所谓仁也。”[④]仁是万物生意的体现，它既是天地生生之理的所以然，又具有目的性的善之长的所当然。就前者而言，人可体验与万物一体境界，“仁者以天地万物为一体，莫非我也”[⑤]，“仁者浑然与物同体”[⑥]。仁是心体，心体即是天地生生之理的理体，是一个浑然无内外的和合境界。

朱熹继承二程“以生为仁”的思想，认为“盖仁也者，天地所以生物之心，而人物之所得以为心者也”[⑦]。仁是所有生物根据的心，此心人物得之以为心。仁为性，爱为情。“仁乃性之德而爱之本，因其性之有仁，是以其情能爱”[⑧]。其情能爱，是因性仁之发，爱根于仁之本；未有无仁之爱，

---

① ［唐］韩愈著，马其昶校注，马茂元整理：《韩昌黎文集校注》卷四，上海：上海古籍出版社，2021 年，第 357 页。

② ［唐］柳宗元：《柳宗元集》卷三，北京：中华书局，1979 年，第 80 页。

③ ［宋］刘元卿撰，彭樹欣校：《刘元卿集》，上海：上海古籍出版社，2014 年，第 734 页。

④ ［明］穆孔晖等撰，邹建锋等编校：《北方王门集》卷十一，上海：上海古籍出版社，2017 年，第 566 页。

⑤ ［宋］程颢、程颐：《河南程氏粹言》，北京：中华书局，1981 年，第 1179 页。

⑥ ［宋］刘元卿撰，彭樹欣编校：《刘元卿集》，上海：上海古籍出版社，2014 年，第 1061 页。

⑦ ［宋］朱熹：《朱子全书》，上海：上海古籍出版社，2002 年，第 3709 页。

⑧ ［宋］朱熹：《朱子全书》，上海：上海古籍出版社，2002 年，第 1411 页。

无爱之仁，仁爱不离。就仁爱不杂言，“仁者，爱之体；爱者，仁之用”[①]。所谓爱之体，就是指“爱之理”，“理是根，爱是苗”，苗从根上生，爱之用是爱之体的发生。因为“仁只是爱底道理，此所以为心之德”，此理此德，都是指体而言，然体用一源，显微无间。

程朱道学以仁为心之德、爱之理，以理为核心话题，陆（九渊）王（守仁）论仁，以心为核心话题，陆九渊说，“故仁义者，人之本心也”[②]；王阳明说，“心一而已。以其全体恻怛而言谓之仁，以其得宜而言谓之义，以其条理而言谓之理。不可外心以求仁，不可外心以求义，独可外心以求理乎？”[③]仁、义、理是心的不同表现形式，心外无仁、义、理，三者都在心中。“仁者以天地万物为一体”，此一体即是心体。

王廷相、吴廷翰、王夫之与程朱陆王异，其论仁以气为核心话题，吴廷翰从发生源头上说明仁，说：“人为仁义，本一气也”[④]，“仁义必假气而后生”[⑤]。王夫之说：“气自生心，清明之气自生仁义之心。”[⑥]所谓气，实即阴阳之气。“在天为阴阳者，在人为仁义，皆二气之实也。”[⑦]这样仁义与气可融而为一。“气充满于天地之间，即仁义充满于天地之间。”[⑧]仁义作为天地间普遍的原理被提升为道德形而上学。

近代先进知识分子融通中西方来讲“仁”，但依然是把“仁”视为人的最本质的道德。如，康有为认为西方的博爱与仁相通，“仁者在天为生生之理，在人为博爱之德”，并将仁与自然科学相结合，“仁从二人，人

① ［宋］黎靖德编，王星贤点校：《朱子语类》卷二十，北京：中华书局，1986年，第466页。
② ［宋］陆九渊著，钟哲点校：《陆九渊集》卷一，北京：中华书局，1980年，第9页。
③ ［明］王守仁著，吴光等编校：《王阳明全集》（上），杭州：浙江古籍出版社，1992年，第43页。
④ ［明］吴廷翰：《吴廷翰集》，北京：中华书局，1984年，第17页。
⑤ ［明］吴廷翰：《吴廷翰集》，北京：中华书局，1984年，第5页。
⑥ ［清］王夫之：《读四书大全说》，北京：中华书局，1975年，第685页。
⑦ ［清］王夫之：《读四书大全说》，北京：中华书局，1975年，第661页。
⑧ ［清］王夫之：《读四书大全说》，北京：中华书局，1975年，第662页。

道相偶，有吸引之意，即爱力也，实电力也”[①]。谭嗣同在《仁学》中建构了仁—通—平等的思维逻辑结构，“仁以通为第一义”，“通三象为平等”“平等者，致一之谓也。一则通矣，通则仁矣”[②]。通包括中外通、上下通、男女内外通、人我通四义。在谭嗣同看来，“通”是中国通向现代化的必由环节，“是故仁不仁之辨，于其通与塞；通塞之本，惟其仁不仁”[③]。把通作为仁的第一义，是对唯变所适的新释。孙中山认为人类社会不应以竞争为原则，而应以互助为原则，并提出“博爱”谓仁的思想。

从孔子到孙中山，仁爱精神一以贯之，绵延不绝。仁爱作为中华民族的最高道德原则和人格理想，是每个人安身立命之所在，亦是人之所贵，即人之所以为人而与禽兽相区别的价值标准。中华民族就是在这种大爱大德精神中成长、发展的，中华文化也就是在大爱大德精神中繁荣、璀璨的，中华民族亦会在大爱大德精神中生生不息，挺立于世。

① 康有为：《中庸注》，北京：中华书局，1987 年，第 208 页。
② 蔡尚思、方行编：《谭嗣同全集》，北京：中华书局，1981 年，第 291 页。
③ 蔡尚思、方行编：《谭嗣同全集》，北京：中华书局，1981 年，第 296 页。

第九章

讲信修睦

人是一切社会关系的总和。同理，一个国家也同他国交往互动、交流互鉴。中华民族积淀了源远流长、博大精深的交往智慧，其中就包括“讲信修睦、亲仁善邻”。新时代以来，习近平总书记多次强调，在中国全面建设社会主义现代化国家的新征程上，愿同各方一道努力，“讲信修睦，合作共赢”，共同向着构建人类命运共同体的目标稳步迈进。“讲信修睦”源自《礼记·礼运》“大道之行也，天下为公，选贤与能，讲信修睦”，是孔子对自身所处的春秋时代政治秩序的叹息与祈盼，更是对上古先民构想的“大同”社会的描述。它意在表达人们之间应该讲究信用，构建团结和睦、诚信友善的社会秩序。“讲信修睦”的主体和实践对象不仅是个体的人，还包括了家庭、宗族、邻里、社区，更延伸到国家的内政和外交，是全社会普遍适用的行为规范和道德准则，反映了自古至今中华民族对良好人际关系与社会和谐秩序的向往。

第一节 “讲信修睦”是构建和谐人际关系和社会关系的价值准则

“讲信修睦”价值观是中华民族处理人与人关系、人与社会关系的智慧结晶，体现了对人的本质的理性思考。

“讲信修睦”中的“信”是指“诚信”，既是建立良性关系的根本，更是中华民族的传统美德。在《说文解字》中，“信”与“诚”互训。“信”可以理解为“人言有信”，意指人应当真实可靠，诚实无欺，恪守信用。《诗经》即有“信誓旦旦，不思其反”之说。信是对誓言的遵守，是对规则的遵从。孔子曾言“民无信不立”（《论语·颜渊》），强调人无信用、信誉将难以立足于社会。孔子还指出，“信”对国家和社会是比“食”和“兵”更为重要的前提条件，“子贡问政。子曰：‘足食，足兵，民信之矣。’子贡曰：‘必不得已而去，于斯三者何先？’曰：‘去兵。’子贡曰：‘必不得已而去，于斯二者何先？’曰：‘去食。自古皆有死，民无信不立’”（《论语·颜渊》），当政者必须取信于民，一旦失去群众的信任与支持，统治政权就会难以稳固。应该说，“信”是社会公认的为人、处世、治国的重要原则，《尚书·康王之诰》中就赞扬周文武二王“信用昭明于天下”，把有信用的君主作为治国楷模。

谈“信”离不开“诚”。“诚”的本意是真实无妄，《礼记·大学》即云：“所谓诚其意者，毋自欺也。”就“诚”而言，根本上是表明人对待神、对待他人的“真实无妄”，由此体现的是人道与天道的贯通，诚如《孟子》所言“诚者天之道，思诚者人之道”。“诚”强调人应该效法天道真实无妄的品德，要求人们尊重、认同和遵循客观天道，按照人的本性去生活、去行动，使天然的德性化为自然的行为，无任何勉强与做作。

儒家贤哲对“诚信”高度重视，并进行了深刻探讨。据统计，《论语》中提及“信”字就有36次之多。孔子认为，重信是君子人格的内在要求，“人而无信，不知其可也。大车无輗，小车无軏，其何以行之哉？”（《论语·为政》）一个人若不讲信义，恰似车无轴轮，无法运行，也就无法在社会中立足。孔子以“信”为其“四教”（文、行、忠、信）科目之一，要求人们讲求信义，做到言而有信、行而有信。同时孔子在“五德”（恭、宽、信、敏、惠）中也将其作为重要因素，“能行五者于天下为仁矣”（《论语·阳货》）。孟子进一步将“信”列入“五伦”[“父子有亲，君臣有义，夫妇有别，长幼有序，朋友有信”（《孟子·滕文公上》）]之中，他不仅强调“朋友有信”是人的一种美德，而且认为“信”也是统治者的一种治国方略。汉代董仲舒在孔孟思想的基础上，进一步完善了“信”的内容，把它列入“五常”（仁、义、礼、智、信）之中。

从时间上看，“信”比“诚”出现得更早。不过，从逻辑上讲，“诚”却是“信”的前提和基础，无“诚”即无“信”。这与中华文化特别重视“诚”

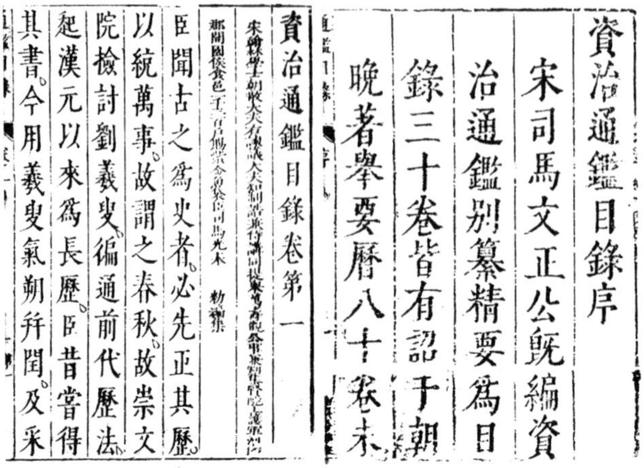
資治通鑑目錄序
宋司馬文正公既編資
治通鑑別纂精要為目
錄三十卷皆有詔于朝
晚著舉要曆八十卷未
資治通鑑目錄卷第一
臣聞古之為史者必先正其曆
以統萬事故謂之春秋故崇文
院檢討劉羲叟徧通前代曆法
起漢元以來為長曆臣昔嘗得
其書今用羲叟氣朔并閏及采

《资治通鉴》书影

以及中国文化对“诚”与“信”之关系的论证方式有关。在中华文化中，“诚”首先并不是一个主体性的范畴，而是作为一个具有宇宙本体论意蕴的范畴提出来的；并且，作为本体论范畴的“诚”，制约着作为主体性范畴的“诚”。《中庸》说：“诚者天之道，诚之者人之道。”即是说“诚”是天本来即有的本性，对天的这种本性的主体实践（“诚之”，即“行”）即为“人之诚”的本性，“人之诚”来源于“天之诚”，并由“天之诚”所决定。《孟子》所说的“诚者天之道，思诚者人之道”，从对“天之诚”的“思”的角度，来说明“天之诚”是“人之诚”的本根。发展到后来，作为本体论的“诚”转化为主体性的“诚”，对于“诚”之主体而言，自然就具有了伦理道德的意义。正是“诚”从本体论向主体性的道德论的转化，才使“信”这一作为纯粹伦理道德的范畴得以奠定在“诚”的基础上，并与“诚”合二为一。换言之，“信”之所以可能，从根源上说它是由“天之诚”经“人之诚”所前定的，从这个意义上说，“诚”比“信”具有更根本、更本原的意义。于是，“诚”与“信”就构成了这样的逻辑关系：“诚”是“信”之本，“信”是“诚”之用；“诚”是个自然之实，“信”是个所为之实；“诚”

则“信”，“信”不一定“诚”。[①]

“诚”是“真实无妄”之意。它既是最根本的哲学范畴，又是最基本的道德范畴。作为哲学范畴，“诚”是物质性的真实转化，真实是事物存在的根本属性，如某种事物脱离了真实，也就失去了其存在的意义。作为道德范畴，物质性的真实须转化为意识上的“诚实”，“诚实”是人性向善的基本素质。当把“诚”作为一切道德之本时，意味着从根本上强化人之初的内在的善性和依赖性，即“内存于心”的“真”和“言之于表”的“忠诚”。当然，“忠”与“诚”有所区别，“诚”指对自己而言，有自诚于心之意；而“忠”的对象是他人，指对人尽心竭力而言。然而，最能直接体现“诚”或“忠”的品德则是“信”，它是“诚”的外用言语表达和行为效果。所以，儒家常常“诚”“信”并称，又常常“忠”“信”并称。“诚”或者“忠”是“信”的依据和基础，“信”则是作为“诚”或“忠”的外在体现，两者互为表里，都是人伦道德的基本表现。[②]

“睦”与“信”一样，也是深入社会生活各个层面的道德标准和行为准则。“睦”是彼此建立友好关系的重要基石，也是社会稳定的重要保障。《说文解字》以“睦”为“目顺”之意，“睦”与“和”相通，说明人与人之间相处目光平静温和，能让人产生亲近感，引申为人与人和顺、融洽、亲近、友善、团结的关系。所以，《礼记·礼运》将“睦”作为社会，乃至天下太平和谐的一大保障：“士以信相考，百姓以睦相守，天下之肥也。”“睦”能够管控分歧，化解矛盾，对于国家治理有更为现实和直接的意义。因此，治理国家，对内要“上下和睦，周旋不逆，求无不具，各知其极”（《左传·成公十六年》），这样国家才有秩序、有力量；对外，只有达到人民“和协辑睦”，国家才有能力“以备寇戎”（《管子·五辅》）。

---

① 廖小平：《论诚信与制度》，《北京大学学报（哲学社会科学版）》2006 年第 6 期。

② 参见芮顺淦：《从中国传统伦理看“和”文化的心理基础》，《南昌大学学报（人文社会科学版）》2008 年第 3 期。

故“睦”作为人与人之间交往的重要守则，利于营造团结友善的社会氛围，有助于构建和谐社会。

应该说，“讲信”是“修睦”的前提和基础，“修睦”是“讲信”的目的与追求，只有先做到“讲信”，“修睦”才可能成为现实。把“讲信”和“修睦”综合起来，可以解释为人与人、国与国之间在讲求信义的基础上，建构一种融洽和睦的关系。在建构的过程中，“讲信”相当于为“修睦”提供了理论基础，为人们正确处理社会关系提供了基本标准，“修睦”则是在“讲信”的基础上的实践，是“讲信”的实践追求和理想目标，同时也是对“讲信”作出的积极反应和正向反馈。[①] 所以，“讲信”和“修睦”构成了一个有机整体，对构建更为和谐、稳定、积极、和睦的社会关系有着积极意义，成为中国传统治理文化中的重要价值准则。

第二节 “讲信修睦”价值功能的四维表现

“讲信修睦”充分体现了传统社会对“信”的重视和涵养，把“诚信”作为待人接物之道，也是立身之本，“与国人交，止于信”（《礼记·大学》），“与朋友交，言而有信”（《论语·学而》）。“诚信”在人的道德系统中，居于最基础的、前提性的位置，并与其他道德理念紧密相连，共同构成儒家所倡导的价值体系和道德体系。

从整体而言，中国传统“讲信修睦”的时代价值主要体现在以下四个方面。[②]

① 刘金祥：《讲信修睦的历史意蕴与当代价值》，《群言》2023 年第 8 期。

② 参见陈丽君、王重鸣：《中西方关于诚信的诠释及应用的异同与启示》，《哲学研究》2002 年第 8 期；吴申元、徐建华：《诚信：现代市场经济有效运行的道德基础》，《复旦学报（社会科学版）》2001 年第 5 期；金滢坤：《论古代家训与中国人品格的养成》，《厦门大学学报（哲学社会科学版）》2018 年第 2 期。

第一，“讲信修睦”是个人立身处世以及道德修养的价值要求。孔子言“人而无信，不知其可也”（《论语·为政》），《论语·卫灵公》说，“君子义以为质，礼以行之，孙以出之，信以成之，君子哉”皆是此意。在孔子看来，“君子进德修业。忠信所以进德也。修辞立其诚，所以居业也”（《周易·乾卦·文言》），“忠信”是建立功业的前提，也是君子不懈追求的美德；而修治政令的目的在于确立“诚信”，以此永葆功业。宋人袁采《袁氏世范》对忠信与笃敬进行了阐释：“言忠信，行笃敬，乃圣人教人取重于乡曲之术。盖财物交加，不损人而益己；患难之际，不妨人而利己，所谓忠也。有所许诺，纤毫必偿；有所期约，时刻不易，所谓信也。处事近厚，处心诚实，所谓笃也。礼貌卑下，言辞谦恭，所谓敬也。”（《袁氏世范》卷二《处己·人贵忠信笃敬》）他认为忠信和笃敬是个人在社会中立足，取信于人的最基本的能力，与人约定不能随意改变，待人接物必须诚实。明末清初理学家张履祥《训子语》也指出：“忠信笃敬，是一生做人根本。若子弟在家庭不敬信父兄，在学堂不敬信师友，欺诈傲慢，习以性成，望其读书明义理，向后长进难矣。”一个人讲信、守信，言出必行，是取得别人充分信任的必要前提。立身于社会之中的个体，若言不副实，毫无信用，等于失去了社会生活中的通行证，便会陷入孤独无助的状态，不仅没人愿意再与其交往、共事，最终还会在社会中寸步难行。

第二，“讲信修睦”是维系社会和谐、增进团结友爱的价值纽带。人是社会关系的存在，人必然与他人交往交流，人类生活的集团集体也会与另外的集团集体交往交流，从而形成了个体与家庭成员、个体与他人、群体与群体之间的交往关系，催生了以“五伦”为基本要义的社会关系。其中就有“信”，“与朋友交，言而有信”（《论语·学而》）。唐杜牧云：“治友莫若诚信。”（《樊川文集》第十《送卢秀才赴举序》）明中期著名谏臣杨继盛训诫子弟，“与人相处之道，第一要谦下诚实”（《杨忠愍公遗笔》），把谦虚和诚实作为与人交往最重要的事。曾国藩告诫子弟：“凡与人周旋，若无真意，则不足以感人。”（《曾国藩家书》）朋友之间的友爱诚信，可铸就良好的人际关系，诚信也有利于臣与民、君与臣、各民族之间建立良好的关系，孔子即指出，“言忠信，行笃敬，虽蛮貊之邦行矣。言不忠信，行不笃敬，虽州里，行乎哉？”唐太宗李世民对政治治理中君主诚信的重要性也有所论述：“言而不信，言无信也；令而不从，令无诚也。不信之言，无诚之令，为上则败德，为下则危身。”（《贞观政要·诚信》）实际上，《礼记·礼运》所描画的“大道之行也，天下为公，选贤与能，讲信修睦”，就已表明守信在推进社会和谐稳定中的重要作用。

第三，“讲信修睦”是治国理政、安邦定国的价值基础。荀子强调“讲信修睦”对治理和建设国家的重要性，君主治国理想的状态是行“王道”，但能实现“霸道”也是非常难得的，而且也是不容易的。他说：“用国者，义立而王，信立而霸，权谋立而亡”“德虽未至也，义虽未济也，然而天下之理略奏矣，刑赏已诺信乎天下矣，臣下晓然皆知其可要也。政令已陈，虽睹利败，不欺其民；约结已定，虽睹利败，不欺其与。如是，则兵劲城固，敌国畏之；国一綦明，与国信之；虽在僻陋之国，威动天下，五伯是也。非本政教也，非致隆高也，非綦文理也，非服人之心也，乡方略，审劳佚，谨畜积，修战备，齺然上下相信，而天下莫之敢当。”（《荀子·王霸》）在荀子看来，像齐桓、晋文、楚庄、吴阖闾、越勾践等君主，皆僻陋之国君主，偏居一隅，远离周朝政治、经济、文化的中心，之所以能强大起来，是因为以信立国、亲厚百姓，赢得了人心，凝聚了力量。即是说，为政者讲究“诚信”是治国之本，“为政以信”“为政以德”是颠扑不破的治国之道。治国者能够坚持遵守“信”，即便不能实现“王道”讲求的“义立而王”，也能实现“信立而霸”，强国厚民。当然，君主在治理国家的过程中，选拔和任用人才也要把“信”作为重要的衡量标准，正如荀子所言：“致忠信，著仁义，足以竭人矣，两者合而天下取。”（《荀子·王霸》）所以，君主、臣子要做好“讲信修睦”以使天下人信服。

第四，“讲信修睦”还是推动构建和谐型国际交往关系的价值原则。《尚书》记载：“昔在帝尧，聪明文思，光宅天下。将逊于位，让于虞舜，作《尧典》。曰若稽古，帝尧曰放勋。钦明文思安安。允恭克让，光被四表，格于上下。克明俊德，以亲九族[①]。九族既睦，平章百姓。百姓昭明，协和万邦。黎民于变时雍。”帝尧“允恭克让”，允，诚实守信之谓；恭，恭谨诚敬、夕惕若厉之谓；克，自省自强、贤能智慧之谓；让，爱惜人才、礼让贤能之谓。帝尧有诚信、恭谨、克己、礼让四种德行，其圣德通天彻地，光于四海，实现了“上下”相通，不仅使九族亲睦和顺，而且使天下的百姓也都能友好和睦。帝尧的这四种道德品质，是“讲信修睦”的价值观体现。相反，如果一个国家不能做到讲信修睦，就会众叛亲离。《左传》即言“匹夫一为不信，犹不可，单毙其死。若合诸侯之卿，以为不信，必不捷矣”（《左传・襄公二十七年》）。普通人尚且不可做出不守信用的事，何况诸侯？古人在处理外交关系上讲求“招携以礼，怀远以德”，管仲建议齐侯以礼和德为基础与诸侯修好，“君以礼与信属诸侯”（《左传・僖公七年》），从而实现与其他国家的和睦亲顺。《左传・僖公二十三年》就记载了晋文公“退避三舍”的故事。晋文公“退避三舍”，礼让在先，展示了其重信守诺的优秀品质，赢得了鲁、陈、卫、曹、郑等国的信任，在动荡不安的年代成就霸业，为后世帝王树立了道德标杆。

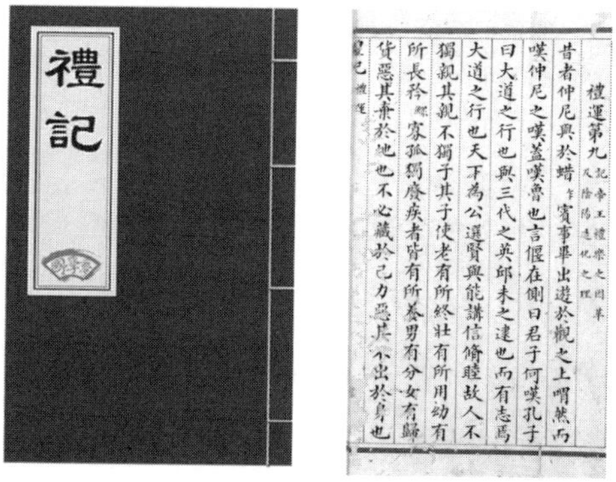

《礼记・礼运》书影

① 一说“九族”指父系同宗，上自高祖，下至玄孙，即高祖父、曾祖父、祖父、父亲、己身、子、孙、曾孙、玄孙。一说是指父族四、母族三、妻族二，父族即姑之子、姊妹之子、女儿之子、己之同族；母族即母之父、母之母、从母子；妻族即指岳父、岳母。

第三节 “讲信修睦”实践效能的三维审视

“诚者”意味着“天道”，“诚之者”意味着“人道”，人从本质上即内蕴着“诚实无欺”的“天道”自然和“人道”必然。无论是个体之人，还是集体、国家都把“诚信”作为基本的道德修养，“讲信”的目的在于“修睦”，也就是推动实现人与人之间、人与集体之间，以及民族和民族之间的和睦相处，打造出团结合作、共处共赢的和谐秩序。

1.“讲信修睦”有助于推动实现家庭团结

马克思说：“人的本质是一切社会关系的总和。”每个人都会在复杂社会关系网中度过一生，只是这些相互交织的各种关系对个人而言又有远近亲疏的区别，所织就的关系网因个体差异而呈现出不同结构，同时又将随着个体成长生活轨迹而不断变化。在这样错综复杂的关系网中，我们仍能找到最基础、普遍、天然的关系，那就是家庭关系。家庭关系是每个人天然所处的初始关系，其中包含夫妻关系、父子关系、兄弟关系、长幼关系等家庭内部关系，由内而外又可延伸出邻里关系、朋友关系等社会性关系。凡此种种，归根到底都是人与人之间的关系问题。社会学家和人类学家费孝通先生曾说过：“中国人最宝贵的东西，这就是中国人关心人与人之间如何共处的问题。”[①] 家庭是社会的细胞，是社会的基本组成部分。我们说家是最小国，国是千万家，整个社会就是由千千万万个家庭联结组合而成的有机整体。因此家庭在社会结构中具有基础性的重要地位。家庭的作用是生育人、抚养人、培育人、赡养人。[②] 这不仅是一个家庭得以延续和发展的重要内容，同时也是关系到国家、社会发展繁

① 费孝通：《费孝通文集》（第十二卷），北京：群言出版社，1999年，第295页。
② 张尚宇：《大爱精神与和谐家庭文化建设》，《社会科学家》2010年第6期。

荣的重大问题。可见，家庭责任与社会责任相统一。

中华民族自古以来就十分重视家庭及家庭成员间的团结和睦。家庭在中华文化中拥有着特殊的地位，发挥着重要的作用，承载着厚重的情感。《礼记·大学》云："欲治其国者，先齐其家。""齐家"是"治国"的基础和前提，家庭和谐稳定，社会才能繁荣发展。中华民族看重家庭关系和血缘亲情的性格首先受到中国古代形成的农耕文明的影响。中国自古就是一个农业大国，农业生产方式在相当长的时期内影响了人们的思想观念，"在中国人的民族性格、习惯、观念中，有许多与小农生产方式有内在的联系……中国人勤劳、朴实、节俭、乐于助人、注重人际关系的和谐等美德，是长期农业生活熏陶的结果。"[①] 钱穆先生也指出："游牧、商业起于内不足，内不足则需向外寻求，因此而为流动的，进取的。农耕可以自给，无事外求，并必继续一地，反复不舍，因此而为静定的，保守的。"[②] 不同于富于冒险和开拓精神的海洋民族和游牧民族，从事农业生产的人们长期在一片土地上过着日出而作、日落而息的安定生活，人们安居乐业、安土重迁，这种长久以来的心理积淀也形成了崇尚和谐的文化传统。一方面，古代中国生产力水平相对落后，生产工具不够先进，农业生产的难度大、效率低，人们需要通过协作来提高生产能力，早在商周时期便出现了千耦其耘的协同耕作方式。农业生产离不开水，郑国渠、灵渠、都江堰等大型水利工程的修建都体现着团结协作、众志成城的群体力量。另一方面，由于农业生产人口流动性较弱的特性，人们的生活范围相对封闭和固定，且呈现出以血缘相联系的家族聚居的特征，世世代代生活在这片土地上的人们建立起了较为亲密的人际关系，人们倾向于获得安定、和谐、有序的生活环境，也就形成了"以和为贵"的人际相处之道。

---

① 张岱年、程宜山：《中国文化精神》，北京：北京大学出版社，2015 年，第 127 页。
② 钱穆：《中国文化史导论（修订本）》，台北：台湾商务印书馆，1994 年，第 2 页。

以血缘为天然联系的人们组成家庭，共同生活在一起，在中国历史上甚至形成了很多人口众多、规模较大的家族。比如，义门陈氏是发源于江西德安的家族，在唐宋时期家族发展兴盛，自公元 731 年起，该家族延续了 330 多年不分家的历史，数代同居，人口众多，共同生活的家族人口最多时曾达到 3900 余人，闻名遐迩。义门陈氏的盛名不仅因其规模庞大，更因其忠义门风。一个家庭，不论大小，要想实现团结和睦、稳定发展就必须具有良好的家风。习近平总书记曾指出，“家风是社会风气的重要组成部分。家庭不只是人们身体的住处，更是人们心灵的归宿。家风好，就能家道兴盛、和顺美满；家风差，难免殃及子孙、贻害社会”[①]。义门陈氏家风优良，崇孝悌、尚敦睦，有内容丰富、执行严格的家训家规，使得义门陈氏从一个小家庭逐渐发展成为一个如此庞大的家族，并能在几百年的时间里一直保持团结、和谐、稳定发展。同时，义门陈氏也成为社会上其他家庭和家族敬慕、学习的对象，对社会风气产生积极影响，多次受到地方官员甚至最高统治者的旌表，成为家庭团结和睦的典范。

社会关系皆由家庭关系生发出来。在传统文化中，人与人的关系可以概括为“五伦”。家庭关系中最核心的关系即为夫妇关系，“诚因为有夫妇，然后有父母、子女，然后有上下、长幼，人道伦理之序发端于斯，由此而立也”[②]。每一种关系都由“亲”“义”“别”“序”“信”等秩序和道德约束而带来和谐、和睦的状态。家庭的本质就是一种社会关系。在马克思主义经典作家看来，现代社会“是纯粹以个体家庭为分子而构成的一个总体”[③]。因此，要想实现社会总体的健康发展，必须使组成社会总体的每个分子有序地相互联结、共同作用。中国自古以来就崇尚家庭团结，

---

① 习近平：《习近平谈治国理政》（第二卷），北京：外文出版社，2017 年，第 355 页。

② 楼宇烈：《体悟力：楼宇烈的北大哲学课》，北京：中华书局，2020 年，第 15 页。

③ 中共中央马克思恩格斯列宁斯大林著作编译局编：《马克思恩格斯文集》（第四卷），北京：人民出版社，2009 年，第 87 页。

《礼记·大传》即言，“亲亲故尊祖，尊祖故敬宗，敬宗故收族，收族故宗庙严，宗庙严故重社稷”。家族团结、家庭和睦，社会、国家才能安定、繁荣。

中国传统伦理秩序是以家庭形态比拟社会形态，由家庭伦理扩展延伸出社会伦理，实现由私到公的推演。孔子说：“弟子入则孝，出则弟。”（《论语·学而》）孝即孝敬父母长辈，悌即友爱兄弟姊妹。“君子务本，本立而道生。孝弟也者，其为仁之本与。”（《论语·学而》）家庭中对父母兄弟的孝悌之道是“仁”的根本所在。一个人如果连自己最亲近的父母兄弟都不爱，要他去爱他人、爱天地万物，这就是一个悖论。[①] 如《孝经》所言：“不爱其亲而爱他人者，谓之悖德；不敬其亲而敬他人者，谓之悖礼。”（《孝经·圣治章》）基于家庭的个体由亲及疏、关系由近及远，推己及人：“君子之事亲孝，故忠可移于君；事兄悌，故顺可移于长；居家理，故治可移于官。”（《孝经·广扬名》）社会秩序皆由家庭秩序延伸而来，而且，“亲亲而仁民，

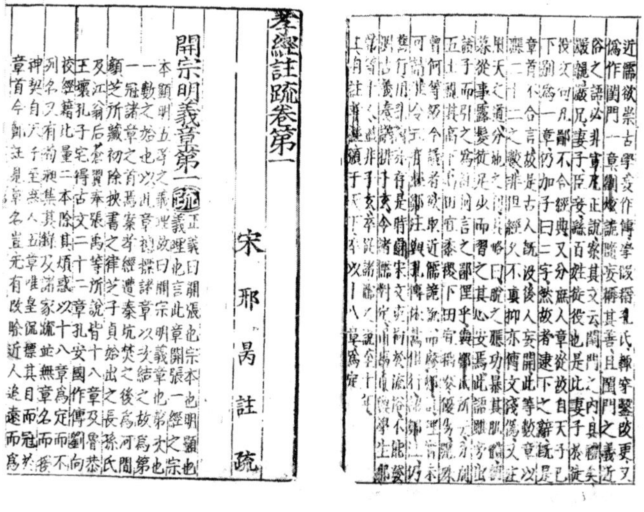
孝經註疏卷第一
宋　邢昺　註疏
開宗明義章第一

《孝经注疏》书影

① 楼宇烈：《体悟力：楼宇烈的北大哲学课》，北京：中华书局，2020 年，第 20 页。

仁民而爱物”（《孟子・尽心上》），将家庭成员之间的和爱情感延伸至家庭范围之外，使“人不独亲其亲，不独子其子”（《礼记・礼运》），“老吾老以及人之老，幼吾幼以及人之幼”（《孟子·梁惠王上》），形成友好、亲密、和谐的“大同”社会局面。

人们对家的真挚、深切的依恋也是国家发展的情感助推器。古代中国呈现出家国同构的社会样态，家与国并非截然两分，由血缘宗法联系在一起。不同于西方的城邦体制强调人的个性解放和自由平等，中华民族自古以来就满怀家国一体、命运相连的深切情感，在世界任何一个角落的中华儿女都有着血浓于水的血脉亲情。远在海外的华人华侨同胞在国家发展的每一个时期都以自己的方式贡献着力量，祖国经历的每一个艰难时刻都能看到他们的身影。如抗日战争时期，陈嘉庚、李清泉等海外华人华侨心系祖国，在世界各地成立诸多抗日救亡爱国组织，通过舆论声援、集资筹饷、捐款捐物等各种方式，为中华民族保家卫国的抗争贡献力量；新中国成立初期，面对百废待兴、内忧外患的局面，钱学森、杨振宁等大批华人科学家毅然放弃国外优越的生活条件，回国效力，支持祖国建设，帮助新中国冲破西方技术封锁，快速走上现代化发展道路。支撑他们作出这种选择的就是植根于中华民族血脉之中的家国情怀。

现代家庭结构发生变化，家庭规模缩小，大家族逐渐分散为小家庭，以相对独立的形态存在，社会聚合的组织方式进一步多样化。[①] 虽然随着时代的发展，家庭的结构、形态等发生变化，但是家庭仍然是生活共同体，家庭在社会中的基础性地位一直没有改变，在社会发展中始终发挥着基础性作用，诚如习近平总书记所说：“无论时代如何变化，无论经济社会如何发展，对一个社会来说，家庭的生活依托都不可替代，家庭的社会功能都不可替代，家庭的文明作用都不可替代。”[②] 俗话说：“家和万事兴。”

① 郑长忠：《新时代家庭工作的逻辑定位与妇联作用》，《妇女研究论丛》2019 年第 6 期。
② 习近平：《习近平著作选读》（第一卷），北京：人民出版社，2023 年，第 544 页。

首先，一个和谐、友爱的家庭有助于个体健全人格的养成。我们可以看到在社会中有性格缺陷、心理问题甚至违法犯罪的青少年大多是受到原生家庭问题的影响，而在圆满家庭中成长起来的孩子往往性格健康、阳光，走上一条光明的人生之路。其次，社会中千万个和睦家庭共同促进团结友爱的社会氛围，保证国家的各项事业顺利进行，实现祖国繁荣昌盛。所以，“家和”不只是个人成长、家庭兴旺的必要条件，也是社会、国家发展强大的重要保障。

社会建设以家庭建设为前提，和谐社会以和谐家庭为基础。中国特色社会主义进入新时代，这是中国社会发展新的历史方位，中国要在变革时代中谋求发展，更需要团结、和谐、稳定的社会局面和社会状态进行支撑，所以更需要我们进一步加强家庭建设。《周易》有言“正家而天下定”(《周易·家人·彖传》),《大学》亦说“一家仁，一国兴仁;一家让，一国兴让”。所以，每一个家庭以及家庭之间的团结和睦，是整个社会和谐发展的基础和保障，这是家庭团结的社会性作用的最真切体现。党的十八大以来，习近平总书记曾多次强调要重视家庭建设和发挥家庭在推动社会发展中的基础作用。2019 年 10 月印发的《新时代公民道德建设实施纲要》要求以社会公德、职业道德、家庭美德、个人品德建设作为着力点，“完善家庭、学校、政府、社会相结合的思想道德教育体系”，突出家庭在公民道德培养中的重要地位。党的十九届四中全会将发挥家庭、家教、家风作用写入《中共中央关于坚持和完善中国特色社会主义制度推进国家治理体系和治理能力现代化若干重大问题的决定》，这样的制度性规定，既重视家庭内部团结，也注意家庭建设在社会治理体系中的地位和作用。中华民族“讲信修睦”的优良传统有助于推动构建和谐的家庭关系，千家万户和谐和睦，国家也就巩固稳定了。

2.“讲信修睦”有助于推动实现民族团结

中国是一个统一的多民族国家，各民族在漫长的历史发展过程中历经冲突、融合等多种交往模式，最终形成相互交融、不可分割的“共同体”局面。早在2014年9月，习近平总书记在中央民族工作会议暨国务院第六次全国民族团结进步表彰大会上就提出“积极培养中华民族共同体意识”；在党的十九大报告中又明确提出，要“全面贯彻党的民族政策，深化民族团结进步教育，铸牢中华民族共同体意识，加强各民族交往交流交融，促进各民族像石榴籽一样紧紧抱在一起，共同团结奋斗、共同繁荣发展”①。在第十三届全国人民代表大会第一次会议上，习近平总书记进一步指出：“在几千年历史长河中，中国人民始终团结一心、同舟共济，建立了统一的多民族国家，发展了56个民族多元一体、交织交融的融洽民族关系，形成了守望相助的中华民族大家庭。”②在古老的中华大地上，自夏、商、周三代开始建立起多民族国家。在中华民族的发展历程中，虽然也经历过像三国两晋南北朝时期、唐末五代十国时期等战争、割据、分裂的状态，但民族团结统一始终是中华民族历史发展的主旋律，各民族在不断交往、共同创造中国历史与文明的过程中形成了不可分割的血肉联系，由此形成了“大一统”的民族观。

中华民族“共同体”不是各民族机械的简单相加，而是有机地相互联结形成的“命运共同体”。费孝通先生曾指出，“中华民族作为一个自觉的民族实体，是近百年来中国和西方列强对抗中出现的，但作为一个自在的民族实体则是几千年的历史过程所形成的……它的主流是由许许多多分散存在的民族单位，经过接触、混杂、联结和融合，同时也有分

① 习近平：《决胜全面建成小康社会 夺取新时代中国特色社会主义伟大胜利——在中国共产党第十九次全国代表大会上的报告》，北京：人民出版社，2017年，第24—25页。

② 习近平：《在第十三届全国人民代表大会第一次会议上的讲话》，《人民日报》，2018年3月21日。

裂和消亡，形成一个你来我去、我来你去、我中有你、你中有我，而又各具个性的多元统一体。”[①] 中华各民族之间的关系就是你中有我、我中有你的关系，谁也离不开谁。习近平总书记早在 2014 年中央民族工作会议上就生动地将民族之间的这种关系，类比于家庭成员之间的和谐统一关系：“中华民族和各民族的关系，是一个大家庭和家庭成员的关系，各民族的关系，是一个大家庭里不同成员的关系。”[②] 是以，各民族团结互助、和睦相处对国家的和谐、稳定发展具有重要意义。

中华民族自古以来就注重团结意识和团结精神的培养与践行。千百年来，各民族之间手足相亲，守望相助，共同生活，相互交融，共同创造了中华民族辉煌灿烂的历史和文明。汉朝时昭君出塞，为匈奴带去和平、安宁和兴旺；唐朝时文成公主进藏，加深了汉藏之间的文化交流和友好情谊；元朝时的凉州会盟使西藏正式成为祖国不可分割的领土，使统一的多民族国家得到进一步巩固；清朝有土尔扈特部冲破沙俄的重重阻截，历尽艰辛，重返祖国怀抱的英雄壮举。毛泽东曾说：“国家的统一，人民的团结，国内各民族的团结，这是我们的事业必定要胜利的基本保证。”[③] 历史和现实反复证明，只有深化中华民族共同体意识，加强民族团结，充分调动全国各族人民的力量，同心同向形成合力，才能应对挑战，战胜困难，取得成功。

特别是近代以来，在国家的危难时刻，各族人民更是团结一致，同仇敌忾，驱除鞑虏，抗击侵略，保家卫国，共同谱写了中华民族壮美的英雄赞歌。如在抗日战争时期，为了民族大义，国共两党团结一致抗击

---

① 费孝通：《中华民族的多元一体格局》，《北京大学学报（哲学社会科学版）》1989 年第 4 期。

② 《中央民族工作会议暨国务院第六次全国民族团结进步表彰大会在北京举行》，《人民日报》，2014 年 9 月 30 日。

③ 毛泽东：《关于正确处理人民内部矛盾的问题》，《毛泽东文集》（第七卷），北京：人民出版社，1999 年，第 204 页。

侵略，全国各界民众都以不同方式投入抗日救国运动，海外华侨也纷纷尽己所能支援国内抗战，结成了抗日民族统一战线。在祖国面临生死存亡的危难关头，中华儿女表现出的空前的民族觉醒和团结意识是中国人民取得抗日战争全面胜利的根本保证。可以说没有全国各族人民的大团结，就没有抗日战争的伟大胜利，就没有中华民族的独立和自强。故而，习近平总书记说："近代以后，在外来侵略寇急祸重的严峻形势下，我国各族人民手挽着手、肩并着肩，英勇奋斗，浴血奋战，打败了一切穷凶极恶的侵略者，捍卫了民族独立和自由，共同书写了中华民族保卫祖国、抵御外侮的壮丽史诗。"[①]

中华人民共和国成立以后，面对国家一穷二白、百废待兴的严峻局面，全国各族人民继续高举民族团结的伟大旗帜，一边巩固新中国的统一局面，一边努力推进社会主义建设和改革开放事业，全国人民团结一心、不畏艰难、奋力向前，取得了举世瞩目的建设成就。民族团结是我们国家发展的精神支柱和力量支撑，它关乎国家的长治久安，关乎民族的发展繁荣，关乎人民的幸福生活。是以，"民族团结是我国各族人民的生命线"，要"像爱护自己的眼睛一样爱护民族团结，像珍视自己的生命一样珍视民族团结，像石榴籽那样紧紧抱在一起"[②]。

民族团结是战胜困难、实现中华民族伟大复兴的中国梦的必然选择。2014 年 9 月，习近平总书记在会见全国基层民族团结优秀代表时指出："中华民族一家亲，同心共筑中国梦，这是全体中华儿女的共同心愿，也是全国各族人民的共同目标。"[③] 当前，中国特色社会主义进入了新时代，社会经济持续发展，综合国力不断增强，我国取得的辉煌成就足以让每一

① 习近平：《在第十三届全国人民代表大会第一次会议上的讲话》，《人民日报》，2018 年 3 月 21 日。

② 《民族团结是各族人民的生命线》，《光明日报》，2017 年 3 月 11 日。

③ 习近平：《中华民族一家亲 同心共筑中国梦》，《人民日报》，2015 年 10 月 1 日。

个中国人为之骄傲和自豪。全国人民正在中国共产党的领导下共同向着“两个一百年”奋斗目标前进，向着实现中华民族伟大复兴的中国梦前行。当然，我国社会的主要矛盾已经发生了转变，社会发展中仍然存在许多亟待解决的问题，也不断暴露出新的问题。应该说，“中华民族伟大复兴，绝不是轻轻松松、敲锣打鼓就能实现的。全党必须准备付出更为艰巨、更为艰苦的努力。”[①] 这更需要全国各族人民团结一致，“心往一处想，劲往一处使，用十三亿人的智慧和力量汇集起不可战胜的磅礴力量”[②]，积极应对挑战、巧妙化解危机、妥善处理问题，为实现中华民族伟大复兴中国梦贡献民族智慧和团结力量。中华民族“讲信修睦”的优良传统，能够激励全体中华儿女大团结、大奋斗，凝铸万众一心、勇往直前的中国力量。

3.“讲信修睦”有助于推动实现文明交流互鉴

不仅中华民族是守望相助的大家庭，整个世界都是休戚与共的命运共同体。如同“中华民族和各民族的关系，是一个大家庭和家庭成员的关系”一样，世界各国也是全人类大家庭中的一个个家庭成员。国与国之间互帮互助、和睦相处，人类大家庭才能健康发展；同时，安全、稳定、和谐的国际环境也是每个国家实现自身发展的前提。团结友善是人类大家庭以及每个家庭成员谋求生存发展的必然要求。

全球化带来国际交往的深化、密切化和频繁化。如果说，在过去的自然经济条件下，还可能有所谓“隐士”的存在，人们在某种情况下还可能幽居独处，但社会发展到今天，整个世界正逐步地成为一个“地球村”，人们不再可能过“小国寡民”式的生活，一举一动都将与他人、与整个

---

① 习近平：《习近平著作选读》（第二卷），北京：人民出版社，2023 年，第 13 页。

② 《习近平关于实现中华民族伟大复兴的中国梦论述摘编》，北京：中央文献出版社，2014 年，第 48 页。

社会发生密切的关系。[①] 当今世界正处在大发展、大变革的时代，全球化进程持续推进，程度不断加深，各国之间形成一种越来越紧密相连、不可分割的关系，一个国家或地区的行动可能会引起全球较大范围的波动，往往产生牵一发而动全身的连锁效应。习近平主席指出："综合研判世界发展大势，经济全球化是不可逆转的时代潮流。"[②] 全球化在加深世界各国的交往、为各国提供更多的发展机遇的同时，带来的问题和挑战也不容忽视。为了能够更好地把握发展机遇，实现中国自身的进一步发展和世界各国的共同发展，习近平总书记倡导加强国际团结协作，构建人类命运共同体。

当今世界是"人类命运共同体"的世界。习近平主席在莫斯科国际关系学院演讲时指出："各国相互联系、相互依存的程度空前加深，人类生活在同一个地球村里，生活在历史和现实交汇的同一个时空里，越来越成为你中有我、我中有你的命运共同体。"[③] 中国特色社会主义现代化建设需要和平、稳定、合作、发展的国际环境。党的十八大以来，中国特色社会主义进入新时代，我国进入了全面建成小康社会决胜阶段，社会发展正处于重要战略机遇期，中国需要更加积极主动地参与全球治理，努力营造利于中国社会发展的良好国际环境。党的十八大以来，以习近平同志为核心的新一届中央领导集体开启了强国时代，中国在世界上的地位和作用出现根本性、显著性变化。中国日益走近世界舞台的中央，成为国际社会中的一股重要力量，世界越来越离不开中国，中国也越来越离不开世界。中国发展与世界发展相结合，中国人民的利益与世界人民的利益相结合，中国的繁荣呈现出更多世界意义的同时，世界对中国的影

① 武东生：《"和而不同"、"推己及人"与团结友善》，《道德与文明》2002 年第 2 期。

② 习近平：《开放共创繁荣　创新引领未来——在博鳌亚洲论坛 2018 年年会开幕式上的主旨演讲》，《人民日报》，2018 年 4 月 11 日。

③ 习近平：《习近平著作选读》（第一卷），北京：人民出版社，2023 年，第 104 页。

响也越来越深刻。

同样，世界各国的发展也需要和平稳定的国际环境，加强国际合作、增进世界人民团结，是历史发展的大势。当今世界面临诸多挑战，如恐怖主义、领土争端、宗教冲突等许多不稳定因素影响着世界的和平与发展。国际政治、经济、安全秩序有待重建，但“追求幸福生活是各国人民共同愿望。人类社会要持续进步，各国就应该坚持要开放不要封闭，要合作不要对抗，要共赢不要独占”[①]。要实现全人类共同发展，最好的办法就是世界各民族团结合作、互利共赢。在人类社会发展过程中，我们还面临着诸如环境污染、生态破坏、资源短缺、国际恐怖主义等全球性问题的威胁和考验，面对这些全球性问题更需要全人类团结一致、同舟共济、同心同德、群策群力、共同应对。世界各国为获取共同利益、应对共同挑战、承担共同责任而团结在一起，是增进理解、化解矛盾、实现共赢的最大公约数。2017 年 2 月，“人类命运共同体”被载入联合国人权理事会决议，上升为国际共识。应该说，实现国际社会团结一致、协调发展的局面是全人类共同的价值追求。中国人民同世界人民一道选择了和平、合作、开放、共赢，选择了团结互助、携手向前。

不可否认，世界各国之间存在着相互竞争的关系，但是竞争与合作从来都是矛盾统一体，竞争中有合作，合作中有竞争，国际交往的最终样态会走向团结合作。值得注意的是，我们倡导国际团结的前提是尊重民族个性和差异。世界是多样的，不同种族的人民在不同的地域建立起不同的国家，构成了我们共同生活的多彩世界。我们要认识到世界是存在差异的这一客观事实，不同国家、不同民族在价值观念、文化传统、宗教信仰、社会制度、生活方式等方面都会存在一定的差异。不论当前全球化进程如何发展，国际关系如何交融，这些差异都不会消解，也不

---

① 习近平：《习近平著作选读》（第二卷），北京：人民出版社，2023 年，第 214 页。

能抹杀。尽管如此，国际社会仍然存在普遍性价值追求，“和平、发展、公平、正义、民主、自由，是全人类的共同价值”[①]。有了这种共同的价值目标，国际社会才有团结合作的可能，这也是人类命运共同体思想提出的价值基础。

要实现全人类的共同发展，首先就要牢固树立“人类命运共同体”意识，积极构建全球共同价值观，摒弃自私自利，反对个体主义，树立大局观念，培育公道精神。在人类命运共同体语境下，国家、集团、个体要高扬“秉德无私，参天地兮”的人道、博爱、奉献、大公精神，消解各集团党派、民族国家、意识形态、宗教信仰的差异，凝聚人类共同利益、共同价值、共同意愿、共同理想。其次要秉持兼收并蓄、和而不同、求同存异的“和合”精神。团结不是同化，所谓“和实生物，同则不继”，国际交往要做到求同存异，而不是整齐划一。人类要想实现发展，必须使世界各民族、各国家和平共处、团结合作。尽管各民族、各国的价值观念、国家利益、社会秩序不同，发展水平不同，但可以求同存异，以和平、发展、合作、共赢精神，互尊互重、平等互信、包容互谅、友好互鉴。“万物并育而不相害，道并行而不相悖。”（《礼记·中庸》）在国际交往中，每个国家都应保持自己的独立性，保护自己的民族特色，同时也要充分尊重其他国家的独立性和文化传统，在尊重、和平等的基础上进行友好交流与合作。“和羹之美，在于合异。”（《三国志·夏侯玄传》）如同习近平主席在联合国日内瓦总部发表演讲时所说：“每种文明都有其独特魅力和深厚底蕴，都是人类的精神瑰宝。不同文明要取长补短、共同进步，让文明交流互鉴成为推动人类社会进步的动力、维护世界和平的纽带。”[②] 此外，还要坚持共商共治、共建共享、互利共赢的国际交往原则。在互相尊重的基础上开展对话交流，同其他国家和民族建立平等相待、

① 习近平：《习近平谈治国理政》（第二卷），北京：外文出版社，2014 年，第 522 页。
② 习近平：《习近平著作选读》（第一卷），北京：人民出版社，2023 年，第 568 页。

互商互谅的伙伴关系，“己欲立而立人，己欲达而达人”（《论语·庸也》），将本国发展同世界发展结合起来，将本国命运与世界命运联系起来，携手应对人类面临的风险和挑战，积极与其他国家开展互利合作，努力实现多赢、共赢，让全世界人民共享发展成果。中华民族“讲信修睦”优良传统为推动构建团结、合作、共建、共享的世界文明格局，推动各文明体系间的交流与互鉴，提供了思想借鉴。

第十章 亲仁善邻

“亲仁善邻，国之宝也。”中华民族是爱好和平的民族，追求和平、和合、和睦、和谐，是中华民族坚定不渝的精神追求。习近平总书记把“亲仁善邻、协和万邦”作为中华文明一贯的处世之道，始终把“亲仁善邻”作为处理国际关系的交往法则，倡导世界各国之间的和平、发展、合作、共赢。如果说“讲信修睦”表达了一个人或群体通过“诚信”以实现人与人、人与社会以及文明与文明之间的和谐秩序，那么“亲仁善邻”则凸显出一个人或集体“仁”民爱物以实现社会和谐和天下大同的理想追求。无论是“讲信”以“睦”，还是“亲仁”“里仁”以实现“睦邻友好”，都力求构建起和谐的人际秩序和社会秩序，都彰显了人“应该”如此的道德品质和处世法则。当然，二者也存在区别：“讲信修睦”重在个体人、群体以“诚信”道德实现人际关系的和谐，而“亲仁善邻”则重在追求群体之间、文明之间的和谐秩序，前者是推动实现和谐秩序的“原则”，后者是和谐秩序的具体落实。

第一节 “亲仁善邻”是助力构建和谐国际关系的价值基础

“亲仁善邻”源自春秋时期的《左传·隐公六年》。是时，郑国的国君郑庄公请求与陈国和好，陈桓公不答应。陈桓公的弟弟公子佗劝谏他，提出了助力于和谐国际秩序构建的“亲仁善邻”理念：“五月庚申，郑伯侵陈，大获。往岁，郑伯请成于陈，陈侯不许。五父谏曰：‘亲仁善邻，国之宝也。君其许郑。’陈侯曰：‘宋、卫实难，郑何能为？’遂不许。君子曰：‘善不可失，恶不可长，其陈桓公之谓乎！长恶不悛，从自及也。虽欲救之，其将能乎？《商书》曰：“恶之易也，如火之燎于原，不可乡迩，其犹可扑灭？”周任有言曰：“为国家者，见恶，如农夫之务去草焉，芟夷蕴崇之，绝其本根，勿使能殖，则善者信矣。"'"亲仁善邻，国之宝也"表明，一个国家应该亲近善人、友睦邻国，"亲仁善邻"是君主治国、寻求和谐国际关系的宝贵的治国方略。是故，陈佗劝谏陈桓公应同意郑国的求和。

"亲仁善邻"首先是对人性的尊重。"仁者人也，亲亲为大；义者宜也，尊贤为大。"（《中庸·第二十章》）按照朱熹的解读，人因"仁"心而"恻怛慈爱"，也因为"分别事理"从而各有所宜。[①] 实际上，"亲"与"仁"都代表着人的美德，而且是作为人之根本秉性的美德。孔子讲："夫仁者，己欲立而立人，己欲达而达人"（《论语·雍也》）；"己所不欲，勿施于人"（《论语·颜渊》）。"仁"者自己想立身于世，也要使别人立身于世；自己想做事通达，也要使别人做事通达。"仁"是中华民族最基本的道德观念之一，"亲仁善邻"中的"亲仁"即意味着人们始终把"仁"作为交往的基本价值、根本规范。当然，"仁者人也，亲亲为大"，"亲仁"表现出一个人循"仁"心处理人际关系的开端是"亲亲"，是家庭关系中"父子有亲"的生动体现。中国传统社会建立于宗法制度之上，重视血亲伦理，故而，"亲仁"是人性本然，"亲仁"最直接的体现是"亲亲"。人内在的"仁"性必然落脚到"亲亲"的"礼"上。由此可说，"亲仁善邻"中的"善邻"，就是由对待家人的"亲亲"之"礼"延伸到对待他人、他家、他国的"善邻"之"礼"。

中国古人主要从两个维度阐发"邻"的意义。一方面，"邻"是指地缘上的邻居、邻里、邻国，"善邻"内蕴亲密、亲近、亲善之意。中国古语"远亲不如近邻"就生动地表达出中国古人对美好邻里关系的认同与向往。在中华民族的思维世界里，邻里、邻国关系不是相互对立、矛盾冲突的关系，而是唇亡齿寒、相互依存、团结互助的亲人关系、伙

---

① ［宋］朱熹：《四书章句集注》，北京：中华书局，1983 年，第 28 页。

伴关系。“善邻”也就是每个人、每个国家都应与邻居、邻邦友好相处，要在友好交往、合作共赢中共同发展，“亲仁善邻，国之宝也”正是从此义展开的。

另一方面，“邻”是“伙伴”之义，诚如孔子《论语·里仁》所讲，“德不孤，必有邻”之“邻”。其意思是说，“故有德者，必有其类从之，如居之有邻也”[①]，一个有道德的人，不会孤单，一定有志同道合者与他为伴。一个人做到“德不孤”，就能“睦乃四邻”（《尚书·蔡仲之命》）。同理，一个有道义的国家，一定不会孤立于世，同样会吸引志同道合的国家与之相交，形成万邦汇聚、共商大计的共同体图景。

“善邻”是人的“仁”性的自觉推演，也是由“亲亲”而仁民爱物、仁里睦邻的自然推演，体现了中华民族传统的睦邻智慧与处世之道。“亲仁善邻”以仁爱友善的原则与邻居、邻国相处，推动了乡里、国家之间和谐秩序的构建。中华民族始终注重邦交礼仪，“亲仁善邻”也就成了中华民族处理国际关系的重要的道德规则。孔子说：“言忠信，行笃敬，虽蛮貊之邦行矣。”（《论语·卫灵公》）古代中国始终以亲者、仁者、善者的角色处理与邻国的关系，虽未开化之外族亦以礼待之，做到“信”与“仁”。《礼记·礼运》言：“故圣人耐（能）以天下为一家，以中国为一人者，非意之也，必知其情，辟于其义，明于其利，达于其患，然后能为之。”圣人普天下为一家，不是凭主观想象的，而是要启发天下百姓苍生做到“父慈、子孝、兄良、弟悌、夫义、妇听、长惠、幼顺、君仁、臣忠”十种仁义，明确“讲信修睦”“亲仁善邻”之利，洞察“争夺相杀”之患，由此以达到“天下一家”“中国一人”的治世目的。君主应秉承“讲信修睦”“亲仁善邻”的治国之道和责任担当，力求天下太平、和谐共生。

“亲仁善邻”有助于和谐国际秩序的构建，中国传统的政治智者对此

---

① ［宋］朱熹：《四书章句集注》，北京：中华书局，1983 年，第 74 页。

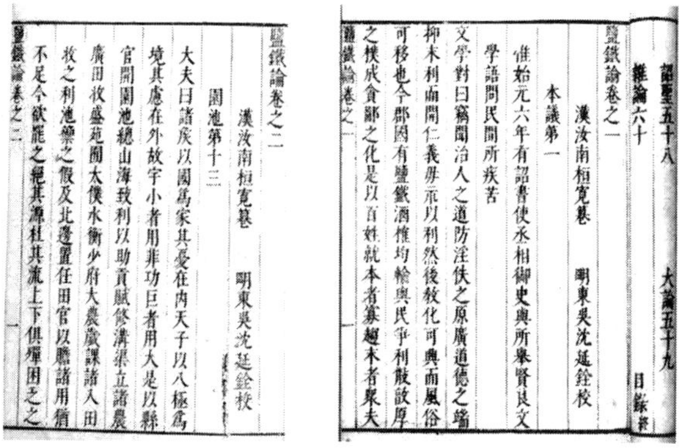

詔聖五十八　大論五十九
雜論六十　目錄終
鹽鐵論卷之一
漢汝南桓寬著　明東吳沈延銓校
本議第一
惟始元六年有詔書使丞相御史與所舉賢良文
學語問民間所疾苦
文學對曰竊聞治人之道防淫佚之原廣道德之端
抑末利而開仁義毋示以利然後教化可興而風俗
可移也今郡國有鹽鐵酒榷均輸與民爭利散敦厚
之樸成貪鄙之化是以百姓就本者寡趨末者衆夫
鹽鐵論卷之一

鹽鐵論卷之二
漢汝南桓寬著　明東吳沈延銓校
園池第十三
大夫曰諸侯以國爲家其憂在內天子以八極爲
境其慮在外故宇小者用菲功巨者用大是以縣
官開園池總山海致利以助貢賦修溝渠立諸農
廣田牧盛苑囿太僕水衡少府大農歲課諸入田
牧之利池籞之假及北邊置任田官以贍諸用猶
不足今欲罷之絕其源杜其流上下俱殫困乏之
鹽鐵論卷之二

《盐铁论》书影

有丰富的论述。如，汉朝桓宽所编的《盐铁论》就强调了仁义德行、亲仁善邻的优越性及武力征伐的弊端。《盐铁论 · 本议》曰 ：“畜仁义以风之，广德行以怀之。是以近者亲附而远者悦服。故善克者不战，善战者不师，善师者不阵。修之于庙堂，而折冲还师。王者行仁政，无敌于天下，恶用费哉？”[①] 在桓宽看来，以仁义治理天下，近者自亲附，远方的民族国家也会附庸，行仁政必无敌于天下。《盐铁论·诛秦》还回顾历史，以事实为依据论证指出，若得国祚永长，未必靠武力，像秦、楚、晋等国，武功实力都非常强，但总是“构兵争强”，而非“积德”，终于“俱亡”。所以:“礼让为国者若江、海，流弥久不竭，其本美也。”[②] 桓宽把夏商周与秦、楚、三晋所实行的对外政策与所得结局进行对比，强调了“礼让为国”的重要性。处理国与国的关系，切记做到仁义之风，广德怀之，以“亲仁善邻”为基本的国际交往法则。

中国传统社会中的开明君主在施政过程中自觉遵循“亲仁善邻”的邦交原则和治国之道。比如称雄欧亚的大蒙古国新君忽必烈，在登极之后，

---

① ［汉］桓宽撰，王利器校注:《盐铁论校注（定本）》，北京:中华书局，1992 年，第 2 页。
② ［汉］桓宽撰，王利器校注:《盐铁论校注（定本）》，北京:中华书局，1992 年，第 448 页。

遣使晓谕近邻国家，实现了睦邻友好。据《元史 · 高丽传》记载，元宪宗九年（1259）三月，高丽国王世子倎带着国书来中国请和。时高丽虽为小国，但元朝用兵几近二十年也未臣附。王倎能主动求和，自当高度重视，忽必烈便立王倎为王，并派得力干将护送回国，扶持王倎登上王位。王倎即位后更名为王禃，成了高丽史上的元宗。忽必烈恩结高丽王的处世方式，保障了国内稳定局势，巩固了政治统治。当然，忽必烈的怀柔政策也造就了蒙古国和高丽的友好关系，在中统年间和至元初年，蒙丽关系较为正常，高丽国多次“遣使入贡”，仅中统四年（1263），“自三月至于六月”，王禃“凡三遣使入贡”。至元元年（1264），根据“亲朝京师”的旨意，王禃又应征入朝，“修世见之礼”。忽必烈对这一段蒙丽关系颇为得意，说“高丽君臣感戴来朝，义虽君臣，欢若父子”。高丽王也深有体会地说：“我国臣事蒙古大国，禀正朔有年矣。皇帝仁明，以天下为家，日月所照，咸仰其德。”从至元七年（1270）开始，蒙丽又揭开联姻序幕，有元一代近百年中，共有蒙古女九人下嫁高丽王及藩王。①

唐代诗人周昙的《春秋战国门 · 少孺》有云：“宝贵亲仁与善邻，邻兵何要互相臻。螳螂定是遭黄雀，黄雀须防挟弹人。”无论是邻里之间，还是国与国之间，秉承“亲仁善邻”的交往法则定能够实现互帮互助、文明互鉴，有利于和谐人际关系和国际关系的构建。尤其是现代社会，文明因多样而交流，因交流而互鉴，因互鉴而发展。人与人之间、文明与文明之间的交流互鉴，彰显了人的主体性、创造性，也显示了群体文明的独特性和民族性。相互尊重、包容互鉴，必能化解人与人、人与社会、文明与文明之间的冲突，从而推进人际关系、国际关系良性运转。

① ［明］宋濂等：《元史》，北京：中华书局，1976 年，第 4634—4635 页。

第二节 “亲仁善邻”是中华民族人本精神与和合精神的生动体现

“亲仁善邻”追求人际和谐和文明互鉴，力求和谐稳定的人际关系、族群关系和国际关系。它既是对人之“仁”性的尊崇和开显，又是对人的独特性、族群集团的独特性的尊重和持守。“亲仁善邻”不是消灭个性、差异性，而是在尊重个性差异的前提下，凝聚和团结不同的力量，构建相互合作、共生共赢的和谐关系以及命运与共的和合天下。从本质上看，“亲仁善邻”深刻内蕴了中华民族的人本精神和和合精神。

1.“亲仁善邻”内蕴了中华民族的人本精神

中国古代人本是指以人为根本，肯定人在自然、社会中的地位、作用和价值，并以此为中心，解释一切问题；在解释一切问题中所体现的人在世界中的地位、作用和价值，便构成一种人本精神。较早提出“人本”概念的是管子。《管子·霸言》说：“夫霸王之所始也，以人为本。本理则国固，本乱则国危。”无人无以出师征伐，无人无以国强民富，在诸侯群雄争霸的时代，不以人为本，不仅不能竞争霸业，而且连国也保不住。管子所讲的人本，就是把人当作人看，尊重人格，尊重人的自我意志，满足人的需要，可称为“人本位主义”。

儒学创始者孔子的人本精神不仅要求把人当作人看、尊重人格，而且重视如何做人、怎样做人，关怀人的内在道德修养。在孔子的仁学中充分体现了人本精神。他所说的人，只是人，是具有人格的人，而不是其他外在要素的附属品或派生者。因为孔子仁学的核心是讲人，所以仁学也可称为“人学”或“人本学”。

春秋时期，随着社会的激烈变动，天道权威开始动摇，出现了重视人自身地位、作用和价值的人道思潮。子产说："天道远，人道迩，非所及也。"（《左传·昭公十八年》）侧重点由天道向人道转移。但人道思潮产生的真正标志，是孔子在把人不当人的时代，提出了"爱人"的理念，具有人文主义的蕴含。虽然孔子并没有否定宗法等级关系的制约，但当人内在度越为"仁者爱人"时，此"人"并没有给予身份、地位和名分的限定，其外延应包含一切人在内。这就肯定会构成对宗法等级名分的严峻挑战。在《论语》中"爱人"三见："樊迟问仁。子曰：'爱人'"（《论语·颜渊》）；"节用而爱人，使民以时"（《论语·学而》）；"君子学道则爱人，小人学道则易使也"（《论语·阳货》）。这些是讲治国要爱护老百姓，使民不误农时；治邑和学道要有爱人的心理情怀。邢昺在《论语注疏》中说："爱人者，言泛爱济众是仁道也"，是一种泛爱的人本精神。这就是说：从个体出发，要具有爱他人的情怀；从群体出发，要有爱他群体的情感。这既是一种道德行为规范，也是一种道德理想。在这里孔子把人的生命存在的世俗普遍的族类亲情，升华为人类之爱的人本精神。"亲仁善邻"正是一种爱他人爱他集体的精神。

仁之所以说是人的内在度越，首先在于"仁"与"人"在内涵上有互相贯通、圆融之处。如"泛爱众，而亲仁"（《论语·学而》）。是讲博爱大众，亲近有道德的仁人。"观过，斯知仁矣。"（《论语·里仁》）"微子去之，箕子为之奴，比干谏而死。孔子曰：'殷有三仁焉。'"（《论语·微子》）此两处仁都指仁人，在用词上以仁代人，指具体有仁德的人。仁与人的内在联系，是度越的基础，仁展现了人的最高的道德境界。

其次，仁是对于人"是什么"的规定。"人而不仁，如礼何？人而不仁，如乐何？"（《论语·八佾》）人应该是有仁德的人，无仁德就不是人，仁是处理人与人之间关系的行为规范或道德标准。《说文解字》说："仁，亲也，从人，从二。"从字形看，仁是二个人，即人与人之间的互相亲爱。段玉裁注："人耦犹言尔我，亲密之词。"亲爱、亲密，都是仁所表现出的一种行为规范。爱是由主体发出而施于客体活动或行为之中的一种情感。在这种活动或行为中，并不意味着既定的功利目的和特有的条件,以及亲疏的等级。从这个意义上说,爱人是人的自我觉醒和自我肯定,仁是人的自我实现和自我完善的内在度越。

再次，爱人意味着由主体而及于客体，但要求由主体自我做起，树立主体性人格："克己复礼为仁，一日克己复礼，天下归仁焉。为仁由己，而由人乎哉？"（《论语·颜渊》）克己的己非指人的私欲，而是指约束、克制自己，就是发挥人的主体性和能动性，协调人的视听言动等活动、行为，使之符合礼的要求。如何约束自己进行主体内在的修养？从正面而言，需要具备刚强、果决、朴质、不轻言的品德，以与仁贴近；从负面而言，花言巧语，面貌伪善，既是与仁德要求和实践相违背的，亦是仁德所不应具有的。正负两方面的应然、不应然的价值判断，便体现了仁的道德标准。孔子强调"为仁由己"，实是内圣的道路，他试图将内圣与外王融合起来，以贯彻他的仁（人）本精神。

最后，仁作为人与人之间的关系原理，从自我约束到家庭、社会、天下。孔子认为，若能处处实行恭、宽、信、敏、惠，"五者于天下为仁矣"（《论语·阳货》）。"恭"是指君子待人接物处处表现庄严恭敬，而体现仁的精神，这是应然的道德价值判断；反之恭顺过度，便近于谄媚，这便是不应然的道德价值判断。宽厚治国待民，人民就"在邦无怨，在家无怨"（《论语·颜渊》），就能得到人民的拥护。"信"指诚实无欺。"敬事"、交朋友，都要讲诚信，讲话、治国也要讲诚信。"人而无信，不知其可也"（《论语·为政》），人是不可不讲诚信的，自己讲诚信，才能取得别人的信任。"敏"指勤劳敏捷，对从事政治、经济、文化以及道德活动的人来说，只有以自己"先之、劳之"的积极带头作用，并以永不懈怠的勤劳敏捷的榜样力量，才能取得政治、经济、文化上的成功。"惠"指仁爱恩惠，顺着人民谋利的路子使之得利，便能给人民好处而无所耗费，使人民得到实惠而获生存权，这样才能保证人本精神的实现。

从内圣仁的自我修养，到家庭仁的实践，再到外王仁的行天下，贯穿着爱人而人人互爱的人道（仁道）精神，这是人本精神的血脉和生命。若无人道精神，人本精神不仅不能实现，而且也不可能实现，人本精神就成了无源之水，自身就会枯竭。

战国时，战争频繁，人民苦难。睿智的思想家超越国家的局限，从天下人的视角来思考战争问题，继承和发扬孔子等爱人的仁道（人道）精神，墨子提出“兼相爱”的主张。孟子虽批判墨子的爱无亲疏、等级是脱离现实社会实际的空想，但仍然提倡仁爱，为儒家人学作出有力的回应。孟子的贡献是进行了“元”哲学的探索，提出了人的本质是什么，以是什么代替应该怎样，去追求当然的所以然。孟子所追求的所以然，就是发现了人与人相亲爱的最一般、最基本、最普遍的人皆有之的“不忍人之心”。“所以谓人皆有不忍人之心者，今人乍见孺子将入于井，皆有怵惕恻隐之心，非所以内交于孺子之父母也，非所以要誉于乡党朋友也，非恶其声而然也。由是观之，无恻隐之心，非人也；无羞恶之心，非人也；无辞让之心，非人也；无是非之心，非人也。”（《孟子·公孙丑上》）孟子以天真可爱的小孩将要掉到井里去，人人都会产生发自内心的恻隐之心为例证，说明人对人和物的恻隐、羞恶、辞让、是非之心，是人的本性，是人人内心所具有的类似的情感，是爱人的发端和根本。以仁爱为人的自然本性，为仁学（人学）或人本精神找到了内在的根据。

孟子的仁，是人的哲学升华与人本精神显现，也是人的本质的体现。就是说，仁的本质就是人，无人就无所谓仁；人蕴含着仁，无仁，人本、人的本质便无以表现。“仁也者，人也”，“仁，人心也”。于是便从仁中发现了人及人的本质，从仁学中建立了人学。只有当人超越了自然人、本能人，而进入哲学的门槛，人的本质才被发现，人本精神才得以体现。据此，孟子提出诸侯有“三宝”；“土地、人民、政事”（《孟子·尽心下》）。

把人民作为宝贝，认识到人的价值，这种重人的思想，是古典人文思想的凸显。

在当时的现实社会中，往往把君主或国家看得比人民重要，而人民只不过是君主手中的玩物。孟子却认为“民为贵,社稷次之,君为轻”(《孟子·尽心下》)。以人民为第一位的宝贵和尊贵，而不是上帝、天神、国家和君主。因为有人才会有上帝、天神、国家、君主，没有人什么也谈不上。民贵君轻，孟子体认到了，两千多年后当代世界的政治家、战略家也应有所体验。“失其民者,失其心也。”(《孟子·离娄上》)国家的兴衰、政治的稳定，取决于人心的向背；事业的成败、战争的胜负，取决于得道或失道，“得道者多助，失道者寡助。寡助之至，亲戚畔之；多助之至，天下顺之”(《孟子·公孙丑下》)。这些思想都蕴含着人本精神或仁道（人道）精神，且具有超时代的普适性，它对于化解人与人、人与自然、人与社会以及文明之间的冲突有重要的价值。

荀子继承了孔子“仁者爱人”的思想，又发挥了孟子“亲亲仁也”的理念，同时又接受了墨子的“兼爱”思想。他把爱分为爱人和爱民两个层次。一从爱人来说：是仁者之事，“彼仁者爱人，爱人，故恶人之害也”(《荀子·议兵》)。爱人的道德价值就在于憎恶那些害人的人。爱人是有亲疏、等级之分的，“等贵贱，分亲疏，序长幼，此先王之道也”，“仁者，仁此者也”(《荀子·君子》)。依此而施予不同人以不同的爱，以及不同的敬。爱人是有限定的、非普遍的偏爱。二从爱民来说，是政治价值和选择，而非道德价值和选择；是以普天下所有的人为施爱的对象，而非以亲者、贤者、贵者为为先为厚的施爱对象。荀子据古书记载而说明君民关系：“君者，舟也；庶人者，水也。水则载舟，水则覆舟。”(《荀子·王制》)他依此“人能载舟，亦能覆舟”的人本主义精神原则，提出“三节”：“故君人者，欲安，则莫若平政爱民矣；欲荣，则莫若隆礼敬士矣；欲立功名，则莫若尚贤使能矣。”(《荀子·王制》)国家欲安定繁荣，国君欲建功立业,必须做到“平政爱民”“隆礼敬士”“尚贤使能”三大节。若能改善政治，仁爱人民，尊重知识之士，任人唯贤唯能，国家就会强大。“好士者强，不好士者弱；爱民者强，不爱民者弱。”(《荀子·议兵》)好士爱民者强，就可统一天下，称霸诸侯。“人君者，隆礼尊贤而王，重法爱民而霸。”(《荀子·强国》)爱民不仅要改善政治,而且要养民、富民。“等赋，政事，财万物，所以养万民也”(《荀子·王制》),“养百姓而安乐之”。通过按等级纳赋税，处理好民事及利用万物，使民安居乐业。富国的根本方法，是使人民富裕，“裕民则民富”，民富则国家富强。

儒墨都强调泛爱众的人类之爱的人本精神（人道精神），但经孟子批评墨子而凸显儒学深层的爱有等级、亲疏的意蕴，荀子又把这种亲亲之爱加以论证而落到实处，使人有爱人、爱民的具体政治、经济措施，并使之有操作功能，但还是讲推己及人地爱他人或爱宗族中的人，讲爱群体，个体只有在爱他人中才能得到爱。这并不否定要爱个体人，当儒学在强调“仁”要从自我做起的时候，就确认了个体主体的独立人格和尊严，标志着个体主体的自觉。个体主体提升为类主体，并从人性的普遍性说明人的类存在,天、地、人三才凸显了人在天地间的特殊作用和价值。儒学对个体主体和类主体的地位、作用、价值的独立性、尊严性的肯定，即是人本精神的确立。无论是“讲信修睦”还是“亲仁善邻”，都是对人之“仁”性的张扬和开显，既尊重了个体的主体价值，又充分推演了“仁者爱人”之道，在亲亲交往中，个体的主体价值得以真切展示。

2.“亲仁善邻”内蕴了中华民族的和合精神

中华优秀传统文化“尚和合”，倡导和合，推崇和谐，强调合作，追求和平。中国传统文化强调和追求“和”，也强调和推崇“合”。“和”是和谐、和睦、和平，“合”是结合、合作、和解。和谐、和睦、和平是以结合、合作、和解为基础的。没有合作，就没有和谐；没有和解，就不可能有和平。中国人强调“和”，也强调“合”。“和合”是中国传统文化的真精神，是中国传统文化的核心价值。和合是儒学对人的生存、意义、可能三个世界的反思活动，它是儒学所普遍认同的理念，并纵贯儒学演变的全过程，尽管先秦以后有断裂，但现在仍有传承。同时它横跨社会伦理道德、心理结构、价值观念、行为方式、思维方式、审美情感等。

“和”的初义是声音相和，旋律合韵，是音乐艺术的和声谐音机制，是中华音乐诗歌对宇宙大化流行内在节律的深切体悟。“合”指诸多要素汇合口中，上下合拢，细缊出新事物。《国语·郑语》和《左传》记载史伯论和同及晏婴论和同，都以“和”为诸多相异要素的冲突融合，“同”为同一事物的相加，并以“和实生物，同则不继”（《国语·郑语》）为宗旨。和首先要承认多元、多样事物的存在，而不是单一、同一、唯一的同，“若以同裨同，尽乃弃矣”。东西方的神创论、天创论、理念论都是单一论、唯一论，具有强烈的排他性，以为世界万物是由此唯一绝对派生的。中国古人提出“和实生物”的观念，认为世界万物的根源是和，是多元冲突融合而和合的结果，否定了神创论、天创论等唯一论，回答了世界万物从哪里来的根源问题。

儒学的创始人孔子继承《左传》《国语》思想，他认为在人与人的关系中，“君子和而不同，小人同而不和”（《论语·子路》）。君子与小人在处理人际关系时采用两种不同的方法：君子听取多数不同的意见，团结大多数人；小人听不得不同意见，搞结党营私，表现了两种不同的人格理论、道德情操、思维方法和价值标准。若小人当政，就会排斥不同意见的贤明之士，任人唯亲，搞专制独裁。因此，孔子认为为政应“和”。这里所谓的“和”，除“和而不同”外，还应宽猛相济：“政宽则民慢，慢则纠之以猛。猛则民残，残则施之以宽。宽以济猛，猛以济宽，政是以和。”（《左传·昭公二十年》）单一的猛，猛政酷于虎；单一的宽，宽政慢无序。宽猛融合，才能达到恰到好处的政通人和的境界。

由人际关系推及为政，和是普遍的原则。“礼之用，和为贵。先王之道，斯为美，小大由之。有所不行，知和而和，不以礼节之，亦不可行也。”（《论语·学而》）礼乐文化的功用，以和为最高的价值，先王治国爱民而有天下，这是最美好的愿望。和作为指导原理和方法，还需要礼来调节，使和的原理在实行中都合乎节度（中节）。

孟子虽没有和合相连并举，但把和作为人的本质的主要特征，把人和提升到与天时、地利并列的地位。“天时不如地利，地利不如人和”（《孟子·公孙丑下》）。天、地、人三者的时、利、和相比较，人和是最重要的。拿中国古代战争来说，有座小城，敌人围攻它，虽然有合乎天时的条件，但不能获胜，这说明天时不如地利；又如守城者城墙是高的，护城河是深的，兵器甲胄坚锐，粮食充足，但敌人一来，便弃城而逃，也是不能获胜的，这说明“地利不如人和”。古代战争的主要因素是人，人民和睦团结或人心所向，便是得道。得道多助，失道寡助，寡助到了极点，连亲戚都反对他，就是人与人关系失和，战争肯定要失败。

在战争频繁的战国时期，孟子在战争胜败的三个主要因素中，凸显了“人和”因素。这是对中国古代战争的深刻体验。这里的“人和”，是与孟子所主张的仁政相联系的，只有实行仁政，才能人和。

《郭店楚墓竹简》中的“和”与“同”的概念和西周末年史伯、春秋时晏婴论的“和同”已有不同。史伯、晏婴的和同之辩，虽来自现实人事、生活交往、养生卫体的社会生活实践，但已舍弃了各要素的具体个性、特征，抽取具有和与同的共性而升华为和同概念、范畴。这种抽取事实上是对于声、色、味、政事、人际关系等现象后面为什么味美、声美、政平、人和的追寻以及如何能味美、声美、政平、人和的探索。这种追寻和探索蕴含着哲学中形而上学的意味，但仍没有摆脱服务于当时政治的价值导向。《郭店楚墓竹简·五行》论“和同”，主要着眼于“仁义礼智圣”道德意识与道德行为的道德哲学论述，多数学者认同《荀子·非十二子》所指摘的子思、孟子的“五行”说。“德之行五和谓之德，四行和谓之善。善，人道也。”“仁义礼智圣”和合为“德”，为天道；“仁义礼智”和合为善，为人道。“善”与“德”相依不离，人道与天道会通合一。

《易传》是对《易经》的解释。春秋到战国是各家各派学说的元创期，他们依据自家的需要和利益，来建构自身对《易经》的解释系统，如今本与马王堆本等。今本《易传》认为：“乾道变化，各正性命，保合太和，乃利贞。”合和即和合，各事物有性命差分，便有冲突；有冲突，就需要保合太和。合在相冲突的事物之间起着沟通、联系阴阳、柔刚、天地的作用。《易传》把宇宙万物视为“天地絪缊，万物化醇，男女构精，万物化生”（《周易·系辞下》）的生生和合体，这个和合体是“冲突”（天地、男女、乾坤、刚柔、阴阳）“融合”（絪缊、构精）“万物化生”的形式，这就更加明确、具体回答了“和实生物”如何可能、怎样生物的问题。

在人与社会、人与人的关系中，和合是以道德理性为基础的人文关怀，帛书易传《二三子》说：“其子随之，通也；唱而和之，和也。曰：和同至矣。”帛书《易传》的和同概念，与《郭店楚墓竹简》中的和同之义相似，而与史伯、晏婴相异。君子的德义，就是和合。“戒事敬命，精白柔和而不讳贤。”人生在世，不能独存，必须与他人生活在一起。群居不免与人发生冲突，又冲突得以和谐，而达到和合。《易之义》说：“君子群居，莫敢首，善而治，何疾其和也。”和合才有凝聚力，若天天斗争，人群就会离散。帛书易传《二三子》说：“和同者众，以济大事。”众力凝聚，就能成大事，否则何以安身立命？

由事物的生命活动而推及社会运作，《易之义》主张：“武之义保功而恒死，文之义保安而恒穷。是故柔而㹀，然后文而能联也；刚而不折，然后武而能安也。”文武各有其功能和作用，但不能独武独文，只有文武相济，才能保功保安，否则便有保功则死和保安而穷之失。文武融突和合，社会才能有序昌盛。

荀子与《易传》“与天地合其德，与日月合其明，与四时合其序，与鬼神合其吉凶”的思想相近，认为“天地合而万物生，阴阳接而变化起，性伪合而天下治”(《荀子·礼论》)。天地之间的事物千差万别，以分为基础而能融突和合，而生生不息。“天地以合，日月以明，四时以序，星辰以行，江河以流，万物以昌”(《荀子·礼论》)。若无融突和合，那么天地、日月、四时、星辰、江河、万物就无以合、明、序、行、流、昌。从这个意义上说，万物的化生、生存和运动变化，都是融突和合使然，这种和合具有创生性、有序性。

和合在人的精神、道德情感方面的展现，如“祭者，志意思慕之情也。……故人之欢欣和合之时，则夫忠臣孝子亦惮诡而有所至矣”(《荀子·礼论》)。祭祀作为人的心志和思慕情感的寄托，在人们欢乐和合的时候，使人们哀思自己的双亲或君主。若没有祭祀这种形式，人们的哀思就不能表达出来，而只能把哀思积在心中。和合的氛围能唤起人们思念父母之情。

音乐与祭祀相似，能唤起人的情感、调节人的心情、陶冶人的情操、健全人的心性功能和作用。“乐中平则民和而不流，乐肃庄则民齐而不乱。民和齐则兵劲城固，敌国不敢婴也。”(《荀子·乐论》) 音乐能发挥民和、民齐的功能，获得不流、不乱的效果。礼与乐的区别就在于“乐合同，礼别异”(《荀子·乐论》)。“别异”，满足了社会等级差别的现实需要，“合同”是和谐等级差别所产生的种种不满和冲突，使人导向一致。礼乐这两种不同的功能，满足了社会延续的需要。“故先王导之以礼乐而民和睦”(《荀子·乐论》)，民和睦而不乱，不乱而国安。

荀子认为，和合精神是音乐人文精神的体现。“乐也者，情之不可变者也；礼也者，理之不可易者也。”(《荀子·乐论》) 音乐所表现的是蕴含于这种形式中的一种永恒不变的精神，这就是和合。和合既是音乐形式的外在表现，亦是音乐内涵的精蕴。和合贯通音乐内外。和合犹如社会中礼所体现的永恒不可易的根本原理一样，这里“和”与“理”相对应，具有形而上的品性。虽然和与礼有区别，但礼亦以和为其自身存在的根据。“审节而不和，不成礼；和而不发，不成乐”（《荀子·大略》）。审察礼仪制度而不和合、和谐，就不成其为礼，因而礼仪这种形式必须以和谐、和合为标准来衡量；乐是五音和而发，《庄子·天下篇》说：“乐以道和”，不和不成乐。这样和合便具有一种度越性和形上性。《礼记·乐记》的核心内涵和最高境界是中和，也即和合。和合是乐文化的根本精神。

儒学和合精神既是宇宙精神，又是道德精神，是天道与人道，即天人合一的精神，是人与社会、人与人、人的心灵冲突融合而和合的精神。和合是天地万物存有的根据或原因；是存有的方式；是动态的、开放的过程；是心情宁静安详，心绪和平恬淡，心灵充实愉悦的境界；可以达到人和而天和、人合而天合、人乐而天乐的天人和乐的和合境界。“亲仁善邻”已然立足于“推己及人”的换位思考模式，不是把他人、他者作为天然的对立面，而是作为合作交往的自然伙伴，力求在双方、多方的交流互动中相互学习、相互成就，求人和天和与人合天合。

第三节　“天下和合观”是“亲仁善邻”的哲学基础

中国古人有浓厚的天下情怀和为天下开太平的强烈意愿，构建了“大道之行，天下为公”的大同世界的价值理想。在大同世界的价值结构中，存在着一个“天下”观，一个为世界人民谋幸福的伟大愿望，诚如《礼记》所言，“故圣人耐以天下为一家，以中国为一人者，非意之也，必知其情，辟于其义，明于其利，达于其患，然后能为之”（《礼记·礼运》）。这个“天下观”认为，要实现天下为一家，中国为一人，必须知民情；以义理教化民众，明白有利的事，使其安心；晓达祸患而防护，以避免争夺相杀。孔颖达疏解为“天下和合，共为一家”。他说：“此孔子说圣人所能以天下和合共为一家，能以中国共为一人者，问其所能致之意。”[①]“天下和合，共为一家”在农业社会建构了《礼运》大同世界的远景蓝图，“和合天下”是在全球化、信息化时代所描绘的人类未来的蓝图。在当今万物互联的智能信息时代，天下是全球人民的天下，中华民族“亲仁善邻”交往法则中内蕴的“天下和合观”，必将为推动构建人类命运共同体贡献智慧与力量。[②]

1.“天下和合观”的价值理想

天下和平的天下。中华民族自古以来就祈求和平、合作、和谐，这一思想可谓源远流长。殷周时期，就将“和”从作为声音相和应，进一步推至处理自然、社会、人际、家庭、邦国之间关系的指导原则，其亦是关涉社会政治、治国理政、万物化育的首要价值。《易经·中孚》有言：“鸣鹤在阴，其子和之，我有好爵，吾与尔靡之。”湖水清澈，微风徐来，鹤在树荫下欢乐鸣唱，其子相和，一幅和平欣悦的景象；同时也有好酒，和悦共饮，这就营造了一个恬淡自然、和平美好的人文环境。所以，《周易·咸卦·彖传》亦言：“天地感而万物化生，圣人感人心而天下和平。”孔颖达疏：“圣人设教，感动人心，使变恶从善，然后天下和平。”[③]《周易》中就已提出了“天下和平”的概念以及“吾与尔靡之”的和悦合作观念。为什么要天下和平？怎么和平？那就是圣人感人心而致天下和平。对于被其所感的天地万物，其情亦可以自然呈现出来。天地、圣人共相交感、感应，致天下和平，这是中华民族自古以来的价值理想。

协和万邦的天下。《尚书》中就自觉地把“和平”“合作”作为处理人与人、邦国与邦国之间关系的必要原则。“邦”字从《说文》之解，就

---

① ［清］阮元校刻：《十三经注疏》，北京：中华书局，1980 年，第 1422 页。
② 张立文：《中华文明的和平合作天下观》，《社会科学战线》2021 年第 2 期。
③ ［唐］孔颖达疏：《周易正义》卷四《咸卦·彖传》，北京：中华书局，1980 年，第 46 页。

是“国”。尧时就有“克明俊德，以亲九族。九族既睦，平章百姓。百姓昭明，协和万邦”（《尚书·尧典》）之法。当时天下有很多诸侯国，“协和万邦”就是国与国之间都应该和谐相处，方有“黎民于变时雍”。这里的“雍”就是“和”的意思。由此可知，尧任用德才兼备的贤人，才使各族人民和平、和睦地相处，乃至各个邦国之间能彼此和谐。在周取代殷之后，追随殷的“淮夷”等发动叛乱。周公就代表成王发布诰令说：“自作不和，尔惟和哉！尔室不睦，尔惟和哉！尔邑克明，尔惟克勤乃事。”（《尚书·多方》）你们的家庭、邦国有不和睦的，要让九族合作和睦起来，要营造和平合作的社会环境，不可叛乱。当时要求各邦国的国君、官员都要为“和”做努力。《周礼》进一步规定了各官员最主要的职责是和邦国，如“天官冢宰”主管朝廷宫中事务，而其中的“大宰之职，掌建邦之六典，以佐王治邦国”。针对“六典”中位列第三的“礼典”，更是明确提出了“以和邦国，以统百官，以谐万民”（《周礼·太宰之职》）。小宰之职为掌建邦之宫刑，以治王宫之政令。官府六职中的序列第三有：“三曰礼职，以和邦国，以谐万民。”（《周礼·小宰之职》）“春官宗伯”掌邦礼，主管祭祀和典礼，也负有类似义务，他的职责是“佐王和邦国”，使邦国内部、各邦国之间、万民之间都和平合作，天下太平。从《周礼》可看出，其对各官员的职责规定非常明确，各官员、各邦国，都应将“和合”作为自身的职责所在，以使天下和平合作。

和合之美的天下。《国语》有载：“商契能和合五教，以保于百姓者也。”（《国语·政语》）这里的“五教”是指“父义、母慈、兄友、弟恭、子孝”。通过这些伦理道德的教化，可让百姓和平安乐地生活，反之则会出现动乱。所以墨子说：“内者父子兄弟作怨恶，离散不能相和合，天下之百姓，皆以水火毒药相亏害。”（《墨子·尚同上》）家庭内部、父子兄弟间相互怨恨，天下百姓亦互相损害，国家就会离散动乱，天下百姓就不能过安居乐业的生活。因此，管子也主张和合，使人民认识到和合、和平的重要性，亦即“畜之以道，则民和，养之以德，则民合。和合故能谐，谐故能辑，谐辑以悉，莫之能伤”（《管子·兵法》）。修养道德，才能和合，天下才能和平合作。

万国咸宁的天下。如果君臣上下、父子兄弟、乡邻之间共赏音乐，就能感动人心，使人的行为活动发生变化，达到和敬、和亲、和顺的中和状态。这就是荀子所说的“足以治万变”，“故乐者，天下之大齐也，中和之纪也”，“故先王导之以礼乐而民和睦”（《荀子·乐论》）。《礼记·乐记》还载：“故乐行而伦清，耳目聪明，血气和平，移风易俗，天下皆宁。”天下的安宁、和平，可以通过推行乐教而实现。凡音的起始，是人心感物而动产生的，所以听音乐能使人感动。因此听音乐不是简单地分辨音的高低，使人平心静气，心理上产生和敬、和亲、和顺，才是乐教的目标所在。《周易·乾卦·彖传》曰：“乾道变化，各正性命。保合太和，乃利贞。首出庶物，万国咸宁。”“万国咸宁”就是说天下各国都应该安宁、和平。由此可以看出，和平实为当时人们的共同愿望。

和平而乐的天下。史伯、晏婴在与各自国君的“和同之辩”中（《国语·郑语》），分别论证了和合是多元的、多样的，也是多边的这一观点。也只有如此，才能通过“和合”，达至“和实生物”“心平德和”的境界。生物之间、物物之间是相互关联的、平等的，所以只有使人心平、德和，才能够最终达到以心平心，乃至民无私心的理想状态。和合而生成天下万物。人们食和羹“以平其心”，听和声“心平德和”，终至“政平而不干，民无争心”，天下太平。《吕氏春秋》曰：“乐之弗乐者，心也。心必和平然后乐……故乐之务在于和心，和心在于行适。”（《吕氏春秋·仲夏纪·适音》）心之和平是天下和平的关键，心和平而人人自觉，自为天下和平而担当，和平是每个人的职责。

天地人合作的天下。《周易·乾卦·文言传》记载：“夫大人者，与天地合其德，与日月合其明，与四时合其序，与鬼神合其吉凶。”合有融合、合作之意。圣明德备的大人与天地相感通，互相合作，天无私覆，地无私载，符合合作的道德。与日月合作，互相照临，促四方万物成长。与四时春夏秋冬合作，天地遵循春生、夏长、秋收、冬藏的序列而不违。与阴阳合作，万物负阴而抱阳，冲气以为和。《淮南子》载："一而不生，故分而为阴阳，阴阳合和而万物生。"[①] 阴阳互相合作，和合而生万物，以诠释天地万物从哪里来。天地人若非合和，就与天地、日月、四时的德、明、序相违，与阴阳相悖，万物就不能化生。

天下和平、发展、合作、共赢是全世界人民共同的心声和愿景，是全球人民的价值理想。自古及今，人人皆祈盼和平合作的和谐人际关系和社会关系。

2."天下和合观"的价值根基

天下和平合作的天下观，深深地扎根在中华文明与中华儿女的心灵之中，其如参天大树，根深叶茂，不可动摇。自古以降，中华民族就有着对天下和平合作的憧憬和永恒的追求，她胸怀世界，超越任何具体邦国、王朝政权的意识形态，体现着命运共同体的价值理想和追求。

四海之内皆兄弟。《论语》中的这句话，虽是孔子弟子说的，但也表达了孔子思想的意蕴。换言之，天下之内皆吾兄弟。中国古代认为兄弟之间应遵循兄友弟恭的道德原则，兄对弟要友好，弟对兄应恭敬。他们之间是和谐、和平、友好、合作的关系，而不是兄弟之间由怨恶而斗争。这是人与人之间基本的道德规范。这种思想教导人们"家和万事兴"，国和万事成。在家国同构的中国古代社会，家和才能推至国和。

天下为公，世界大同。千百年来，从先秦到近代，中华民族一直追求"天下为公"。"天下为公"是指世界上的国家与国家、民族与民族、人与人之间，

---

① 何宁：《淮南子集释》，北京：中华书局，1998 年，第 244 页。

都不能谋私、行私，若人都为私，便有违大道之行，亦即违背天道的大公无私。世间的动乱、战争，是由一小部分人和个别掌权者为谋己身私利而无故挑起的。“天下为公”,是人类对美好和平合作生活的憧憬和意愿。《礼记・礼运》规定了一些原则和制度设计，这是实现世界大同的具体制度措施，如“货不必藏于己”的经济制度，“力恶其不出于身”的劳动制度，“男有分，女有归”的分工制度，“选贤任能”的官吏选拔制度，“老有所终，幼有所长”的劳保养老制度以及“讲信修睦”的国际关系原则。这些皆是天下和平合作的可靠保障。

天下太平，修齐治平。《大学》有言，如何保证天下和平？落实到每一人，就是格物、致知、诚意、正心、修身、齐家、治国、平天下，“自天子以至于庶人，壹是皆以修身为本”。这就需要人人皆达到道德高尚的境界。明明德于天下的过程，是使天下太平的过程。在中华文化中，世界和平是儒释道三教的共同要求，如道教的《太平经》就有很多地方讲到“太平”，如：“澄清大乱，功高德正，故号太平。若此法流行，即是太平之时”[①];反对动乱，主张通过修行，使天下太平，“天道无亲，唯善是与。善者修行太平，成太平也”[②]。天道并无亲疏之分，只有善者通过修行太平，功高德正，才能成就太平。中国佛教讲普度众生，求得西方极乐的太平世界。“天下太平”是中国人自古以来的共同心声，而要实现天下太平（和平），就要每个人都加强自身修养。若每个人都能认清世界形势，比较和平与战争的利与害、兴与危，就能自觉选择和平合作，然后诚意、正心，断绝私利、追求共同理想，这样就能达到天下太平的目标。

民吾同胞，物吾与也。天地是人类的父母，吾人的身体与人性是天地所赋予的，普天下的人民都是我的同胞兄弟，天地万物都是人类的亲

① 王明编：《太平经合校》，北京：中华书局，1960年，第10页。
② 王明编：《太平经合校》，北京：中华书局，1960年，第4页。

密伙伴。王夫之注说："由吾同胞之必友爱，交与之必信睦，则于民必仁，于物必爱之理，亦生心而不容已矣。"[①] 人人相爱，亦必仁爱天下万物，营造和平合作的环境。因而天地万物和人类没有尊卑、贵贱之分，国家民族没有优劣、强弱、大小之别，世界是一个人人可以安居乐业的和平合作的世界。

仁民爱物、仁爱天下百姓、爱护天地万物。朱熹在《中庸》注中说："盖天地万物本吾一体，吾之心正，则天地之心亦正矣，吾之气顺，则天地之气亦顺矣。故其效验至于如此。"[②] 这亦是张载对"为天地立心"的诠释。既然天地万物与吾是一体的，那么爱己就是爱天地万物。孔子云："泛爱众"，"己所不欲，勿施于人"(《论语·颜渊》)。墨子言"兼相爱"，爱他人、他家、他国，就像爱自己、爱家庭、爱国家一样，这便是一体之爱。王守仁亦云："大人之能以天地万物为一体也，非意之也，其心之仁本若是，其与天地万物而为一也……是故见孺子之入井，而必有怵惕恻隐之心焉，是其仁之与孺子而为一体也。"[③] 其仁，即人所共有的仁爱之心。此仁爱之心，与鸟兽、草木甚至瓦石皆可相连互通，故若人人有此仁爱之心，自然而然可致"天下和平"。

深厚的"天下和平"合作的价值理论根基，创造了中华民族五千多年的辉煌文明，亦创造了至今依然璀璨的中华文化。传承中华优秀传统文化，今天我们亦孜孜不怠、持续为天下和平合作做出自己应有的贡献。

3."和合天下观"的思维方式

天容海色本澄清，风扫乱云天地明。天下和平、天下和合的思维方

① ［明］王夫之：《张子正蒙注》，北京：中华书局，1975年，第316页。
② ［宋］朱熹：《四书章句集注》，北京：中华书局，1983年，第18页。
③ ［明］王守仁撰，吴光等编校：《王阳明全集》，上海：上海古籍出版社，2014年，第1066页。

式，深深扎根在古老的中华文明之中，它以一次又一次的新形式呈现出来。中华文明久久地追求天下和平合作，是基于其根深蒂固的思维方式。人是具有自我意识的“自作主宰”者，具有实践和反思能力的自为者，具有把握自然、社会、人生的思维方式的能动者。

多元、多样、多边性。从思维的根本动力来看，天下和合是“和实生物”多元性、多样性、多边性的自然要求。“先王以土与金木水火杂，以成百物”（《国语·郑语》），“和羹”是由多种多样相互冲突、矛盾的食料、调料和合而成的至上美味，处处体现着多元性。在多元的融合冲突中，原来的多种事物在不断地化醇、絪缊中发生化学作用，彼此融合，从而诞生了新事物与新结构。这种化学变化中的融合、絪缊，其实可以在一定意义上解之为“以他平他谓之和”。各事物是平等的，彼此之间并没有高低、贵贱、优劣之别，这就是说，各事物、各国、各民族应当平等相处，在互相对话、交流、切磋中，互学互鉴，共同为天下和平合作的人类美好未来做贡献。

和而不同性。人以群分，物以类聚。各事物、各国、各民族、各宗教各自不同，但这就是事物的自然本性。正如家庭有男有女、有父有子，均是不同的。中国有五十六个民族及多元宗教，但多元一体，和而不同，仍可以和谐、和睦、和平相处。家庭中，正如“商契能和合五教”所言，如果家庭成员各自做到父义、母慈、兄友、弟恭、子孝，就可以彼此和谐、和合、和平相处。世界各国若皆能以和合为原则以及以亲仁善邻的思想要求自己，各国之间亦可和谐、和睦、和平相处。只要不是“小人同而不和”（《论语·子路》），结党营私，人为地把世界分为三六九等，搞乱世界等，就不会有不和平的事情发生。合作、和平相处是世界人民的共同愿望，是自然、社会、人类发展所必需的，亦是人类生存生活的需要和基本诉求。

立己立人性。自己的国家、民族独立了、站起来了、富裕了，为了世界和平，就应该帮助、资助别的国家、民族站起来、富起来。孔子说："己欲立而立人。"（《论语·雍也》）2023 年是"一带一路"倡议提出 10 周年，习近平主席出席第三届"一带一路"国际合作高峰论坛开幕式并发表主旨演讲，他强调"共建'一带一路'注重的是众人拾柴火焰高、互帮互助走得远，崇尚的是自己过得好也让别人过得好，践行的是互联互通、互利互惠，谋求的是共同发展、合作共赢。不搞意识形态对立，不搞地缘政治博弈，也不搞集团政治对抗，反对单边制裁，反对经济胁迫，也反对'脱钩断链'。"[①] 这是中华民族一贯的仁爱精神的体现。因为世界贫富差距持续拉大，是世界发生动乱的重要原因之一。如董仲舒所言，每当"富者田连阡陌，贫者无立锥之地"时，国家就会发生动乱。因此，世界和平就需要从根源上消除贫富差距，立己立人，富裕国家应帮助贫困国家，这是世界和平、平等合作的重要保证。

达己达人性。孔子说："己欲达而达人。"（《论语·雍也》）自己国家发达了，也要帮助其他国家、其他民族与自己一样发达起来。世界上存在发达国家、不发达国家以及发展中国家，只有世界上各国、各民族共同发展，世界和平才能有永久的保证。如果存在诸多不发达国家且不断扩大，这将会成为世界不安宁的重要因素。现在一些发达国家不仅不帮助不发达国家发展、发达起来，甚至不希望其发展、发达起来，害怕损害他们的利益，因而制裁、遏制其发展、发达，以便从中牟利，这种损人利己的做法是违背天理良知的，也是违背人性良心的，是不人道的。他们挑起动乱、发动战争，使一些不发达国家民众深受其苦，只得背井离乡，到处逃难、无处栖身，以至没有最起码的生命权。这就是霸权主义者的不正义的行为，是世界和平发展的极大阻碍，有违世界各国普通民众的和平合作意愿。

---

① 习近平：《建设开放包容、互联互通、共同发展的世界——在第三届"一带一路"国际合作高峰论坛开幕式上的主旨演讲》，北京：人民出版社，2023 年，第 6—7 页。

仇必和而解性。张载说："有象斯有对，对必反其为；有反斯有仇，仇必和而解。"[1]天地万物有形形色色的形象、现象，形象、现象之间有各种各样的矛盾、对峙、冲突；有矛盾、对峙、冲突必有相反、否定、违戾，从而产生仇恨、敌对；仇恨、敌对双方或各方通过交流、沟通、对话、谈判等形式，达到互相了解、理解、谅解，消除误解、误判、误导，如此反反复复，以使矛盾、对立、冲突得到化解、和解，促使天下和平合作。然而个别心怀叵测者或霸权主义者，并不要天下和平合作，他们在动乱、战争中大量捞取财富和利益，而罔顾他人生命财产安全。仇必和而解是中华文明的卓越智慧，也是中国一以贯之的最高行为准则，是中国向全球提供的化解一切矛盾、对立、冲突的最佳方案，是使天下永久和平合作的方法，亦是中国智慧的灵魂。

基于多元、多样、多边性，和而不同性，立己立人性和达己达人性及仇必和而解的思维方式，我们可以进一步引导世界各国有效开展交流合作与互学互鉴。而包容性、开放性、合作性、共赢性、共享性、和合性应是此间不变的要义与主题。所谓包容性，是建立在"天地万物本吾一体"的共同体基础上的，对世界多样、多元、各不相同的政治、经济、文化、制度、宗教以及意识形态、价值观念、道德伦理、审美情趣、风俗习惯，以厚德载物的心态，"志量恢宏纳百川"的胸襟，不分尊卑贵贱，互学互鉴，互谅互解，互包互容，和谐和乐相处。所谓开放性，人不能单独存在，正因为人需要许多东西，所以必须互通有无，满足各自需要，单边主义、孤立主义，会使人类的生活窒息。唯有开放才能发展。所谓合作性，就是尽全力帮助人的人，他自己反而更充足，互相合作，是助人助己，富人富己，给予他人越多，自己反而越丰富。所谓共赢性，是建立在和平、发展、合作基础上的，和平才能发展，合作才能发展得更

---

① ［宋］张载：《正蒙·太和篇》，载《张载集》，北京：中华书局，1978 年，第 10 页。

完满，如此，才能获得共赢；若破坏和平、发展、合作，只能是害人不利己，以致共输，两败俱伤。所谓共享性，富有之谓大业，日新之谓盛德，只有不断创新，才能有最大的获得;唯有共同发展，把共享蛋糕做大，才能有更多的共享成果。所谓和合性，是建立在天下是一家，中国是一人的基础上的，和而不同，和实生物，天下万事万物由和而生，由合而成，融实和合而生生不息。只有如此，才能使全人类永葆青春。“亲仁善邻”是中华民族处理人际关系和国际关系的法则，推进了社会和谐秩序和国际友好合作秩序的建立。何以有“亲仁善邻”的处世方法？归根到底是中华民族、中华文明之中内涵的“和合天下观”已然成为中国人行为处世的世界观与方法论，“天下和合，共为一家”的价值理念深入人心。中华民族自古以来就没有侵略的基因，“和合天下”是人间正道，中华民族必将为推动构建人类命运共同体贡献中国智慧和中国方案。

参考文献

一、著作类

1. 习近平：《习近平谈治国理政》（第二卷），北京：外文出版社，2017 年。

2. 习近平：《习近平谈治国理政》（第三卷），北京：外文出版社，2020 年。

3. 习近平：《习近平谈治国理政》（第四卷），北京：外文出版社，2022 年。

4. 习近平：《习近平著作选读》（第一卷），北京：人民出版社，2023 年。

5. 习近平：《习近平著作选读》（第二卷），北京：人民出版社，2023 年。

6. 刘少奇：《论共产党员的修养》，北京：人民出版社，2018 年。

7. 江泽民：《江泽民文选》（第二卷），北京：人民出版社，2006 年。

8. 胡锦涛：《胡锦涛文选》（第二卷），北京：人民出版社，2016 年。

9. 张立文：《和合学概论——21 世纪文化战略的构想》，北京：首都师范大学出版社，1996 年。

10. 张立文：《新人学导论》，广州：广东人民出版社，2000 年。

11. 张立文：《中国传统文化与人类命运共同体》，北京：中国人民大学出版社，2018 年。

12. 张立文 :《中国哲学范畴发展史 : 人道篇》，北京 : 中国人民大学出版社，1995 年。

13. 张立文 :《中国哲学范畴发展史 : 天道篇》，北京 : 中国人民大学出版社，1988 年。

14. 中共中央马克思恩格斯列宁斯大林著作编译局 :《马克思恩格斯选集》（第一卷），北京 : 人民出版社，2012 年。

15. 陈独秀 :《陈独秀文集》（第一卷），北京 : 人民出版社，2013 年。

16. 费孝通 :《费孝通文集》，北京 : 群言出版社，1999 年。

17. 冯契 :《智慧的探索》，上海 : 华东师范大学出版社，1997 年。

18. 蒋礼鸿 :《商君书锥指》，北京 : 中华书局，1986 年。

19. 李宗桂 :《儒家文化与中华民族凝聚力》，广州 : 广东人民出版社，1998 年。

20. 李宗堂 :《先秦儒家的专制主义精神 : 对话新儒家》，北京 : 中国人民大学出版社，2003 年。

21. 刘汉俊 :《重民本》，北京 : 人民出版社，2016 年。

22. 楼宇烈:《体悟力:楼宇烈的北大哲学课》,北京:中华书局,2020 年。

23. 罗国杰主编 :《中国传统道德》，北京 : 中国人民大学出版社，2012 年。

24. 牟宗三 :《政道与治道》，桂林 : 广西师范大学出版社，2006 年。

25. 钱穆 :《中国文化史导论（修订本）》，台北 : 台湾商务印书馆，1994 年。

26. 唐凯麟、陈仁仁 :《成人之道 : 儒家伦理文化》，济南 : 山东教育出版社，2020 年。

27. 温海明 :《自强不息　厚德载物》，北京 : 人民出版社，2022 年。

28. 温克勤 :《中国伦理思想简史》，北京 : 社会科学文献出版社，

2013年。

29. 徐复观:《中国人性论史·先秦篇》，上海:上海三联书店，2001年。

30. 颜炳罡:《民惟邦本　本固邦宁》，北京:人民出版社，2022年。

31. 杨文霞:《古代儒家德治思想研究》，北京:知识产权出版社，2021年。

32. 张岱年、程宜山:《中国文化精神》，北京:北京大学出版社，2015年。

33. 张茂泽:《自强不息》，北京:学习出版社，2014年。

34. 张瑞涛:《蕺山后学研究》，北京:人民出版社，2019年。

35. 张耀南:《“大人”论——中国传统中的理想人格》，北京:北京大学出版社，2005年。

36. 周桂钿:《中国传统政治哲学》，石家庄:河北人民出版社，2007年。

37. [日]沟口雄三著，郑静译，孙歌校:《中国的公与私·公私》，北京:生活·读书·新知三联书店，2011年。

38. [美]杜维明著，钱文忠、盛勤译:《道、学、政:论儒家知识分子》，上海:上海人民出版社，2000年。

二、古代典籍类

1. [汉]贾谊著，彭昊、赵勖点校:《贾谊集》，长沙:岳麓书社，2010年。

2. [汉]贾谊撰，阎振益、钟夏校注:《新书校注》，北京:中华书局，2000年。

3. [汉]刘向:《战国策》，上海:上海古籍出版社，1985年。

4. [汉]刘向著，向宗鲁校证:《说苑校证》，北京:中华书局，1987年。

5. [汉]司马迁:《史记》，北京:中华书局，1959年。

6. [汉]许慎撰，[清]段玉裁注，许惟贤整理:《说文解字注》，南京:凤凰出版社，2007年。

7. [汉]王符撰，[清]汪继培笺，彭铎校正:《潜夫论笺校正》，北京:

中华书局，1985 年。

8. [汉] 荀悦撰，[明] 黄省曾注，孙启治校补:《申鉴注校补》，北京：中华书局，2012 年。

9. [汉] 扬雄著，[宋] 司马光集注，刘韶军点校:《太玄集注》，北京：中华书局，1998 年。

10. [汉] 扬雄著，郑万耕校释：《太玄校释》，北京：北京师范大学出版社，1989 年。

11. [汉] 郑玄注，[唐] 孔颖达正义，吕友仁整理:《礼记正义》，上海：上海古籍出版社，2008 年。

12. [汉] 孔安国传，[唐] 孔颖达正义：《尚书正义》，上海：上海古籍出版社，2007 年。

13. [魏] 王弼、[晋] 韩康伯注，[唐] 孔颖达疏，[唐] 陆德明音义：《周易注疏》，北京：中央编译出版社，2013 年。

14. [魏] 王弼注，楼宇烈校释:《老子道德经注校释》，北京:中华书局，2008 年。

15. [魏] 王弼撰，楼宇烈校释:《周易注》，北京:中华书局，2011 年。

16. [隋] 王通著，[宋] 阮逸注:《中说》，北京:中华书局，1985 年。

17. [唐] 杜牧：《樊川文集》，上海：上海古籍出版社，1978 年。

18. [唐] 韩愈：《韩昌黎集》，北京：商务印书馆，1958 年。

19. [唐] 韩愈著，马其昶校注，马茂元整理:《韩昌黎文集校注》，上海：上海古籍出版社，2021 年。

20. [唐] 令狐德棻等：《周书》，北京：中华书局，1971 年。

21. [唐] 刘禹锡著，《刘禹锡集》整理组点校，卞孝萱校订:《刘禹锡集》，北京：中华书局，1990 年。

22. [唐] 柳宗元：《柳宗元集》，北京：中华书局，1979 年。

23. [唐] 魏徵等：《群书治要》，北京：中华书局，2014 年。

24. [唐] 吴兢撰，骈宇骞译注:《贞观政要》，北京：中华书局，2011 年。

25. [后晋] 刘昫等 :《旧唐书》，北京 : 中华书局，1975 年。

26. [宋] 陈淳 :《北溪字义》，北京 : 中华书局，1983 年。

27. [宋] 陈亮:《陈亮集（增订本）》（上册），北京：中华书局，1987 年。

28. [宋] 程颢、程颐 :《二程集》，北京 : 中华书局，2004 年。

29. [宋] 程颐 :《周易程氏传》，北京 : 中华书局，2011 年。

30. [宋] 胡瑗著，白辉洪、于文博、[韩] 徐尚贤点校:《周易口义》，北京 : 中国社会科学出版社，2021 年。

31. [宋] 胡宏 :《胡宏集》，北京 : 中华书局，1987 年。

32. [宋] 李昉等 :《太平御览》，北京 : 中华书局，1995 年。

33. [宋] 李焘 :《续资治通鉴长编》，北京 : 中华书局，2004 年。

34. [宋] 邵雍著，郭彧整理 :《邵雍集》，北京 : 中华书局，2010 年。

35. [宋] 陆九渊著，钟哲点校:《陆九渊集》，北京：中华书局，1980 年。

36. [宋] 欧阳修、宋祁 :《新唐书》，北京 : 中华书局，1975 年。

37. [宋] 苏轼著，龙吟注评 :《东坡易传》，长春 : 吉林文史出版社，2002 年。

38. [宋] 苏辙 :《苏辙集》，北京 : 中华书局，1990 年。

39. [宋] 王安石 :《王安石全集》，上海 : 复旦大学出版社，2016 年。

40. [宋] 杨简 :《杨氏易传》，上海 : 上海古籍出版社，1990 年。

41. [宋] 杨万里著，宋淑洁点校 :《诚斋易传》，北京 : 九州出版社，2008 年。

42. [宋] 袁采著，刘云军校注 :《袁氏世范》，北京 : 商务印书馆，2017 年。

43. [宋] 袁枢 :《通鉴纪事本末》，北京 : 中华书局，2015 年。

44. [宋] 张载 :《张载集》，北京 : 中华书局，1978 年。

45. [宋] 周敦颐著，陈克明点校 :《周敦颐集》，北京 : 中华书局，

2008 年。

46.［宋］朱熹：《四书章句集注》，北京：中华书局，1983 年。

47.［宋］朱熹：《朱子全书》，上海：上海古籍出版社，2002 年。

48.［宋］朱熹：《周易本义》，北京：中华书局，2009 年。

49.［宋］朱熹、吕祖谦编，邵逝夫译注：《近思录译注》，上海：上海古籍出版社，2020 年。

50.［宋］黎靖德编，王星贤点校：《朱子语类》，北京：中华书局，1986 年。

51.［元］脱脱等：《宋史》，北京：中华书局，1985 年。

52.［明］刘宗周：《刘宗周全集》，杭州：浙江古籍出版社，2007 年。

53.［明］李贽撰，陈仁仁校释：《焚书·续焚书校释》，长沙：岳麓书社，2011 年。

54.［明］吕坤：《吕坤全集》，北京：中华书局，2008 年。

55.［明］丘濬：《大学衍义补》，上海：上海书店出版社，2012 年。

56.［明］王守仁：《王文成公全集》，北京：中华书局，2015 年。

57.［明］吴廷翰：《吴廷翰集》，北京：中华书局，1984 年。

58.［明］袁了凡：《了凡四训》，长沙：岳麓书社，2020 年。

59.［明］张履祥著，张天杰、余荣军增编、译注：《训子语译注》，上海：上海古籍出版社，2020 年。

60.［清］张澍辑，方家常译注：《诸葛亮文集全译》，贵州：贵州人民出版社，1997 年。

61.［清］郭庆藩撰，王孝鱼点校：《庄子集释》，北京：中华书局，2012 年。

62.［清］陈确：《陈确集》，北京：中华书局，1979 年。

63.［清］董诰等：《全唐文》，北京：中华书局，1983 年。

64.［清］顾炎武：《顾亭林诗文集》，北京：中华书局，1983 年。

65. [清] 顾炎武 :《日知录集释》, 长沙 : 岳麓书社, 1994 年。

66. [清] 黄宗羲 :《黄宗羲全集(增订版)》, 杭州 : 浙江古籍出版社, 2005 年。

67. [清] 黄宗羲原著, [清] 全祖望补修 :《宋元学案》, 北京 : 中华书局, 1986 年。

68. [清] 蒋良骐 :《东华录》, 北京 : 中华书局, 1980 年。

69. [清] 康有为 :《孟子微　中庸注　礼运注》, 北京 : 中华书局, 1987 年。

70. [清] 李光地 :《康熙御纂周易折中》, 成都 : 巴蜀书社, 2013 年。

71. [清] 刘宝楠 :《论语正义》, 北京 : 中华书局, 1990 年。

72. [清] 阮元校刻 :《十三经注疏》, 北京 : 中华书局, 2009 年。

73. [清] 苏舆撰, 钟哲点校 :《春秋繁露义证》, 北京 : 中华书局, 1992 年。

74. [清] 谭嗣同 :《谭嗣同集》, 长沙 : 岳麓书社, 2012 年。

75. [清] 唐甄 :《潜书》, 北京 : 中华书局, 1963 年。

76. [清] 夏燮 :《明通鉴》, 北京 : 中华书局, 2009 年。

77. [清] 王夫之 :《读通鉴论》, 北京 : 中华书局, 1975 年。

78. [清] 王夫之 :《读四书大全说》, 北京 : 中华书局, 1975 年。

79. [清] 王夫之 :《思问录》, 北京 : 中华书局, 2009 年。

80. [清] 王夫之 :《张子正蒙》, 上海 : 上海古籍出版社, 2000 年。

81. [清] 王夫之著, 谷继明、孟泽宇校注 :《周易内传校注》, 北京 : 中国社会科学出版社, 2021 年。

82. [清] 王先谦 :《荀子集释》, 北京 : 中华书局, 1988 年。

83. [清] 王梓材、冯云濠撰, 沈芝盈、梁云华点校 :《宋元学案补遗》, 北京 : 中华书局, 2012 年。

84. [清] 张履祥著, 陈祖武点校 :《杨园先生全集》, 北京 : 中华书局, 2002 年。

85. [清]章浸纂，褚家伟等校注：《康熙政要》，北京：中共中央党校出版社，1994年。

86. [清]张廷玉等：《明史》，长沙：岳麓书社，1996年。

87. [清]曾国藩：《曾国藩全集》，长沙：岳麓书社，2012年。

88. [清]黎庶昌编撰：《曾国藩家书》，北京：中华书局，2017年。

89. 黎翔凤撰，梁运华整理：《管子校注》，北京：中华书局，2004年。

90. 吴毓江撰，孙启治点校：《墨子校注》，北京：中华书局，1993年。

91. 张纯一校注，梁运华点校：《晏子春秋校注》，北京：中华书局，2014年。

92. 左丘明撰，徐元诰集释，王树民、沈长云点校：《国语集解》，北京：中华书局，2002年。

93. 杨伯峻：《列子集释》，北京：中华书局，1979年。

94. 吕不韦编，许维遹集释，梁运华整理：《吕氏春秋集释》，北京：中华书局，2009年。

95. 高亨：《商君书注译》，北京：中华书局，1974年。

96. 张世亮、钟肇鹏、周桂钿：《春秋繁露》，北京：中华书局，2012年。

97. 桓宽撰，王利器校注：《盐铁论校注（定本）》，北京：中华书局，1992年。

98. 何宁：《淮南子集释》，北京：中华书局，1998年。

99. 王利器：《新语校注》，北京：中华书局，2012年。

100. 杨照明：《抱朴子外篇校笺》，北京：中华书局，1991年。

101. 陈戍国：《礼记校注》，长沙：岳麓书社，2004年。

102. 吴云、冀宇：《唐太宗全集校注》，天津：天津古籍出版社，2004年。

103. 夏家善主编，王宗志、夏春田注释：《帝王家训》，天津：天津古籍出版社，2017年。

104. 王双怀、梁克敏、田乙：《帝范臣轨校释》，西安：陕西人民出版社，

2016 年。

105. 周振甫：《周易译注》，北京：中华书局，1991 年。

三、论文类

1. 张立文：《和合伦理道德论——中华传统道德精髓与人工智能》，《社会科学战线》2018 年第 8 期。

2. 张立文：《和实力的意蕴与建构》，《人民论坛》2013 年第 16 期。

3. 张立文：《弘扬儒家仁爱精神——汶川大地震一周年祭》，《探索与争鸣》2009 年第 5 期。

4. 张立文：《精神强力论》，《中国人民大学学报》2007 年第 4 期。

5. 张立文：《论儒学的创新》，《中国人民大学学报》2015 年第 3 期。

6. 张立文：《儒家和合生态智慧》，《黑龙江社会科学》2013 年第 1 期。

7. 张立文：《儒家伦理与廉政》，《中州学刊》2014 年第 6 期。

8. 张立文：《儒学人文精神与现代社会》，《南昌大学学报（人文社会科学版）》2002 年第 2 期。

9. 张立文：《王霸之道与和合天下》，《人民论坛·学术前沿》2016 年第 20 期。

10. 张立文：《中国哲学的创新与和合学的使命》，《中国人民大学学报》2003 年第 1 期。

11. 张立文：《中华文明的和平合作天下观》，《社会科学战线》2021 年第 2 期。

12. 晁福林：《"君民同构"：孔子政治哲学的一个重要命题——上博简和郭店简〈缁衣〉篇的启示》，《哲学研究》2012 年第 10 期。

13. 晁福林：《先秦时期"德"观念的起源及其发展》，《中国社会科学》2005 年第 4 期。

14. 车丽萍：《自信的概念、心理机制与功能研究》，《西南师范大学学报（人文社会科学版）》2002 年第 2 期。

15. 陈丽君、王重鸣 :《中西方关于诚信的诠释及应用的异同与启示》,《哲学研究》2002 年第 8 期。

16. 陈瑛 :《政德——政权兴亡的生命线》,《伦理学研究》2004 年第 2 期。

17. 程源源 :《“革故鼎新”的历史渊源与现代传承》,《旗帜》2023 年第 3 期。

18. 代生:《天下为公:跨越千年的价值追求》,《百年潮》2023 年第 1 期。

19. 翟奎凤 :《君子以正位凝命——〈周易〉鼎卦大象传诠释》,《湖南大学学报（社会科学版）》2017 年第 2 期。

20. 董楚平 :《“天下为公”原义新探》,《文史哲》1984 年第 4 期。

21. 费孝通 :《中华民族的多元一体格局》,《北京大学学报》（哲学社会科学版）1989 年第 4 期。

22. 葛荃 :《教化之道 : 传统中国的政治社会化路径析论》,《政治学研究》2008 年第 5 期。

23. 何青翰 :《任人唯贤，选贤与能》,《百年潮》2023 年第 5 期。

24. 胡鞍钢、李萍:《习近平构建人类命运共同体思想与中国方案》,《新疆师范大学学报（哲学社会科学版）》2018 年第 5 期。

25. 胡宝华 :《从“君臣之义”到“君臣道合”——论唐宋时期君臣观念的发展》,《南开学报（哲学社会科学版）》2008 年第 3 期。

26. 金滢坤 :《论古代家训与中国人品格的养成》,《厦门大学学报（哲学社会科学版）》2018 年第 2 期。

27. 柯荣住、洪伟、郑恩营 :《“任人唯贤”的制度悖论——以明代科举为例》,《社会学研究》2023 年第 1 期。

28. 李存山 :《对中国文化民本思想的再认识》,《孔子研究》2016 年第 6 期。

29. 李谟润：《论孔子的君子观》，《广西民族学院学报（哲学社会科学版）》2001 年第 5 期。

30. 廖小平：《论诚信与制度》，《北京大学学报（哲学社会科学版）》，2006 年第 6 期。

31. 刘金祥：《讲信修睦的历史意蕴与当代价值》，《群言》2023 年第 8 期。

32. 刘彤、张等文：《论中国共产党民本思想对传统民本思想的传承与超越》，《马克思主义研究》2012 年第 12 期。

33. 刘余莉、刑梦潺：《讲信修睦：中华民族的重要精神特质》，《秘书工作》2023 年第 4 期。

34. 龙泳霖：《"天下为公"理念的哲学意蕴、历史发展与现代价值》，《机关党建研究》2023 年第 5 期。

35. 彭华：《民为邦本，本固邦宁——儒家民本思想述论》，《武汉科技大学学报（社会科学版）》2017 年第 4 期。

36. 彭华：《儒家忧患意识述论》，《江苏科技大学学报（社会科学版）》2017 年第 2 期。

37. 芮顺淦：《从中国传统伦理看"和"文化的心理基础》，《南昌大学学报（人文社会科学版）》2008 年第 3 期。

38. 宋立林、李文文：《革故鼎新，生生不息》，《百年潮》2023 年第 4 期。

39. 武东生：《"和而不同"、"推己及人"与团结友善》，《道德与文明》2002 年第 2 期。

40. 张连勇：《任人唯贤的历史渊源与现代传承》，《旗帜》2023 年第 4 期。

41. 张瑞涛：《评价中华优秀传统文化应正确认识的六大关系》，《思想理论教育》2019 年第 3 期。

42. 张瑞涛：《人类命运共同体视域下新时代理想人格的基本特质》，

《山东社会科学》2019 年第 3 期。

43. 张尚宇 :《大爱精神与和谐家庭文化建设》,《社会科学家》2010 年第 6 期。

44. 张涛 :《〈周易〉“自强不息”的历代诠释》,《西北大学学报(哲学社会科学版)》2021 年第 1 期。

45. 张祥龙 :《中国古代思想中的天时观》,《社会科学战线》1999 年第 2 期。

46. 赵轶峰 :《中华传统文化中的“天下为公”及其现代回响》,《东北师大学报(哲学社会科学版)》2011 年第 5 期。

47. 郑长忠 :《新时代家庭工作的逻辑定位与妇联作用》,《妇女研究论丛》2019 年第 6 期。